生态文明背景下的
文化多样性保护
之环境法因应

鲁晶晶　段之誉／著

法律出版社 LAW PRESS · CHINA
北京

图书在版编目(CIP)数据

生态文明背景下的文化多样性保护之环境法因应 / 鲁晶晶，段之誉著. -- 北京 : 法律出版社, 2023
(宁波大学东海文库)
ISBN 978 - 7 - 5197 - 7751 - 7

Ⅰ. ①生… Ⅱ. ①鲁… ②段… Ⅲ. ①环境保护法 - 研究 - 中国 Ⅳ. ①D922.680.4

中国国家版本馆 CIP 数据核字(2023)第 058154 号

生态文明背景下的文化多样性保护之环境法因应 **SHENGTAI WENMING BEIJINGXIA DE WENHUA** **DUOYANGXING BAOHU ZHI HUANJINGFA YINYING**	鲁晶晶 段之誉 著	策划编辑 屈 瑶 责任编辑 屈 瑶 装帧设计 臧晓飞

出版发行 法律出版社
编辑统筹 学术·对外出版分社
责任校对 张翼羽
责任印制 陶 松
经　　销 新华书店

开本 710 毫米×1000 毫米 1/16
印张 12　**字数** 165 千
版本 2023 年 3 月第 1 版
印次 2023 年 3 月第 1 次印刷
印刷 北京新生代彩印制版有限公司

地址:北京市丰台区莲花池西里 7 号(100073)
网址:www.lawpress.com.cn
投稿邮箱:info@lawpress.com.cn
举报盗版邮箱:jbwq@lawpress.com.cn

销售电话:010 - 83938349
客服电话:010 - 83938350
咨询电话:010 - 63939796

书号:ISBN 978 - 7 - 5197 - 7751 - 7　**定价**:69.00 元

凡购买本社图书,如有印装错误,我社负责退换。电话:010 - 83938349

总　序

21世纪正面临一个从"黄土时代到蓝土时代"的转型大变局。"面向海洋、海陆统筹、谋新蓝图"已成当今世界发展的大趋势。同时,随着人口增长,人类对海洋的深入涉足,人类的"活动半径"正进一步从"内陆"延展至"海洋",陆地资源因大规模开发利用而日趋短缺,海洋已成为人类在地球上进一步拓展足迹的"最后空间"。毋庸置疑,宁波作为"面向海洋、海陆统筹、以海定陆、谋新蓝图"趋势下向海而生的重要节点城市,面对上述时代变局,其所生发的系列先行先试治理及法治实践,正被推向前台。

宁波作为计划单列市、副省级城市,是"一带一路"沿线的重要节点城市,商、海、港等先试资源众多,正面临"全面展示中国特色社会主义优越性、全国生态文明先行示范、高质量发展建设共同富裕示范"等10余项国家级先行示范区的时势之责。就宁波港而言,其历史可追溯到数千年之前,唐朝建立明州港,元朝更名为庆元港,明朝更名为宁波港。宁波舟山港位于我国海岸线中部、"长江经济带"的南翼,为中国对外开放一类口岸,中国沿海主要港口和中国国家综合运输体系的重要枢纽,中国国内重要的铁矿石中转基地、原油转运基地、液体化工储运基地和华东地区重要的煤炭、粮食储运基地;作为上海国际航运中转港,宁波舟山港由北仑、洋山、六横、衢山、穿山等19个港区组成，共有生产泊位620多座，其中万吨级以上大型泊位近160座，5万吨级以上的大型、特大型深水泊位90多座，是服务长江经济带、建设舟山江海联运服务中心的核心载体。2020年，宁波舟山港完成货物吞吐量11.72亿吨，同比增长4.7%，连续12年保持全球第一；完成集装箱吞吐量2872万标箱，同比增长4.3%，继续位列全球第三。

宁波大学面朝东海、根系内陆，于20世纪80年代由北京大学、浙江大学、复旦大学等五校对口援建而成。正如同其校训"实事求是、经世致用"一样，宁波大学扮演着本土与海外、理论与实践对话与沟通的重要桥梁。宁波大学法律系于1986年在北京大学法律系对口援建下创办，是宁波大学最早设立的八个系之一。法学专业先后获国家综合改革专业、国家特色专业、浙江省"十二五"和"十三五"优势特色专业，入选首批国家一流本科专业建设点，法学学科为浙江省一流学科（A类）。行政管理专业为浙江省重点建设专业，公共管理学科是浙江省重点建设学科。宁波大学法学院已形成民营经济与中小企业法治服务、法治政府与地方治理、生态文明与海洋法治等特色学科建设领域。法学院拥有浙江省高校人文社科重点研究基地——法学、省重点学科——民商法学，获得"法学浙江省首届高等学校省级教学团队""'滨海湾区建设及其法治保障'浙江省高校高水平创新团队"等荣誉称号，拥有浙江省高校人文社科重点研究基地、浙江省首批重点专业智库——东海研究院、国家首批知识产权信息服务中心等系列学科科研建设平台；同时拥有宁波市人大常委会与宁波大学合作共建的宁波立法研究院。浙江省重点专业智库——宁波大学东海研究院、宁波大学法学院、宁波立法研究院三者形成了"一体两翼"的格局。

宁波大学东海研究院有着15余年的建设积淀。2006年4月，宁波大学获批浙江省首批哲学社会科学重点研究基地（东海研究院的前身），经10余年的建设积淀，2016年11月提升发展并被命名为宁波大学东海研究院；2017年被遴选为浙江省教育厅首批高校智库，2018年被遴选为浙江省首批重点专业智库，又先后入选"中国CTTI来源智库"，成为东黄海战略联盟核心支撑平台之一。东黄海研究智库联盟是为落实李克强同志2014年在第九届东亚峰会上提出的建设东亚海洋合作平台的倡议,由自然资源部海洋发展战略研究所于2017年发起成立的我国首个专门研究东黄海涉海问题的智库合作机构。宁波大学东海研究院从“环境”与“海洋”两大领域跨学科推进系统深入研究,尤其关注“生态文明及法治基础理论及重点实践,海洋法治、海洋经济、海洋环境和海洋教育”等领域的重大前沿理论与现实问题。通过积极开展厚实的积淀建设与广泛国内国际交流合作,东海研究院已建立了一支专业优势突出、研究视野宽广、决策能力突出、结构合理的研究团队;形成了“高端东海智库论坛”“东海沙龙”“东海讲坛”“东海通讯”“海洋教育研究通讯”等系列有影响力的智库品牌与交流载体;刊发了诸多深层次的前沿的、有价值的论著;获得了国家社科重大招标项目以及省部级领导肯定性批示等系列高端标志性成果;在国内外形成了一定的影响力与知名度,积极发挥了国家战略及地方治理先行先试的理论研究与资政智囊团作用。

宁波立法研究院成立于2021年,其服务于国家法治战略、宁波市人大地方立法、法规动态维护、法律法规实施监督等工作,服务于宁波大学法学学科建设,致力于打造一流的、服务于地方人大工作的法律专家智库,探索研究地方先行先试立法、法律法规实施监督等前沿理论和实务领域重点课题,为地方人大及其常委会履行法定职责、推进地方治理体系和治理能力现代化提供有力的理论支撑和智力支持。我们力求通过宁波的地方立法实践与经验总结,合力将宁波立法研究院建设成为全面展示先行区域先行先试立法实践与经验的“重要窗口”。

随着党中央全面依法治国等系列重大战略举措的大力推进,我们正面临坚定不移走中国特色社会主义法治道路,在法治轨道上推进国家治理体系和治理能力现代化,为全面建设社会主义现代化国家、实现中华民族伟大复兴的中国梦提供有力法治保障。在探索地方治理体系与治理能力现代化先行先试经验等方面,宁波、宁波大学、宁波大学法学院、东海研究院及宁波立法研究院无疑需要就“前沿理论问题研究、先行制度机制创新先试、先行先试经验提炼推广、国家及地方政府治理战略咨政建言、高层次地方治理及法治人才培养”等，积极回应“全面展示中国特色社会主义优越性、全国生态文明先行示范、高质量发展建设共同富裕示范”等时代诉求，积极扮演“示范先行区、发展引领区、改革试验区、展示探索者”等时代角色。

正基于此，“东海文库”应运而生。本文库旨在宣传先行先试区域、宁波大学、宁波大学法学院、东海研究院及宁波立法研究院等在积极回应时代诉求中，所涌现的有关“治理与法治先行先试探索”的系列优秀理论与实证研究成果。入选本文库之成果，无论作者职称和地位，以学术性为唯一考量，以求“顶天立地”，以力承时势之责，为推进国家治理体系与治理能力现代化贡献绵薄之力！“东海文库”秉承“国家战略、区域先行、国际视野、中国立场”的逻辑主线，立足“根植于本土、归属于全国、面向新时局”的生成基点，正走在法治先行先试的新征程上，敬请大家批评指正！

钭晓东

2021年6月

目录

导　论

一、问题意识

笔者选择此题目的契机是一篇演讲稿。2015 年 3 月,朋友圈的一篇文章引发了笔者的思考。这篇名为《游牧文化:草原的命根——探究草原荒漠化与沙尘暴根源》的文稿,语言通俗朴实,所讲述的道理却是冲击性的。作者刘书润教授曾是国家在内蒙古自治区和西藏自治区的畜牧业专家,经过对草原长达 40 年的考察后,逐渐转变为一位呼吁恢复游牧文化以保护草原生态的先驱者。他在内蒙古大学研究了若干年畜牧业,却毅然转向生态学,专注草原生态研究,并高声疾呼:“草原沙漠化的原因是文化荒漠化,保护游牧文化才能保住草原的命根。”看似激进的言论却有缜密的理论做支撑。

草原,特别是内蒙古草原的环境脆弱又恶劣,是一个所谓的“不平衡的生态系统”。内蒙古草原像是从沙漠过渡到林地的一片减速带,它充当了重要的生态屏障,其生态意义大于经济意义。然而草原生态系统十分脆弱,自然灾害多发,气候变幻莫测,并不适合进行畜牧业的生产。在这里开发畜牧业投入大、产出小。因为降雨量少,也不适合人工造林。树木的成长不同于杂草,需要大量的水分,树木根系可能吸光附近地表的水分,造成当地植物缺水死亡。另外,防护林通常由一种树组成,单一的物种抵御自然灾害能力很差,最终还是会走向灭亡。而游牧,不仅是一种经济的利用方式,更是一种经济的保护方式。游牧文化生于草原,也契合草原。游牧民族逐水草而居,不耗竭当地资源,又在移动中将人畜粪便等有益植物生长的物质散布至广阔的草原,好像人体中的血液一样,把氧气和营养带到身体各个器官。故而刘书润教授呼吁全面恢复游牧文化,一方面草原人对草原有爱有信仰,那种崇敬之情使他们不任意践踏、挥霍草原资源;另一方面游牧本身就是千年来草原人总结出来的、十分符合草原生态系统特点的生产方式。它的流动性使草原人能合理地利用资源,又不至于将资源耗尽,并且在牲畜排泄物的滋养及牲畜适当地啃食下,草原上的各种草类长势也更好了。[①] 保护草原最有效的方法正是全面恢复游牧。

人类社会的发展规律并不必然是从采集到种植、从游牧到定居,再到工业、城市化。不同的自然环境有其各自适合的利用和保护方式,而这些都蕴含在当地文化之中。我们所生活的地球是一个拥有各种不同生态环境的空间,每一种环境下生存的人们千百年来为适应环境总结出很多经验教训,这些方式、这些思想都是文化。文化最初产生于当地特殊的自然、地理环境之中,并且直到今天也持续地受到自然环境的影响,文化的内容应适应当地环境。文化具有能动性,科技革命使我们改造自然的能力变得巨大,因为生态系统整体的运行,文化的单一化、文化的消亡将可能带来环境的恶化。环境具有多样性,相应地产生出多样的文化;舍弃了文化,就舍弃了当地人针对当地环境特别"定制"的生活态度,而往往这些态度正是环境被很好保持的关键。

正因为环境问题有一定的文化因素在里面,因此,保护与促进人类文化的多样性特征,是环境法义不容辞的责任。然而,产生于现代的环境法过于重视客观性而忽略了社会性,过于强调普适性而忽略了多样性,过于

---

① 长期生活在内蒙古草原上的蒙古族牧民,在应对草场退化问题时,都有自己一套成熟的本土生态知识和技术技能,在应对当地水资源困乏的时候,都能做到一一化解。具体表现为,在蒙古族牧民的日常生活生产中,都会根据自己草场的情况,合理地规划自己的游牧路线和调控"五畜"的比例和数量,可以实现牲畜产出的最大化和生态环境损害的最小化。参见谢景连、吴显春:《少数民族传统生态智慧在生态灾变救治中的价值》,载《怀化学院学报》2010 年第 4 期。

关注科学而忽略了人文精神,对文化多样性的尊重与保护程度是不够的。在多数人的环境权与少数人的文化权产生冲突的时候,我们往往选择舍弃少数人的利益。笔者选择此课题,即是希望能以环境法特有的统筹的、整体的视角与调整方式应对文化多样性的保护,避免"文化荒漠"侵蚀我们的现实环境与精神世界。

二、文献综述

(一)文化与法律关系研究

关于文化与法律之间关系的论点和论述,已有不少学者从各自的领域进行研究。其中一派的观点认为法律是文化的一部分,如大木雅夫在《比较法》中说道:"由于法是文化现象的一部分,所以很难脱离开一般的文化来论述法。"劳伦斯·罗森在《法律与文化——一位法律人类学家的邀请》中明确地说法律是文化不可或缺的组成部分,法律是某种文化据以表达其秩序观念的具体方式。而文化同样是法律不可或缺的构成要素。一些学者使用了新概念——法律文化。关于法律文化的研究,最早的著作之一有梁治平先生的《法律的文化解释》。梁先生不仅将法律文化作为对象进行观察,还倡导了一种"方法论法律文化观",阐述了作为方法论意义的法律文化。刘作翔教授的《法律文化理论》一书,系统且全面地记录了法律文化相关的中外研究成果和知识体系①,对各派各家的观点一一细数,可以说是法律文化领域一本优秀的教材。高鸿钧教授的《全球视野的比较法与法律文化》内容涉及法律全球化的主要特征和新趋势,全球化时代的比较法范式转换以及全球视野中法律文化的语义、语境和新特征。书中内容对于反思国家法的利弊得失,把握跨国法和全球法的新动向,构建中国的法治模式,具有重要理论意义和实践价值。

美国法学家弗里德曼的《法律制度——从社会科学角度观察》一书主要研究法律与社会之间的相互关系,他认为法律是社会的产物,法律受

① 具体内容包括文化概念及法律文化概念,法律文化的结构、基本特征和类型,法律文化的冲突,法律文化的社会化和现代化等。

到社会与其他社会制度的影响,同时也影响它们。社会和文化虽是两个不同的概念,但联系十分紧密。弗里德曼在书中花了大量篇幅分析法律文化与法的文化多元主义:他首先将法律文化分为外在的法律文化(普通民众对法的态度和价值观)及内在的法律文化(法律人的态度和价值观),他的研究重点是内在的法律文化。然后他对法的文化多元主义进行了系统而具体的阐述。他分析了多元主义的各种类型。① 弗里德曼还对现代法律文化中存在的多元化现象进行了说明。法的现代化导致了法的统一和普遍性,表现出固有法与移植法、国家秩序与民间秩序分殊等倾向。文化多样性的缩减既是一个自然过程,又是一个人为的操作程序。此外,书中还涉及了文化对于立法和法律实施的影响:文化一方面决定个体意见能否在立法中得到体现,另一方面又充当利益转化为法律诉求的媒介;同时,文化又在很大程度上影响了法律实施的效果。

(二)文化与环境保护相关性研究

自1988年《贝伦宣言》发布伊始,正如不少国内外学者所注意到的,生物多样性流失必然导致文化多样性消失,而文化多样性消失同样也会加快生物多样性流失。环境问题存在文化根源并不是一个完全新鲜的话题,国内外众学者均给出了自己学科角度的分析。挪威学者阿恩·奈斯(Arne Dekke Eide Næss),美国学者德伟、赛欣斯及斯普瑞特奈克等运用深层生态学方法论试图从哲学、宗教、价值等文化角度来解读环境问题。他们认为生态危机的根源在于技术、制度背后的文化,如社会机制、行为模式和价值观念等。应拒绝现代文明的弊病(如机械的世界观、人类中心主义及人与自然二元对立的价值观等),向世界各民族的传统文化开放。② 深层

① 以结构为基准有垂直的多元主义和平面的多元主义;以属性分有文化多元主义、政治多元主义及社会经济多元主义。与上述类型相对应,法也呈现不同的状态。

② 深层生态学方法以生态系统中任何事物互相联系的整体主义思想,来看待和处理环境问题,在哲学世界观上,坚持人与自然相统一的“一元论”,其基本点是“人与自然和谐相处”。所有的自然物都具有内在价值,生命物种权利平等。任何自然物有自己的生存权利,它的价值不依赖于人类的需要。深层生态学不仅要从科学技术的角度来研究环境问题,而且要从哲学、伦理、政治、社会的高度来探讨怎样的价值观念、生活方式、社会范型、经济活动、文化教育有益于人类从根本上克服目前所面临的生态环境危机,保证人、社会、自然环境的协调发展。参见[挪]A.奈斯:《浅层生态运动与深层、长远生态运动概要》,雷毅译,载《世界哲学》1998年第4期。

生态学方法论找到了环境问题的文化根源,文化问题需要文化解决,这就要求环境法转变视角,试图用文化的方式来解决环境问题,在可能的范围内,与文化多样性互利互助,实现协作。

我国学者潘岳的《中国环境问题的思考》《中华传统文化蕴含着深厚的生态文明》《和谐社会与环境友好型社会》,徐诚的《略论造成环境问题的思想文化因素》认为中国环境问题从根源上看是思想文化问题。武青艳认为,我国环境问题中非正义现象的原因是传统道德偏重他律、忽视自律机制。尹贵斌在《反思与选择:环境保护视角文化问题》一文中从大文化视角分析了环境问题与忽视自然承载极限的生产、消费、人口过度、反自然的道德的本质关联。魏波则在《环境危机与文化重建》一文中反思文化与环境的关系,并寻求危机的解决途径。[①] 贾凤姿、戴昕哲两位学者从哲学文化的高度,对环境问题的根源进行了系统全面深度的追问。贾凤姿的《哲学视域下的中国环境问题追根溯源》《我国环境问题产生的哲学思想根源》,戴昕哲的《我国环境问题根源的哲学思考》中提到,我国环境问题具有哲学文化根源,从根本上讲是思维方式问题。[②]

(三)文化多样性与环境法关系研究情况

有关文化多样性的研究主要见于文化多元论、文化相对主义等领域,社会学者与法学家均有关注,包括文化多元所引起的法律多元、法律多元面临着国家法律普适化以及经济全球化带来的法律的世界性统一的双重压力等主题。西北政法大学严存生教授的《法的"一体"和"多元"》从理论和实践两方面论述了法律的"一体"与"多元",指出这一观点的树立对我国法治建设的重大意义。我国法律的发展,一方面要走向全球,注意与世界各国的交流和对接;另一方面要注意保留和发展固有法文化的特色,坚持自己的独立性。这样才能使我国的法治建设健康地发展。法律的多元特征也可以被延伸至环境法领域中,也即环境法亦具有多样性特征。

---

① 他认为环境危机与经济行为背后的社会体制、生活方式及价值观念有密切联系,是生存危机、文化危机、意义危机,根源于传统工业文化——环境范式的反自然性、不可持续性。

② 他们认为如人类中心主义的世界文化观、不科学的发展文化观、不公正的伦理文化观、片面的私德文化观、错位的政绩观是我国环境问题产生的哲学文化根源。

文化多样性在环境法中最集中体现为环境习惯法。郭武所著的《环境习惯法现代价值研究：以西部民族地区为主要"场景"的展开》一书中包括环境习惯法的相关概念、环境习惯法的产生与演变、环境习惯法现代价值的证成、环境习惯法现代价值实现的条件、环境习惯法在环境立法中的法源价值等内容。他认为环境习惯法议题的研究不应局限于"知识考古"的方法和层面，而应放置在文化多元论和进化理性主义方法论立场中予以重新审视；作为一种自生自发的规则，环境习惯法无论在习惯法时代，还是在制定法中心主义的当下，都是一种生生不息、具有特殊价值功能的真实存在。借由"自上而下"和"自下而上"两条路径，即国家环境制定法对环境习惯法价值机能的开放和环境习惯法对国家环境制定法的积极参与，环境习惯法在现代环境法治中的价值即可清晰呈现出来：环境习惯法以间接法源的形式积极贡献于现代环境立法；在现代环境资源管理中，环境习惯法作为一种极具弹性和反馈性的适应性手段发挥着重要的功能；环境习惯法还是多元环境纠纷解决机制深入发展的有力支撑。黄莎所著的《儒家环境伦理观对中国环境法的影响》详尽分析了体现中国的民族精神的儒家环境伦理观，并充分论证了儒家环境伦理观对中国环境法从理论到实践直至发展方向的重要影响。探讨了环境伦理观对于环境法治的重要意义，强调在伦理观多元化的现代社会，所选取的环境伦理观应该在诸多方面影响中国环境法，以促进"伦理法律化"和"法律伦理化"目标的更快实现。这里，环境法实质上的多元与理想中的普适产生了不一致。另外，钭晓东教授在《从规范冲突到协同共生：环境法治进程中的普适性难题及破解》一文中系统地提出环境法的普适性不能与环境法的普适性不宜的几种情形及解决办法。

文化多样性与文化遗产保护法见于吴汉东教授《文化多样性的主权、人权与私权分析》一文，系统地讨论了文化与人权、知识产权的相互关系，文化多样性中的公众参与以及文化多样性的法理研究。汪欣所著的《非物质文化遗产保护的文化生态论》从厘清文化生态学基本内涵出发，详细介绍了美国新进化论学派人类学家朱利安·斯图尔德的文化生态学理论的产生和发展，探讨非物质文化遗产对生态保护的诉求以及我国文化生态保护区的建设问题。他提出的文化生态保护区制度,兼具新颖性和实际性,也对我国未来的文化与环境的整体保护提供了理论支持。尹绍亭先生也应时提出了民族生态文化村构想,并在云南建设了几处文化生态村的试点,取得了不错的示范效果。其《民族文化的保护与发展》一文从文化适应论的角度解释了文化与环境的关系,提及了文化变迁论及文化整体论等论点,打破了对民族文化、传统文化"原始""落后"的刻板印象,他认为我们在看待异族文化时,应坚持一种文化相对论的观点,即每个民族都有自己的尊严和价值观,民族文化没有高低之分。

三、研究方法

本书的研究对象为文化表达方式的多样性。拟解决的关键问题是当前我国环境立法、执法、司法中忽视文化多样性保护的现象。总体目标是运用环境法律工具保护文化多样性。将遵循基础理论辨析—实证调查研究—应用发展实践的总体研究思路,各专题内容依问题—理论—案例—总结的逻辑推进。从文化多样性与生物多样性的关联,文化、法律、环境之间的互动关系为切入点论证环境法的文化多样性保护义务。通过对文化多样性保护的国际与国内法体系的梳理,总结出文化多样性保护的要求及其在实然环境法理念、原则、规则、制度中的具体展现。分析了文化多样性保护环境法应对失灵的现象及原因,并提出以文化多样性保护为面向的我国环境法立法与实施的完善建议。

研究重点:第一,详尽梳理文化多样性保护的法律体系并解析环境法的特殊作用和优势所在;第二,在功能主义之下进行环境法律制度的比较借鉴,确保对策合理可行。特别是要摒弃以欧美为中心的研究窠臼,真正以全球视野、比较方法,以中正、客观的学术态度探讨各国的异同与得失。

研究难点:第一,获取具有可信度并能反映真实状况的一手资料与数据需要踏实而艰苦地调研;第二,相关理论的研读需要大量地浏览和阅读相关书籍文献。

首先,本书主要运用规范梳理法、案例分析法进行实证法上的比较。

研究材料为世界范围内环境保护法的立法、执法和司法实践,特别是少数民族、原住民的习惯法与生态文化。其次,通过文献研读法、概念辨析法深入钻研文化与法律相关基础理论。研究材料包括相关领域经典著作、前沿论文,以及传统文化和民族文化、社区共管、环境习惯法等方面的权威学者所提供的各种珍贵资料。再次,利用社会调研法、实地考察法获取第一手数据。挑选若干国家公园作为研究对象,收集园区内原住居民有关意见与建议,观察文化与环境整体保护理念的实际运行过程并分析其长期可行性。最后,采取经验总结法、合理借鉴法在以上研究基础之上,吸收中国传统文化、民族文化、原住民地方性知识中的合理、有益养分,探求面向文化多样性保护的环境法完善。

四、研究意义

当前,我国正在全面进行生态文明建设。生态文明发展模式要求以提升人格文明、生态文明、产业文明为发展方向,它不仅是处理人与自然关系的一项准则,其本质内涵是尊重和保持人类社会中多样化的文明形态。[①] 正因如此,文化多样性保护与生态文明建设具有一种相互协助的和谐关系:一方面,文化多样性与生态环境息息相关,传统文化中的生态智慧既是生态文明建设的内容也能促使生态文明建设目标的实现;另一方面,生态文明建设的正向价值观指导了文化多样性保护的方向。此外,文化多样性保护要求将文化建设纳入国家发展战略,与生态文明建设在"五位一体"的共同发展格局中实现了统一。文化多样性保护与生态文明建设二者的内涵及要求存在一致性与耦合性,使我们能兼顾国际义务与国内建设,实现协同管理、协调发展。文化多样性与环境法的协同发展符合了生态、经济、社会共同进步的生态文明要求,促进了生态文明建设。

针对此问题的现有研究存在发展空间:一是分别谈文化保护或生态

---

① 参见吕忠梅、田时雨:《在习近平法治思想指引下建设生态文明法治体系》,载《法学论坛》2021年第2期。

保护,研究视角和研究方法都比较单一,缺乏整体性、全局性高度;二是虽认识到文化多样性与生物多样性的紧密联系,却鲜见有效对策;三是有关文化多样性法律保护手段的讨论多以财产权为进路,缺乏人权维度,无法满足实践需求。因此,此课题存在进一步探讨的必要。本书的意义在于利用环境法的整体视角和综合方法探索一条新的文化多样性保护路径,以期实现文化和环境的协同保护。

本书的应用价值:一是突破文化多样性保护的传统路径,促进民族和传统文化多元发展;二是缩减环境法运行成本与环境治理成本,增加环境法实施效果,有利于环境保护与生态文明建设目的的实现;三是充分尊重少数群体的文化权利,彰显我国的民族文化自信与社会主义制度自信。本书的学术价值:一是借助环境法学视角拓展文化多样性理论和研究方法,破解文化多样性保护倡议的法学学术命题;二是为环境法律制度实施研究探索可行性路径与方法指导;三是为生态文明建设提供理论依据。

本书的创新之处:一是引入整体论与协同论强化本研究的立论基础。一方面,在整体论下能形象地演示文化、社会、环境统一于生态系统整体,作为其子系统相互影响的协作模式;另一方面,依据协同理论的三层核心内涵(协同效应、伺服原理、自组织原理),作为慢变量的文化、观念与意识决定着人类社会系统的演进,即培育文化多样性可能是直接影响生态文明建设速度与效果的最关键因素。二是文化多样性保护的国际法与国内法体系梳理。有关文化多样性保护的专门法并不多,但与文化多样性保护关系密切的相关法律文件相当庞杂,经课题组收集整理,大致可以分为文化遗产、文化权利的保护、对文化交流的促进,以及对文化间平等对话的保障四个部分。三是文化多样性保护中的环境法角色定位。本书将通过对国际、国内、他国环境法的集中分析与总结,首次展现环境法在文化多样性保护中的独特作用,第三章将展现出文化多样性保护的要求融入环境法理念、原则、规范、制度中的状态。

第一章　文化多样性保护环境法因应的必要性

辩证唯物主义认为，事物是普遍联系的，没有完全孤立存在，不与他者发生联系、互动的事物。在这种普遍存在的万物之互动下，整个世界是一个巨大的相关事物的联合体。这种客观存在的事实指引我们在看问题、处理问题时不应以孤立、机械的眼光进行思考、论证，这既是不全面的，亦是不现实的。孰知事物本身并不能揭露其全部的本质，还有一部分蕴含在它与外部环境的关系中。之所以选择从关系入手进行概念及必要性的分析与论证，因其能完整、动态地展现文中三组重要概念的本质。如第一节所讲之文化与法律的关系意欲说明法律自文化中脱离、独立出来，这才能以外部视角审视并规制文化发展方向，从文化中提炼文明的因素，使之与社会发展积极正相关。而文化之于法律的持续影响亦是其价值所在，进一步引出法律保护的必要性。

第一节　文化与法律关系视阈下法律保护之必要

一、文化与法律的范畴认定

(一)文化的定义

“文化”一词为中文固有词汇,最初是“文”与“化”分开使用。“文”,最早见于商代甲骨文,其模样像一个身有花纹、袒胸而立之人。其象征意义——交错的纹理流传至今:我们现代汉语之中的“天文”代表天象特征,“水文”代表水流纹理,“人文”代表人之为人、区别于动物之处。“化”字始见于甲骨文,用于形容事物形态和性质的改变,如“变化”“教化”。古籍中习惯将中原之外,与文明社会鲜少交流的仍处于野蛮懵懂状态的部族称为“化外之人”。“文化”二字开始合用是春秋战国之后,多表示“以文教化”之意。这与英文“culture”一词大相径庭。[①] culture 来自拉丁文 cultura,有改良土壤、栽培植物、种植树木等含义,进而引申为教育、培养、自我修养、知识、情操、风俗的意义。日本学者认为此词义与汉语系统中“文化”一词内涵接近,故对译而来,继而被我们沿用。因此,产生了古汉语中“文化”与现代汉语所使用之“文化”的微妙差别。

古汉语的“文化”比起一个名词,更像是一个动词短语——用伦理道德来教育他人。比起 culture,古汉语中的“文化”强调的是人类的社会活动,是一个偏重精神方面的定义;而 culture 则是物质方面的,本义指人类改造自然的活动,之后才逐渐扩展到社会及精神领域。中国普罗大众现在使用的“文化”,主要有两种意义:一是由古汉语沿用至今的意义,比如形容某人是“一个有文化的人”,此处的“文化”便是与野蛮、不文明人所相对的被教化的人;二是国际共识定义的文化,由 culture 翻译而来,指智慧族群的一切族群社会现象与内在精神的既有、传承、创造、发展的总和。[②]

---

① 参见田广林主编:《中国传统文化概论》,高等教育出版社 2011 年版,第 2 ~ 3 页。

② 参见李淑梅、宋扬、宋建军编著:《中西文化比较》,苏州大学出版社 2016 年版,第 1 页。

文化是一个多义性概念,古今中西有关文化的定义多达260多种。每位学者从各自的立场和理解出发,给文化概念赋予不同的内涵。美国人类学家克莱德·克拉克洪(Clyde Kluckhohn)在《人类之境:人类行为和社会观念的调查》中首次对众多学者关于文化的定义进行了总结和分析,他认为文化作为一个各种符号的集合体,包括11个方面的内容①。此后不久,阿尔弗雷德·克罗伯(Alfred Kroeber)和克拉克洪在1952年的合著中对1871年以来的160多位包括人类学家、社会学家以及其他学者给文化所下的定义进行了分析。这些定义可以归结为6类:(1)指文化所包含的内容,洋洋大观,不一而足;(2)文化的特征之一是社会遗传性;(3)文化专指有特色的生活方式;(4)文化主要是人的一种活动,包括人类为适应社会所做出的种种努力;(5)文化作为抽象的价值体系,为特定的社会成员所共有;(6)文化的起源、存在和延续。② 当代美国社会学家戴维·波普诺(David Popenoe)认为,“文化是一个社群所共有的价值观和意义体系以及其在物质形态上的具体化……由三个要素组成:符号、意义和价值观;规范;物质文化”③。英国文化人类学家马林诺夫斯基将“文化的各方面”,即文化的组成要素分解为如下几点:物质产品、物质文化;精神要素/精神文化(包括哲学、科学、宗教、艺术、知识、技术、伦理道德以及价值观念等,其中价值观念是精神文化的核心);语言和符号;规范④;社会关系和社会组织。⑤ 我国著名哲学家梁漱溟先生说,文化是“人类生

---

① (1)一个民族的生活方式;(2)个人从群体那里得到的社会遗产;(3)一种思维、情感和信仰的方式;(4)一种对行为的抽象;(5)就人类学家而言,是一种关于一群人的实际行为方式的理论;(6)一个汇集了学识的宝库;(7)一组对反复出现的问题的标准化认知取向;(8)习得行为;(9)一种对行为进行规范性调控的机制;(10)一套调整与外界环境及他人关系的技术;(11)一种历史的积淀物。参见刘荣等主编:《跨文化交际》,重庆大学出版社2015年版,第21页。

② 参见刘荣等主编:《跨文化交际》,重庆大学出版社2015年版,第21页。

③ [美]戴维·波普诺:《社会学》(上),刘云德等译,辽宁人民出版社1987年版,第137页。

④ 规范是人们行为的准则,有约定俗成的,如风俗等;也有明文规定的,如法律条文、群体组织的规章制度等。各种规范之间互相联系,互相渗透,互为补充,共同调整着人们的各种社会关系。规范规定了人们活动的方向、方法和式样,规定了语言和符号使用的对象和方法。规范是人类为了满足需要而设立或自然形成的,是价值观念的具体化。规范体系具有外显性,了解一个社会或群体的文化,往往是先从认识规范开始的。

⑤ 参见[英]马林诺夫斯基:《文化论》,费孝通等译,中国民间文艺出版社1987年版,第5~7页。

活的样法”,分为精神、物质、社会生活三部分内容。[①] 胡适进一步说,“文化是文明社会形成的生活的方式”[②]。除了“生活方式”及列举式的定义之外,还有一种广为接受的定义是人类社会生产、生活中所取得的物质与精神成就的总和。中外学者普遍倾向文化的广义范畴,包括人类生活方式及人类所取得方方面面的成果,对应“自然物”,包容了除自然界以外所有人类之创造物、行为、思想等。

相对广义的文化,狭义的文化即“观念形态文化”则将文化的内涵置于人类的思维层面,如知识、思想、价值、心理等隐性文化形态。“观念形态文化观”是毛泽东同志在《新民主主义论》中提出的,并进行了阐述。[③] 从这个表述上来看,文化独立于政治和经济,是一个相对狭窄的概念。如果文化仅仅代表观念形态,则不包括物质文化在内,也不包括社会制度(政治、经济、法律等),甚至也不包括风俗习惯。此外,英国文化人类学家爱德华·泰勒(Edward Burnett Tylor)所理解的文化概念相对狭窄,更接近我们今天的使用,但他将“文化”与“文明”混同,笔者认为是不妥当的,他的论断中默认了一种文化相对主义的态度,否定了文明的导向性,也可能一并否定人类社会追求文明,摒弃部分摧残人权的原始、野蛮因素的努力。[④]

广义的文化概念将文化定义为“生活方式”,涵盖广泛,外延模糊,难以准确认定。通过对环境法律条文的梳理、总结,发现环境法所关注的文化因素为文化遗产以及与文化遗产有关的文化景观与环境,故此将文化的概念限定于政治、经济、法律之外,包括风俗习惯等,以限缩论题。然笔者亦不愿局限于狭义,一则广义的文化将法律、其他社会制度以及风俗习

---

① 参见梁漱溟:《东西文化及其哲学》(第2版),上海人民出版社2015年版,第2~5页。

② 胡适:《我们对于西洋近代文化的态度》,载耿云志编:《中国近代思想家文库·胡适卷》,中国人民大学出版社2015年版。

③ 毛泽东同志认为,“一定的文化(当作观念形态的文化)是一定社会的政治和经济的反映,又给予伟大影响和作用于一定社会的政治和经济;而经济是基础,政治则是经济的集中的表现”。参见毛泽东:《新民主主义论》,载《毛泽东选集》(第2卷),人民出版社1991年版,第663~664页。

④ 他认为文化或文明是包括知识、信仰、艺术、道德、规范、习惯在内的一种复合整体。参见[英]泰勒:《文化之定义》,顾晓鸣译,载庄锡昌等编:《多维视野中的文化理论》,浙江人民出版社1987年版,第98页。

惯均囊括其中,很好地体现了他们之间所存在的天然的、难以分割的内在关系,特别是法律的文化隶属性和法律与其他社会制度的可通约性;再则广义的文化概念包括人类生活的方方面面,从这个概念进行研究,能全方位地阐述本文的观点——文化多样性与环境法在许多方面互相影响、促进。经过权衡,笔者最终选定历史地看待文化的概念。初民社会文化包含了人们生活的几乎全部内容,道德、宗教、政治、法律融为一体、不易区分。随着人类社会的发展,各种文化要素的发展、壮大、独立,文化是有范畴逐渐缩小、内容逐渐纯粹化的趋势。所以在论证文化与法律的互动关系时,可能要从文化与法律最初的产生说起,此时需要使用广义的文化概念;而阐述现代社会的文化与法律现象则回归狭义的文化概念。

(二)法律的定义

拉丁文中最能代表法律含义的词有两个:Jus 和 Lex。Jus 有两个含义,一为法,一为权利,多具抽象意味;而 Lex 的含义相对单纯、具体,它原指罗马王政时期国王所制定的法律和共和国时期各立法机构所通过的法律。[①] 即是说西方语义中的法律,有广义和狭义之分,分别是抽象的 Jus(法与权利)与具体的 Lex(一国之内具体的法的渊源)。孟德斯鸠认为,“从最大限度的广义上说,所有存在物都有属于自己的法:上帝有他的法;物质世界也有它的法;畜类也有自己的法;人类拥有他们的法”[②]。孟氏所说最广义的法,更像是法则,代表所有的行为准则。而狭义的法,他称为“人为法”,可进一步划分:在统治者与被统治者之间的法律是“政治法”;调整公民之间关系的是“民法”;调整国家之间关系的是“国际公法”。古印度也有相似的概念,《摩奴法典》中说到,法律有两种存在形式,一种广大无垠,“坚定恒久、永不衰竭”;另一种局限具体,它表现为特定的人据其特定地位在特定情势下所应遵循的特定规则中所含有的特定职责。[③] 马克

① 参见梁治平:《法辩:中国法的过去、现在与未来》,中国政法大学出版社 2002 年版,第 282 页。

② [法]孟德斯鸠:《法意》,严复译,上海三联书店 2009 年版,第 61 页。

③ See Robert Lingat & J. Duncan M. Derrett, *The Classical Law of India*, Journal of the American Oriental Society 94. 2, 2015, p. 4.

斯·韦伯(Max Weber)说,“通过专职人员运用身体上或心理上的强制以确保服从和惩治异行的秩序即可被称为法律”①,他所指的概念较宽泛。马克思主义的法律定义强调法的阶级性、统治工具性。② 社会学家给法律下的定义则“温和”许多,迈克尔·巴肯认为,法律是一套“符号”系统,是“一种表现,社会结构的一种模型”。它是“法律社会”成员共同持有的行为规范图。③ 吉尔兹说法律是地方性知识。④ 这些定义很好地表现了法的社会性与文化本质。

我国现代法学吸收了很多西方法的思想,但仍保留了自己的法传统。我国的法律概念也有古时进化而来的成分。古汉语中“法”“律”二字并不连用,它们各自有特殊的含义,与我们今天的用法相去甚远。“法律”作为一个词使用,是近代日本翻译而来,日本的翻译是从西方法学著作中掌握的法律的含义,对照汉语中业已存在的相似词汇斟酌得来,字义自然不能做到完全对应。⑤ 对汉字“法”的最著名解说来自《说文》,法者,刑也,“平之如水,从水;廌,所以触不直者去之,从去”。有人据以认为,汉字“法”在语源上兼有公平、正义之意。“律”字出现较晚,但亦有公平之意。有学者认为,汉语中的法律概念历经了从“刑”至“法”,经“律”,最终到“法律”的演进过程。⑥ 现代汉语对“法”字的用法亦有广义和狭义两种:广义的“法”包括法律,即法律是法的一种形式;狭义的“法”即“法律”。若法律的定义采狭义,即只包括政府或较小社会中的类似部门执行

---

① [德]马克斯·韦伯:《论经济与社会中的法律》,张乃根译,中国大百科全书出版社1998年版,第6页。

② 法律是国家的产物,是指统治阶级(统治集团,就是政党,包括国王、君主),为了实现统治并管理国家的目的,经过一定立法程序,所颁布的基本法律和普通法律。法律是全体国民意志的体现,国家的统治工具。

③ See Barkun M. Law, *Without Sanction* : *Order in Primitive Societies and the World Community*, Harvard Law Review, 1968, p. 92.

④ “地方”在此不只是指空间、时间、阶级和各种问题,而且也指特色(accent),即把对所发生的事件的本地认识与对可能发生的事件的本地想象联系在一起。参见[美]吉尔兹:《地方性知识:事实与法律的比较透视》,邓正来译,载梁治平编:《法律的文化解释》,生活·读书·新知三联书店1994年版,第126页。

⑤ 参见[日]实藤惠秀:《中国人留学日本史》,谭汝谦、林启彦译,北京大学出版社2012年版,第59页。

⑥ 参见李龙主编:《法理学》,武汉大学出版社2011年版,第20页。

的程序和规则，则礼仪规范、风俗习惯等不是法。本书意图从法律与文化的关系入手，进一步分析部门法与文化特性之间的联系，若概念范围过广，易导致边界不清，给概念之间的比较分析造成障碍。故本书拟采取较为狭窄的法律概念。①

（三）文化与法律的边界与交集

法律隶属于广义的文化，文化之中有法律文化；法律对立于狭义的文化，狭义的文化将经济、政治、法律、科技等内容排除，当我们把文化与法律分别看成两个相对独立的系统时，会发现它们有一个边缘上的交集，这个发生联系的边界是一个模糊地带。学界同时存在"法文化"与"法律文化"两种概念，有学者认为它们分别指向不同的内涵，也有不少学者在使用这两种概念的时候发生了混同。

1. 文化中的法律

管理科学家丁金山先生用"法文化"②概念来指代文化中起行为规范作用的要素的总和。广义的法文化可以追溯到人类起源时期。其中既有正确的，也有因为愚昧、落后、迷信等而产生的不正确的知识和方法。狭义的法文化是农牧经济发展到一定阶段后，氏族制度逐步瓦解，大型社会组织（如部落联盟、国家、国际组织等）开始形成，社会交往及商品交换活动日益频繁，为处理日益复杂的社会性关系而逐步形成的。霍贝尔将法律的概念进行了延伸，文化中起行为规则作用的部分，也属于广义的法。③

习惯是初民社会传统文化中重要的法文化内容，习惯并不直接等于

---

① 狭义的法律概念即国家权威机关制定及认可的以文字方式表现的明确行为规范；其实施依赖社会统治集团的强制力作为后盾。参见刘星：《法律是什么：二十世纪英美法理学批判阅读》，中国法制出版社2015年版，第23页。

② 丁金山先生在《天道演化哲学》中认为，法文化指人类改造自然及构建社会所依照的方法、惯例、标准、规程等组成的文化的总称。人们之间传播的知识、方法，依照一定的惯例和程序结成一定的社会组织，按照一定的原理形成等级秩序，以特定的方式处理生老病死等，都属于法文化。

③ 霍贝尔认为，某社会规范具有"法律性"，"如果忽视它或违反它会受到具有社会公认特权的个人或集团的武力威胁或实际上受到其武力惩罚"。See E. Adamson Hoebel, *The Law of Primitive Man*, A Study in Comparative Legal Dynamis, 1954, p. 28.

习惯法。按照法律创制与表现形式，法可分为成文法（制定法）与不成文法（习惯法）。[①] 习惯法也可能是有成文形式的。[②] 不少法学家均认同制定法与习惯法的划分方式，只是另有名称，同出而异名。如卢梭将法分为政治法、民法、刑法与（风尚、习俗、舆论）法。日本法学家千叶正士在其著作《法律多元：从日本法律文化迈向一般理论》一书中提出“法律的三重二分法”[③]，包含了几对法律概念：官方法与非官方法、固有法与移植法[④]。其中非官方法/民间法与固有法更体现文化多样性的要求。也有不少学者将不成文法（习惯法）也称为民间规则。[⑤] 笔者认为，民间规则不能简单地等同于习惯法。按照法律的狭义概念，不成文法即习惯法，因为经过国家权威机关认可，属于法律的范畴，但习惯不是，只是一种社会规范。习惯在上升为习惯法，需要一定的条件。而民间规则，如果为国家所认可，则可认为是法律，即习惯法；如果未被认可，则仅仅是风俗习惯。

---

① 成文法亦称制定法，是指由国家机关制定并以成文形式而公布的法律的总称。不成文法亦称习惯法，是指由国家认可的有法律效力的那些习惯。成文法与不成文法的区别不在于是否成文，而在于是否形成规则体系，在于是国家制定的还是认可的。参见李龙主编：《法理学》，武汉大学出版社 2011 年版，第 33 页。

② 习惯法的传承载体既可以是成文的，如保存在歌谣中，刻在石刻碑文里；也可以是不成文的，通过口头、行为来传播、继承。

③ ［日］千叶正士：《法律多元：从日本法律文化迈向一般理论》，强世功等译，中国政法大学出版社 1997 年版，第 191 ~ 192 页。

④ 广义的固有法指起源于一个民族固有文化的法，狭义指在移植现代西方法之前存在于非西方民族固有文化的法；广义的移植法指一个民族从异文化中移植来的法，狭义指非西方国家从现代西方国家移植来的国家法。

⑤ 所谓“民间规则”是指独立于国家法律规范之外的，是人们在社会中根据事实与经验，依据某种社会权威和组织确立的具有一定社会强制力的人们共信共行的行为规范。相对于国家法律规则的统一性、普遍性，民间规则因地域不同而有不同的行为模式和规范内容。就自发性而言，民间规则功能彰显的是社会秩序及相应规则发展进入一个“权威推进秩序”与“社会自生性、自治性秩序”同构阶段的重要表现。民间规则是在自生自在状态中自然长成的，是在特定区域的本土资源中积淀而成的共信共行的行为规则。它寓于民间的日常生活中，富有浓厚的生活气息。它“以朴实、简洁、方便、合理、易操作的行为模式规范人们做什么、如何做，实体内容和程序内容混杂，与制定法相比缺少理性、严谨、周密的科学色彩”，“它的产生源于人们的社会需要，是人们适应自然环境、维持生存的文化模式。欠缺成文法规，无完整明确的条文体系。其产生后，主要通过口头、行为、心理进行传播和继承，不像国家法那样有严格的制定程序和文字表现形式”。参见梁治平：《清代习惯法：社会与国家》，中国政法大学出版社 1996 年版，第 35 页。

2. 法律中的文化

“法律文化”概念首次是被美国法学家劳伦斯·弗里德曼提出。① 弗里德曼将法律文化界定于人的主观意识范畴,并将其分为“内部法律文化”——法律专业人士的法律文化,即律师、法官等专业法律人的价值观、意识和态度;“外部法律文化”——普通公众对法律制度的了解、态度和举动模式。② 以弗氏为首的美国法学家倾向于将法律文化概念作狭义理解,称作“观念形态法律文化观”③。法律文化可以被看作一种凝结在法律制度中的文化因素,一个法律与产生法律的社会文化有着密切关系的证据。研究法律文化的价值在于,法律制度的操纵者、使用者、受害者的情感、信仰、态度与该法律制度发挥作用的方式有很大的关系。法律文化可以弥补在法律运行过程中个人的研究与整个法律制度的研究之间的裂痕,发挥一种将个体意愿与法律制度联系起来以发挥功用的纽带作用。④ 除了作为对象的法律文化,有学者认为法律文化还是一种综合宏观的研究方法的代名词,以梁治平先生的“方法论法律文化观”或“解释学法律文化观”为代表。⑤

可以看出法文化与法律文化并不是同一个概念。很难说它们究竟是属于文化的组成部分抑或是法律,可以肯定的是它们既与文化有关,亦与法律相连。法文化是文化中类似法律,并实际在社会中起着与法律相似作用的内容,一般表现为习惯、惯例、程序、规范等。法文化与法律有着模

---

① 参见[美]劳伦斯·M. 弗里德曼:《法律制度:从社会科学角度观察》,李琼英等译,中国政法大学出版社 2004 年版,第 17 页。

② 参见[美]劳伦斯·M. 弗里德曼:《法律制度:从社会科学角度观察》,李琼英等译,中国政法大学出版社 2004 年版,第 226 ~ 227 页。

③ “观念形态法律文化观”的内容仅仅包括诸如“人们使用法律的意愿,人们对于法律解决问题的能力所抱有的希望,人们选择法律的解决办法或者非法律的解决办法的意愿,以及人们遵守法律判决的程度”。参见[美]L. S. 温伯格、[美]J. W. 温伯格:《论美国的法律文化》,潘汉典译,载《法学译丛》1985 年第 1 期。

④ 参见[美]埃尔曼:《比较法律文化》,高鸿钧等译,生活·读书·新知三联书店 1990 年版,第 20 ~ 22 页。

⑤ “方法论法律文化观”认为法律文化不是一个具有对象化、实体化内容的概念,而是一种“应用文化解释方法于法律研究”的立场和方法。作为方法论的法律文化把人类的法律实践活动——有形的立法、司法活动和无形的思维认识活动——视为一个整体来把握,目的在于揭示人类法律实践活动的本质特征和内在规律。

糊的边界,属于广义的法,也最有上升为制定法的潜力。法文化中的部分内容,如习惯,有时也可以作为习惯法,进入正式的法律体系。法律文化通俗来说是人类对法律这个事物的研究成果,包括与法有关的意识、经验、智慧、知识等。它毫无疑问是一个纯粹的文化,只是指向对象为法。法文化与法的界线模糊难辨,法文化可以上升为法,在未产生国家法或国家法未能触及之处,法文化实际也起着法的作用;法律文化代表着族群对法的态度及研究水平,通常对法的发展起到促进作用。

二、法律的文化隶属性与相对独立性

美国法学家弗里德曼说,一国的法律结构是依国人对法律的态度而建造,“结构模式透露出根本的态度”;反过来,法律结构一旦建立,又对人们的态度起决定性影响作用。① 这段话从一个细节道出了文化与法律的相互影响的关系,一语中的。为了全面地分析两者的互动关系,第一步必须将其进行区分,也就是要利用法律的相对独立性将法律从文化中区分出来。以广义的文化范畴为比照,法律与文化是个别与一般、部分与整体、子系统与系统的关系。

法律的文化从属性体现在:(1)法律是文化和社会的产物,原始社会的习惯文化为法律的产生提供了大量的文化基础。② 文化塑造法律,每个文化似乎都按其形象产生出一种法律制度,适合其风格和需要,像按尺寸裁剪的衣服。文化构成法律规则的语境③,因而法律的界线也是

---

① 参见[美]劳伦斯·M. 弗里德曼:《法律制度:从社会科学角度观察》,李琼英等译,中国政法大学出版社 2004 年版,第 107 页。

② 在萨维尼看来,法律是“民族精神”的体现,不同民族精神是特定民族的历史传统和现实经验的产物。参见[日]大木雅夫:《比较法》(修订译本),范愉译,法律出版社 2006 年版,第 44 页。

③ 法律的基本单位是规则,文化构成法律规则的语境,规则一旦脱离语境就失去了其生命赖以存在的环境;规则由词语形式和内在意义两个要素构成,规则的内在意义是特定文化的产物,离开意义之维就不成为规则;不同文化对于同样的规则会赋予不同的含义,在规则的适用中也会做出不同的解释,因此规则一旦移植到异质文化中,含义就会发生变化,而这就使得该规则成为一个不同的规则。See P. Legrand, *What "Legal Transplants"*?, Adapting to Legal Cultures, Hart Publishing, 2001, p. 55 – 68.

由文化决定的。(2)法律属于广义的文化范畴,是文化的一种特殊表现形式。[①] 美国法学家博登海默说:“法律是一个民族文化的重要部分。”[②] 梁治平先生认为:文化是整体,法是部分,法是文化的命题中应有之义,法与文化不可分割,法不过是一种特殊的文化现象。[③] 文化是一个层层叠叠而又互相包容的复杂庞大的系统,法律、政治制度、传统习俗、习惯、民间规范以及科技都是其组成单元、要素、分子。用现代系统论的说法,法律是“文化子系统”[④]。法律是文化中不可分割的组成部分,法律不能完全脱离社会,不受文化的影响。文化不断对法律起作用,重大的文化、社会变化将会影响法律的变动。初民社会的法,与其他文化要素如宗教、道德、民俗几乎融为一体,难分界线。即使是现代法,也只能在某种程度与其他社会要素相区分。[⑤]

法律的相对独立性体现在:(1)法律独立于狭义的文化范畴。(2)法律是一个有自洽性的相对封闭的系统,一个有能力独立自治、自足的体系。法律自治论(法律孤立论)[⑥]认为法律现象在一定程度上独立于外部社会力量。不少学者认为法律与语言一样,具有它自己的生命。法律在某种意义上是超越文化的,至少是超越了动荡不定、多变的公众舆论。法律所具有的理性力量可以在一定程度影响并扭转文化发展的方向。(3)法律的现代化、法律移植的大量出现,造成法律逐渐脱离本土文化,产生全球化现象,各国的法律产生一种趋同。[⑦]

---

① [美]E. 霍贝尔:《原始人的法》,严存生等译,贵州人民出版社 1992 年版,第 4 页。

② [美]E. 博登海默:《法理学——法哲学及其方法》,邓正来等译,华夏出版社 1987 年版,第 1 页。

③ 参见梁治平:《比较法与比较文化》,载《读书》1985 年第 9 期。

④ 文化内部不同的部分和方面不但彼此关联和互相渗透,而且共享和体现着文化的一般精神。

⑤ 现代法在某种程度与其他社会要素相区分,在主体内容、表现形式、组织机构以及思维模式上形成了相对独立的自治系统,但也没有达到完全自治的程度。参见[美]昂格尔:《现代社会中的法律》,吴玉章、周汉华译,中国政法大学出版社 1994 年版,第 47 页。

⑥ 现代法律不是一般意义上的文化,它的移植主要不是采取文化传播的形式,而是借助于政治、其他强制性力量或规范性的压力。作为以规则形式存在的现代法是自治的体系,独立于政治、经济和社会等力量的影响。

⑦ 进入现代社会以来,尤其在当今全球化时代,法律已经远远不是特定民族传统和独特民族精神的产物,不同民族的文化和社会环境、地理、气候以及其他某些环境差异所造成的法律差异越来越小。

然而,这两种属性并不冲突。“从属”的汉语意思是依从、附属。在层次结构中,“从属关系”表示下层概念形成了上层概念的组成部分。在法律用语中,从属有时仅表现一种服从关系,如主犯、从犯;有时也有表示派生关系的含义。相对独立并非完全与外界无关。法律具有其特殊性,但仍深受文化所影响。“法律不是隔绝的、孤立的,给予法律制度生命和真实性的是外面的社会世界,社会要素使法律制度动起来。”[①]文化是人类之所以为人的重要原因,也是区别我们与别人的重要特征;而法律通常代表着文化中能被最多人所共同接受的部分,可以借此窥视人性的本质。法律深深地嵌入每种文化的特质之中,如果我们仅将法律从文化中切分出来孤立地看待,忽视其与文化关联,就会曲解二者的本质。

三、文化与法律的互动关系

文化是一种意义系统,处于系统中的人借以认识自我与世界的认知模式与价值参照。[②] 文化对于国家意识形态的构建具有基础性的价值和意义;在一个日益多元的法治社会中文化关涉个体或者集体的自我决定、自我发展和自我实现。[③] 美国法学家弗里德曼说,“法典背后有强大的思想运动”[④]。意指思想对于法律制度的产生、创制及实现具有巨大的价值。他认为实际运作中的法律制度是一个结构、实体和文化相互作用的复杂有机体,其中结构和实体是由长期社会势力慢慢刻画出来的,具有持久性的特色。而法律可以规制文化进化的方向,剔除文化中不够文明的内容并且保障人的合法的文化权益。

(一)文化是法律的来源和补充

“法源”是法律发生的根源,可以包括三种内容:法律由来的基础(如

---

① [美]劳伦斯·M.弗里德曼:《法律制度:从社会科学角度观察》,李琼英等译,中国政法大学出版社2004年版,第17页。

② 参见李建盛:《全球化语境中的文化多样性与保护问题》,载《甘肃社会科学》2016年第4期。

③ 参见秦前红:《法律能为文化发展繁荣做什么》,中国政法大学出版社2015年版,第74页。

④ [美]劳伦斯·M.弗里德曼:《法律制度:从社会科学角度观察》,李琼英等译,中国政法大学出版社2004年版,第241页。

神意、国权、公意等);法律知识的材料(如法典、判决书、著书、论文等);构成法规的内容(如习惯、法理、学说、宗教、道德、外国法等)。[①] 可以发现大部分的法源内容均具有文化性,即可以轻易地归于文化中,如神意、国权、公意、著书、论文、习惯、宗教、道德等。这些内容在过去曾不断地上升为正式的法律渊源,现在仍在持续影响着法律适用,未来也将可能作为潜在的法律渊源。政策、道德、风俗习惯甚至常常替代和行使着法律的功能。

1. 统治阶级意志。马克思主义认为,法是统治阶级意志的体现[②],法律是阶级统治的工具,即政治工具。[③] 法哲学家约翰·奥斯汀把法律解释为统治者的命令,国家就是法律的来源及标准。[④] 法律规则一般表达一种集体决定,即社会或社会中某部分统治集团希望行为朝某特定方向倾斜。统治阶级意志对于法律的影响是巨大的,因为统治者通常手握重权,他/她可以带领、左右很多人的思想和行为。在某些时代某些政治体制下,统治阶级意志可以算是人类文化中最有力的部分之一,使法律、科技能为它服务,从而压制观念、风俗。但是法所体现的统治阶级意志,并不是统治阶级意志的全部,而是其中上升为国家意志的那部分。[⑤] 在个别特定的历史时期,统治阶级意志也充当着"准法律"的作用。苏联建国初期,苏维埃人民委员会《关于法院的第一号法令》第5条规定:苏维埃法院在判决中只能遵行未经革命废除的、同革命的信念不相违背的旧政府法令。《关于法院的第二号法令》规定:"当出现现行法和人民的法律意识之间存在着不可消除的矛盾时,最高审判监督机关对立法机关提出关于必须颁布适当法律的建议。"《关于法院的第三号法令》明确废除了

---

① 参见孙莉主编:《东吴法学先贤文录·法理学卷》,中国政法大学出版社2015年版,第56页。

② 在一个社会中,占统治地位的法律思想总是集中地反映了该社会统治阶级的利益、愿望和要求,反映了他们的一些共同的阶级意志。这种共同意志一旦上升为国家意志,便可制定成法律,成为社会共同遵守的行为模式。

③ 法是由国家强制力所保障,为了要保护、巩固和发展对统治阶级有利的社会关系。参见朱恩霖:《法律和政策的关系》,载《法学》1957年第6期。

④ See Austin B. J., *The Province of Jurisprudence Determined*, Ethics, 1998, p. 118.

⑤ 参见李龙主编:《法理学》,武汉大学出版社2011年版,第21页。

一切旧法,指出司法机关必须遵循苏维埃政府法令和社会主义法律意识。[①]

2. 道德。中文"道德"一词在荀况以前是分开使用的。道家认为道指本体、法则、根据;德指人对道的把握、遵从,或指人世之道。[②] 西方的"道德"一词源于拉丁文 moralis,该词的复数 mores 指风俗习惯,单数 moralis 指个人性格、品性。[③] 道德是人类独有的禀赋。[④] 在人类历史上,道德首先是经验的、规范的或习俗的。[⑤] 也就是说,最早的风俗习惯、道德、宗教是含混不清的,它们几乎无明确界线:第一,道德是法律的心理基础和标准。从某种意义上讲,道德代表或反映着人类共有的善或价值观,比如人人生而平等,对妇女、儿童的关照、尊重、拯救、维护生命,避免伤害他人,保护生态平衡之类。所以它可以成为一个法律(通常情况下,法律只反映或代表局部利益和得失)被评判的标准。道德作为法律的基础和标准,率先体现在立法中[⑥],美国学者富勒认为,一个真正的法律包含着自己固有的道德性,即内在的道德或程序自然法[⑦]。第二,道德观念、原则、信条不断地转化为法律规定。某些公认的社会道德可能被制定为法律,成为法律的渊源之一。[⑧]

3. 宗教。宗教的宗旨在于对超自然力量的信仰,并由此获得精神上

---

① 参见肖宏开:《"法律意识"源流考》,载《青年法学》1987 年第 1 期。

② 儒家认为道德指成己、成人、成天的行为法则,包括内在的心性修养和外在的行为规范。

③ 参见李龙主编:《法理学》,武汉大学出版社 2011 年版,第 429 页。

④ 在诸多意识现象和社会现象中,道德是唯一以善为内容和对象的。它源自人类意识自觉的良知,是人类理性的高级状态,故而可以成为人类社会中一切现象、行为的终极评判标准。一个法律的好坏,与其所信奉的道德信条、原则有密切的关系。也就是说,道德信条和道德标准是法律推论的基础前提。

⑤ 道德以一些社会公认的价值准则为内核,来指导和制约着人们的个人行为,具有社会规范的功用。

⑥ 不仅立法要以道德为背景,司法同样要受到道德的支配,一个法官的道德水准,往往要在他确立判决标准时反映出来,即一个法官的司法良知会直接影响案件的结果。

⑦ 参见[美]富勒:《法律的道德性》,郑戈译,商务印书馆 2011 年版,第 39 页。

⑧ 这一做法古已有之,特别在宗教法和中国的"礼法"中,诸多的道德要求都直接写进了法律条文内。在现代,由于商业社会必须依靠比道德谴责更有效的保护手段,才能抵制某些应受指责的毫无道德的商业行为,所以在一些国家的反不正当竞争法中,对欺诈、不正当竞争等行为都予以了法律的限制。参见李龙主编:《法理学》,武汉大学出版社 2011 年版,第 433 页。

的慰藉。宗教包括信仰、教义以及抚慰、礼拜、宗教仪式等活动。原始宗教用仪式、神话、礼拜、禁忌、巫术、习俗等诸多方式,制约原始人生活的各个方面,与道德、规范等融为一体。稍后,在一些社会中,世俗力量获得了较快的发展,宗教受到了相当程度的压制,这使法律摆脱了宗教的影响,成为单一世俗权威的显示。但在某些社会里法律与宗教的关系一直相辅相成。神的权威与世俗权威,如僧侣和立法者及法官常常非常默契,共同实现对社会的统治。在一些早期的帝国中,如古埃及、巴比伦王国、波斯帝国,统治者都用神的名义宣布他们的法典。个人或国家间的承诺、契约及条约也都借助宗教的力量宣布成立。在犹太教教义中,犹太律法被解释为神意的具体化,或者是贤哲们对神意理解的具体化。

宗教意识和宗教信仰对于中世纪自然法理论有极大的影响。笃信上帝是通过不同的方式给人类的正当行为以某种暗示。这样,上帝法、理性法、自然法成为几乎无法辨别的观念。在阿奎那和经院哲学家那里,自然法即上帝法。永恒法中理性创造物所承受的那部分规则即是自然法。自然法为实在法提供了模式。实在法是依赖自然法的基础管理社会的人为公共利益而制定和颁布的理性命令。后来,西班牙法学家和神学家,如苏图、苏亚雷斯,也为包括国内法和国际法在内的法律制度找到了宗教依据。

宗教中的法律即是宗教法。宗教法起源于原始习惯和原始宗教教规的混合体。现存的宗教法最著名的有《旧约全书》首五卷和伊斯兰教的《古兰经》。《旧约全书》首五卷是犹太人的法律经典,它起源于上帝对摩西的训诫,后演化成宗教教条和世俗规范的混合物。犹太人法律也称"托拉",它包括由牧师和犹太法学家所提出的所有训诫、宗教教规、道德规范、仪式规程、司法制度和民法法规。经过几千年的发展和学理解释,犹太人法律已成为一个内容十分复杂的法学和宗教学的混合体系。犹太人法律是属人法,其中涉及个人身份的规则在现代以色列法律中仍然保留。《古兰经》不是一部法典,但它是伊斯兰法的最初表现形式,也是伊斯兰教教规的基本文件。伊斯兰法又称穆罕默德法,它根据人们所持的宗教信仰而起属人法的作用。该法的渊源除《古兰经》外,还包括《圣训》(穆罕默德行为模式的记载)、《依默书说》(穆斯林学者的一致意见)、《吉雅论》(通过类推而得到的司法结论)。现代伊斯兰国家多半实行双轨制,即世俗法与伊斯兰法同时有效。在基督教世界,随着宗教的不断发展和制度化,教会本身也确立了自己的法律,即教会法。这些法律不仅对教会组织的典礼、宗教活动和宗教信仰予以具体规定,而且也在很大程度上对教徒们的世俗生活加以约束。当基督教在一个国家取得国教地位,并形成对国家权力的控制后,整个社会就由教会制定的宗教法律和国家制定的世俗法律共同支配。宗教改革以后,教会的政治权力虽然被剥夺,但教会法对很多国家的世俗法律如关于结婚、婚姻无效、离婚、遗嘱以及对法官的态度等方面,仍有着重要的影响。寺院法的现代成果是1917年颁布、1981年生效的梵蒂冈《寺院法典》。宗教法对宗教世界的组织和纪律、宗教仪式、布道及其他活动都起着重要的作用,并对宗教社会及教会成员关于法律、道德观念有很大的影响。如欧洲的寺院法在使中世纪的欧洲接受罗马法、向现代社会传递古希腊法、罗马法方面,都起着巨大的作用。许多寺院法学家和神学家的著作对法律思想、概念,如所有权、诚信、法人之类都作出了贡献。在现代,虽然宗教的影响已大大降低,但在很多地方,不少人仍将宗教看作在社会控制方面与法律并驾齐驱的一种手段和有效的管理因素。

4. 科技[①]。科学成果与传统技术通常被认为属于文化要素之一。随着人类对自然及社会认识的变化,一些科学技术成果也常常被直接规定在法律条款中,成为法律规范的构成部分,法律规定将生命科学研究成果在法律上进行了确认。[②] 科学知识还能间接影响法律的产生与实施。科学研究理论可以改变公众意识,公众意识会推动法律的制定并影响法律

---

① 科技是指社会上习惯于把科学和技术连在一起,统称为“科技”。实际二者既有密切联系,又有重要区别。科学解决理论问题,技术解决实际问题。科学要解决的问题,是发现自然界中确凿的事实与现象之间的关系,并建立理论把事实与现象联系起来;技术的任务则是把科学的成果应用到实际问题中去。科学主要是和未知的领域打交道,其进展,尤其是重大的突破,是难以预料的;技术是在相对成熟的领域内工作,可以做比较准确的规划。科技也有自身的局限性和不确定性,且科技的运用要受到一定的价值观念与道德伦理的影响。

② 我国《民法典》第1048条规定:“直系血亲或者三代以内的旁系血亲禁止结婚。”

得到遵守的效果。

5. 风俗习惯。“风俗”[①]与“习惯”[②]词义相近,在我们日常口语中常常被连用,用来表示某一地区传统的形成定式的行为准则。英国法学家丹尼斯·罗伊德(Dennis Lloyd)认为法律应体现特定社会的文化习俗。[③]在经济发展的某个阶段,如果正式法律制度不能满足社会要求,则社会可能自动产生需要的法律,即非正式法律制度。风俗习惯可以被看作这样一种非正式法律制度。在民法等私法领域,司法过程中若“法无明文规定,则依习惯”处置。在实践中这种情形很常见。习惯法,即由习惯发展而来。习惯成为习惯法必须具备一定的条件,如(1)习惯存在的时间较长,即在相当长的时间里,人们惯于遵行一定的事实……(2)习惯的内容有比较明确的规范性……(3)现行法没有关于该项行为的规定,且与现行法基本原则没有抵触……(4)需经国家认可并由国家强制力保证其实施。[④]《美国统一商法典》中的“显失公平”条款来自印第安夏安族习惯法。[⑤]《国际法院院规》第38条第(1)款[⑥]列出4种渊源,这些渊源就是国际法院决定适用起诉到国际法院案件的依据,被认为是具有法律效力的国际法渊源。在没有可适用的条约条款的情况下,可适用“国际习惯法”

---

① “风俗”是特定社会文化区域内历代人们共同遵守的行为模式或规范。风俗的多样性,是以习惯上,人们往往将由自然条件的不同而造成的行为规范差异,称之为“风”;而将由社会文化的差异所造成的行为规则之不同,称之为“俗”。参见王辉编著:《中国古代民俗》,中国商业出版社2015年版,第2~5页。

② “习惯”是指积久养成的生活方式。今泛指一地方的风俗、社会习俗、道德传统等通过实践或经验而适应。习惯不仅是早期法律文化中法律的渊源之一,而且在现代社会,习惯仍在某种特定情况下成为现代正式法律渊源。更多时候,习惯以其顽强的生命力遗存下来,成为人们的心理积淀或意识表现,在社会生活中以隐文化形态发挥功用。

③ 参见[英]丹尼斯·罗伊德:《法律的理念》,张茂柏译,新星出版社2005年版,第114页。

④ 参见中国法制出版社编著:《新编常用法律词典:案例应用版》(精装增订版),中国法制出版社2016年版,第26页。

⑤ 参见[美]劳伦斯·罗森:《法律与文化:一位法律人类学家的邀请》,彭艳崇译,法律出版社2011年版,第23页。

⑥ 《国际法院院规》(1945)第38条第(1)款规定:国际法院的功能是根据国际法裁决提交到法院的纠纷,将适用:a. 国际条约,不论是普遍的还是特别的,设立的法律规则必须是争议国家明确认可的;b. 国际惯例,并被一般实践接受成为法律的证据;c. 被文明社会国家普遍接受的法律原则;d. 根据院规第59条规定,司法判决和不同国家杰出法学家的著作作为判决的补偿。

的规则。如果没有找出可以适用的相关条约和规则，依据只能设在文明国家共同承认的一般性法律原则。最后，判例和杰出法学家著作可以作为解决纠纷的补充手段。在很多案件中，由于缺乏明确的规则，国际法院不得不依靠多重法律渊源。

6. 学说。学说主要指法学家的著作。学说中包括了学者们丰富多彩的法律思想。文化限制了法律思想所能涉及的范围，并在很大程度上决定了特定时间段内，互相竞争的学派中谁能获得普遍赞同。学说在很多社会中对法律的制定、修改、实施、适用均影响巨大，甚至一度是正式的法律渊源，如古罗马的法学家著作，一度作为正式的法律渊源为人们所使用。公元426年罗马帝国的"援引法"提名5位法学家为主要法律权威，即乌尔比安、帕比尼安、保罗、盖尤斯、莫迪斯蒂努斯。① 学说也属于文化中的意识形态类别，一些被广为流传、接受的法学理论，其可行性经过法学家的研究、论证也可以为立法机关所采纳，经过立法程序成为正式的法律渊源。

7. 思想、观念、价值观。严格来说，理论、学说是思想的一种表达方式，思想则是学说的实体内容。这里特指未成体系的思想，甚至公众意见与社会价值观有时也会成为正式法律的补充。简单地说，价值观是人对事物之于自身的有用性作出的判断。② 弗里德曼认为，价值观是社会结构的长期残余，代表老的权力和影响。③ 价值观可以是个人的或集体的，人类的交往会形成趋向一致的集体价值观。集体价值观才是文化的要素。④ 国家作为一个集体的价值观也称为国家意志，古代帝国的价值观即君主的价值观，现代国家的价值观通常是大多数国民的价值观体现。

---

① See H. F. Jolowicz, *Historical Introduction to the Study of Roman Law*, Cambridge University Press, 2008, p. 472.

② 价值观是基于人的一定的思维感官而作出的认知、理解、判断或抉择，也就是人认定事物、辩定是非的一种思维或取向，从而体现出人、事、物一定的价值或作用。

③ 参见［美］劳伦斯·M. 弗里德曼：《法律制度：从社会科学角度观察》，李琼英等译，中国政法大学出版社2004年版，第227页。

④ 因为文化被定义为以一定规模的人类群体为载体。所以价值观的内容与文化的内容有重叠，但不完全重合。

法律所代表的通常是国家意志。在伊斯兰世界,先知及其同伴的传统说法、类推和社会舆论也是具有法律权威的。① 美国的法官作判决时可以援引正式法律渊源以外的其他材料来支持自己的观点,如科学结论、道德观念、公众意见等。在规定学校中种族隔离非法的著名的布朗案,法院在脚注中引用了社会学家和心理学家的著作。② 美国法院还将“立法史”吸收到正式法律运作中来。为了弄清某法规的意图,法院能够参考议会的立法报告,甚至是立法者在辩论中的论点。这些“立法史”可以包括任何领域的声明,而不仅仅是法律性质的。

(二)文化是法律实施的社会基础

美国著名大法官霍姆斯指出:“作为一种实践性事物的法律,必须将自己建立在实效的基础上。”③法律实施受很多因素影响,除了政府执法方面的因素外,还取决于守法条件,如责任的实现条件、规范的科学性、守法能力和社会基础。④ 其中每一方面均与文化有莫大关联。弗里德曼认为,当法律行为(在他的理论中,即法律规则或准则)与某人的行为有因果关系,它就有了影响。当行为按希望的方向而动,当对象遵守时,法律行为就认为“有效”。这种影响不止遵守的程度,它是法律行为对行为的总的效应,包括积极的和消极的。⑤ 法律行为对目标产生影响的条件包括:(1)规则必须准确;(2)目标必须具有按要求作为的能力;(3)目标必须有做的意向。⑥ 这三项条件中,无一不是为文化条件所限制。

---

① See Joseph Schacht, *The Origins of Muhammadan Jurisprudence*, Oxford University Press, 1979; Ahmad Hasan, *The Early Development of Islamic Jurisprudence*, Islamic Research Institution, 1970, p. 33 – 56.

② See Brown v. Board of Education, 347 U. S. 483 (1954).

③ Henry W. Ehrmann, *Comparative Legal Cultures*, Prentice-Hall, Inc., 1976, p. 3.

④ 参见巩固:《守法激励视角中的〈环境保护法〉修订与适用》,载《华东政法大学学报》2014年第3期。

⑤ 参见[美]劳伦斯·M.弗里德曼:《法律制度:从社会科学角度观察》,李琼英等译,中国政法大学出版社2004年版,第52~53页。

⑥ 参见[美]劳伦斯·M.弗里德曼:《法律制度:从社会科学角度观察》,李琼英等译,中国政法大学出版社2004年版,第65页。

法律意义的建构是通过某种文化媒介实现的。[①] 规则的传达要通过语言,作为文化中重要组成要素的语言极大地影响法律规则的表达。法律规则明确易懂的关键除了语言表达,还在于对法条的社会理解,这在很大程度上依赖当地文化。在一个著名的研究中[②],威廉·奥贝尔和助手们试图了解一项挪威法律对女佣工作条件的影响。相对一些扎根于习惯的行为准则,女佣们对法规中规定的新规则知道的很少。女佣都是没有受过教育的贫穷妇女,她们没有工会,她们的工作地点、家庭传统很大程度不属于法律所管辖的范围。法规送出的信号很弱,没有自然渠道通向其听众。那些听众从来没有听到,因此不能服从。法律知识在社会上分布不均,在小的、面对面的社区中,大多数人可能知道起主要作用的准则。在较大的国家,如中国、美国,大部分法律可能只有专家知道,或一小群直接相关人才知道。并且,法律的许多领域有裁量性很强的规则,不是所有的规则、信息都能被写得清楚,所以社会理解对法律实施显得至关重要。文化观念贯穿我们生活的诸多领域——如经济、家族、政治和法律——并将它们联结在一起。对于特定文化族群来说,这种文化的影响不仅是符合逻辑和显而易见的,而且是内在的和自然的。

现代法律制度具有大量或清晰客观或模糊的规则,模糊的规则赋予了司法与行政人员或大或小的自由裁量权,他们的裁量行为也受到文化或多或少的影响。法庭的判决可能由官方规则以外的某种东西,如法官的态度和价值观来决定。价值观念对法具有指导意义。在作某种法的规则之时,做决定的人的价值观念具有重要意义。不像功利法学所认为的是一些占压倒优势的利益来决定,而是一些价值,由价值来形成一条解决利益冲突的规则。这既适用于立法者及其顾问们,也适用于在某一项判决里为某一种在法律上没有规定的难题公布一项解决办法(判例)的法

---

① 维持秩序的正式公共制度只有在这种丰富的非正式公共生活的支持下才能成功地发挥功能。参见[美]詹姆斯·C. 斯科特:《国家的视角》,王晓毅译,社会科学文献出版社2011年版,第172页。

② See Vilhelm Aubert, *Some Social Functions of Legislation*, 10 Acta Sociologica 98, 1967, p. 78 – 84.

官。[1] 马丁·莱文研究了明尼阿波利斯和匹兹堡两座城市中法官判刑的情况,发现文化影响了法官的态度。匹兹堡法官比明尼阿波利斯法官判刑较轻:明尼阿波利斯法官"更重视社会及其要求保护的需要,更重视其同行的目标,而不是更重视被告",他们作出判决"拘泥于形式";匹兹堡法官"重视被告而不只是着重惩罚或制止犯罪"。法官的竞选方式等社会结构也影响了法官的判决:匹兹堡的法官来自积极的政党人士,他们在党派竞争厉害的选举中竞选其职务;明尼阿波利斯则正好相反,法官竞选时没有党派之争,当地律师协会在选择法官时起决定作用。[2]

个人的守法意愿也会极大地影响法律效果。法律为了确保其得到遵守,会采取惩罚、制裁等措施,但立法者还是期待大多数人大多数时间不用武力就能服从。这样更经济。良心、道德感、正义感、是非观念等个人习惯和感情在这时起到关键作用。个人意愿带有强烈个人色彩,但人在社会中长大,一般说来,个人意愿和良心代表着社会的总体准则,即社会的总体价值观往往决定了法律是否被遵守。这就是为什么同等制裁情况下,一个人、一个城市或社会比另一个更守法。甚至法律制裁的效果也因为制裁对象的性格不同而有影响,而个人性格更是被塑造于其成长的文化。弗里德曼将促使人们遵守法律的文化或心理因素的理论叫作合法性理论。[3] 在他的理论中,深刻的道德信念比单纯合法但没有其他助力支持的规则更能让人服从。并且如果道德与法律规则有矛盾,法律必须让路。现实中很大一部分法律并不以道德为基础,它们虽然是合法的,但缺乏文化支撑。

法律制度在社会中的实现程度,也同该社会所特有的法律传统相关联。传统是指一个特定社会中,经过长期延续而形成的一套特定的文化和行为模式。不少学者认为,传统文化中的消极因素可能影响法律作用

---

① 参见[德]H. 科殷:《法哲学》,林荣远译,华夏出版社 2003 年版,第 164 页。

② See Levin M. A., *Urban Politics and Judicial Behavior*, Journal of Legal Studies, 1972, p. 199 - 221.

③ 参见[美]劳伦斯·M. 弗里德曼:《法律制度:从社会科学角度观察》,李琼英等译,中国政法大学出版社 2004 年版,第 76 页。

的发挥与目的的实现。[①] 然则,传统文化也能促进法律实效。[②] 一般来说,影响法律实效的因素有法律自身的因素和非法律的因素,也即法律的内部环境和外部环境。内部环境主要有立法内容与质量本身等,外部环境可进一步细分为个人、环境、体制方面,环境方面的因素包括保护区的经济环境、政治环境、文化环境和自然环境。具体地说包括:(1)个人因素。[③] 这在一定意义上,也适用于法人或其他社会组织的行为。(2)机构因素。[④] (3)社会的基本制度、体制,经济、文化发展水平,政治环境以及自然资源、人口、地理等自然环境。这些对法律实效具有不同程度的制约作用。(4)执政党的路线、方针和政策。(5)法律监督的有效程序。[⑤] 文化环境属于法律实效的第三项影响因素。

(三)法律促进文化的发展

弗里德曼把法的系统理解为有关的制度和实际过程互相关联的整体,由法律规则组成的形式性结构背后有创造规则的各种社会力量,法律表达并解释社会规范,法律规则也能反作用于社会中人们的行为。法律制度的一个基本职能是社会控制,也包括对文化的调控。格尔茨认为法律具有能动意义。[⑥] 法律可以控制文化发展的方向,并人为地剔除不符合价值观的文化内容。

---

① 传统法律文化和法律意识的某些消极因素会影响法律实效。重情、重权、轻法、惧法、厌诉、等级特权等传统法律文化与意识,长期以来影响着中国各阶层的心理与行为,这是影响法律实效的深刻社会历史根源。参见沈宗灵主编:《法理学》(第2版),高等教育出版社2009年版,第373页。

② 所谓法律实效,又称法律的成效,是指发生法律效力的法律规范在实际上被执行、适用和遵守的情况。参见沈宗灵主编:《法理学》(第2版),高等教育出版社2009年版,第371页。

③ 个人因素,即其行为受法律调整的个人方面的一般原因,如思想道德水平、法治观念、文化水平。

④ 机构因素主要指执法、司法机关的组织结构或体制是否健全、合理、高效以及这些机构的组成人员特别是领导人的思想、业务水平。

⑤ 参见沈宗灵主编:《法理学研究》,上海人民出版社1990年版,第170、268页。

⑥ 格尔茨认为法律具有能动意义,法律之为物,并不是有限的一组规范、规则、原则、价值,它是想象真实世界之特殊方式的一部分。如果说法律因地而异,因时而异,因民族而异,那么,法律之所见也是如此。就此而言,法律绝不只是反映社会现实的被动物,它具有创构、建设和生成的作用。See Geertz C., *Local Knowledge: Further Essays in Interpretive Anthropology*, Basic Books, 1983, p. 787 – 788.

社会学家将社会内主导地位的文化叫作“主文化”[①],绝大多数社会成员都从主文化中寻找自己判断是非的标准和尺度。法律制度的产生、创制受主文化影响,因而法律反映和代表了社会中被国家所认定的,作为社会成员行为模式的主文化;反过来,法律一旦形成,便成为一种价值准则,使其他非主导性文化向其倾斜。社会成员的行为模式只能按照法律规范和制度所确认的准则去行为,去运作。文化可能是文明的或野蛮的,实际上,人类这个物种的天性中兼有理性和野性的一面。卢梭认为,人性本善,是私有制腐蚀了人类。霍布斯的意见则完全相反,他说没有国家的规制,普通人的生命将会是肮脏的、野蛮的、短暂的。两位从各自的视角出发,均只看到了人性的其中一面。在国家未诞生之前,或者在不存在私有制的地方(如现代的游牧民族或北美洲的印第安人,他们不认为土地能为人类所拥有,在他们的族群文化中,个人所拥有的物资只有很少量的服装、装饰品、日用品等),也存在着各种略显野蛮、带有动物性的习俗。远古部落存在吃人习俗。考古学家在挖掘北京人化石时发现:北京人头骨化石的数量明显多于躯干骨和四肢骨,且大部分头盖骨都带有伤痕。经考证这些伤痕极有可能是由利刃器物、圆石或棍棒打击所致。可能在食物匮乏时,远古的北京人无奈以同类果腹。[②] 传说在墨西哥北部地区与世隔绝的古老部落以吃族人的方式祈祷五谷丰登。[③] 纵观动物世界,在人类近亲黑猩猩的族群之中,便充斥着野蛮的打斗夺权以及森严的等级。可见人类文化带有的野蛮性不是私有制的产物,而是来自人类的动物天性;但同时国家的制度、道德、正义等压抑野性的事物,也是人类所发明的,来自人类理性的创作。所以卢梭的结论显然有误,而霍布斯的论断也

---

① 主文化对一个社会绝大多数成员形成和选择根本的价值标准、行为规范、思维方式影响极大。

② 参见黄淑娉:《中国原始社会史话》,北京出版社1982年版,第217~218页。

③ 2011年10月,考古学家在该国北部杜兰戈州山区找到了“食人族”存在的证据。这些证据就是据称可追溯到1425年的30多根人骨,这些人骨被挖前埋在海平面以上9530英尺(约2600米)的一个洞穴里。经过研究,考古学家发现其中80%的骨头都被烹煮和切割过,由此可推测当时居住在此的Xiximes族确是食人族。据传教士留下的历史记载,Xiximes族人认为,在一场战斗结束后,若食用敌人的尸体,并在祭奠仪式上供奉清洗干净的人骨,那就可以确保本部落来年风调雨顺、五谷丰登。

略失偏颇。正是基于人类自发性文化的随意性,我们会由不同目的出发,人为制定出法律来规制它。比如法国合同法强调对世袭财产的保护,反对遗嘱继承人的浪费行为。[①] 印度社会有索取新娘嫁妆的传统。最初本来是出于自愿,逐渐演化为义务性的。很多家庭不堪嫁妆的重负,因而产生了新娘自杀甚至谋杀女方的行为。嫁妆已成为印度妇女受迫害的代名词。印度《1986 年嫁妆禁止法》(Dowry Prohibition Act,1986)[②]规定接受或索取嫁妆的行为将被处以 6 个月以上不超过 2 年的监禁或/且并处 10,000 卢比的罚金。印度《1986 年刑法》还规定了结婚 7 年内因为嫁妆问题虐待、摧残女性致死的,男方及其亲属将被处以 5 年监禁及罚金。若女性自杀,则采用过错推定,男方及其亲属仍需承担相应责任。[③] 虽然该法并未完全改变妇女地位,亦未得到良好实施,但体现了法律改造文化传统的决心与作用。

第二节　文化与环境关系视阈下环境法保护之必要

文化多样性和生物多样性的消失具有同步性,这是源自文化与环境统一于生态系统整体,作为其子系统相互影响。而依据协同理论的伺服原理,作为慢变量的文化决定着系统整体的演进速度,即培育文化多样性可能是直接影响生态文明建设效果的最关键因素。

① 参见[美]劳伦斯·罗森:《法律与文化:一位法律人类学家的邀请》,彭艳崇译,法律出版社 2011 年版,第 25 页。

② 印度《嫁妆禁止法》(Dowry Prohibition Act)分别于 1984 年、1986 年进行了修订,经过修订的《1986 年嫁妆禁止法》不仅提高了监禁期限,同时还提高了罚款的额度。

③ 1986 年修订后的印度《刑法》规定,妇女在婚后 7 年内,因为嫁妆问题受到来自男方家庭及其亲属对其进行肉体虐待与精神摧残而致死亡的,行为人将被处以 5 年监禁及罚金。在诉讼程序与证据制度方面也作了严格的规定。如果女方自结婚之日起,在 7 年内有自杀的情形,法庭将假设或推定自杀是由男方及其亲属的唆使、鼓励而造成。参见肖光辉:《"厨房事件"与印度禁止嫁妆法》,载《学术论坛》2010 年第 8 期。

一、文化与环境的耦合

文化与环境密不可分,从人类的视角看出去,文化也在环境之中,形成人类的外部环境整体;从外太空的视角看地球,人类、人类文化、生物、自然都是一个整体,共同构成一个完整的地球。地理学家认为,文化是环境的人为部分。美国人类学家克鲁克洪在《文化的研究》一文中讲到,人类学术语中的文化是指环境中由人所创造的有形或无形的部分。① 从这个意义上来说,文化即是人类环境的一部分。如选择广义的环境定义,则文化环境也属于环境法所关注的范围:一则,现在原生环境非常稀少,很多环境法所关注的对象均包含人类文化因素。这种自然环境在人类诞生之前是非常纯粹的。自然环境在经人类改造之后糅杂了人文特质,变为改造过的人工环境。人类科技水平决定着我们改造自然的能力高低,我们的足迹遍布全球,以致我们现在处在的世界中已经很难找到未经人类触碰的原生自然环境了。二则,环境法的目的包括保护人的生活环境,而生活环境的很大一部分是文化环境。

(一)环境决定文化的基本内容

我们今天文化多样性的形成是环境多样性与人类交往共同打造的成果。② 我们通常所理解的“环境”有两种:一种是指相对一个主体而言,它周遭除去它自身以外的所有一切所构成的世界。另一种定义相对狭窄,仅指人类社会赖以生存的自然环境。③ 本书拟使用“环境”指代自然环境,包括原生的自然环境与带有人文因素的自然环境。文化产生于环境之中。当人类开始有意识地改造环境时,文化的萌芽就产生了。古人类改造自然的能力低下,在强大的自然力面前,人类举步维艰。在当时的生

---

① 参见[美]克鲁克洪等:《文化与个人》,高佳等译,浙江人民出版社1986年版,第5页。

② 早在公元前5世纪,古希腊历史学家希罗多德就在其著作《历史》中,描绘了西亚、北非的二十多个国家的地理风貌、民族风俗、宗教信仰、政治制度,探讨了地理环境对人们外表、风俗和制度的影响。其后的亚里士多德、博丹、黑格尔、特纳、布罗代尔等人,均持相似地理决定论观点。

③ 相对人类整体而言,环境既包括以大气、水、土壤、植物、动物、微生物等为内容的物质因素,亦包括以观念、制度、行为准则等为内容的非物质因素;既包含自然因素,也包含社会因素;既包括非生命体形式,也包括生命体形式。

态系统中，人类也处于一个不甚重要、可替代的食物链环节。不少学者认为，让人类存活并发展壮大的关键就在于文化。① 人有一种集体学习的能力。一个群体中间，往往有少数极具好奇心、大胆、有创新精神的先驱者。这些人发现或发明了更好的生存方式，其他认识到其价值的人相继模仿。久而久之，形成了一个族群的群体性生活方式，这就是文化。文化具有稳定性，后人在群体生活中耳濡目染地接受这种群体文化，习得知识。一些被认为有价值的知识就这样以文化的形式，一代一代地传承下去，是为传统文化。

文化产生之初目的具有生存导向性，多是针对环境作出调整，以使其更适应人类生存的方法。这时候的源文化，是完完全全的地理依赖。当地的自然条件往往决定了文化的样貌。古时为采集社会，古人多以采集、狩猎的方式来获取食物，古代社群比起今天普遍规模较小，流动性大。现代也有一些人保留着这样的生活方式，如我国西北部草原上的游牧民族、欧洲的吉普赛人、美洲的印第安人等都不是定居文化。人类的流动性，造成了人类之间的互相交往，继而形成了文化的另一半内容。简单来讲，文化是人类的生活方式。这生活方式之中，一半是与自然相处的方式，一半是与人类自身相处的方式。文化的内容中，与自然相处的方式极大地受到自然地理环境的影响，而其实人类社会的交往方式，也在很大程度上由环境所决定。人类社会的交往主体——人的生理特征基本是由地理环境所决定的。人的生理特征，又往往能影响人的心理。这就是为什么同一个地区，或生活在自然环境相似地区的人们，往往外表和思考方式都比较一致。环境造就日后外表和文化如此巨大的差别。地理环境学说②即是

---

① 参见[以]尤瓦尔·赫拉利：《人类简史：从动物到上帝》，林俊宏译，中信出版社 2014 年版，第 55～60 页。

② 地理环境学说，是指不同的气候、土壤、地形、生态等一系列自然环境因素，会对长期生活在该地区的人的性格、心智、思想、意志产生不同的影响，以影响整个民族的道德、风俗、情感、精神，进而影响这个地区的政治、经济、法律、社会制度。早在公元前 5 世纪，古希腊历史学家希罗多德就在其著作《历史》中，描绘了西亚、北非的二十多个国家的地理风貌、民族风俗、宗教信仰、政治制度，探讨了地理环境对人们外表、风俗和制度的影响。其后的亚里士多德、博丹、黑格尔、特纳、布罗代尔等人，均持相似观点。

在这种猜想之下产生的。

法国著名启蒙思想家孟德斯鸠在其著作《论法的精神》第3卷中写到:炎热的气候使人皮肤组织松弛,故炎热地区的人懒惰、怯弱、缺乏行动力,容易沦为奴隶。同时因为神经末端张开,各种感觉比较强烈,容易引发各种犯罪,因此他们的举止风度及道德风尚时好时坏,很不稳定;生活在寒带的人,因为外部纤维末端的紧绷而更具有力量,更加自信、勇敢。且因为寒冷气候下痛感不明显,所以容易在打猎、战争中找到乐趣。气候不同也造成法律规范的差别,如伊斯兰法禁止人们饮酒,因为沙漠地带蒸发量大,而酒精会加剧细胞脱水。但同样的禁酒令就绝不会发生在北方,因为酒精同时还能通过促进血液循环而御寒。[①] 此外,不同地形条件也极大地影响人文。虽然从现代的眼光看来,孟德斯鸠的用词稍有种族偏见之嫌,但其理论是有一定的合理性与科学性的。文化确实契合于当地环境。游牧文化的游动性及适度放牧,减少了对水的依赖,扩大了施肥范围,正是最适合广阔草原的生存方式。泼水节只存在于水资源无比丰富的地区,如傣族,水在傣族人眼中完全不具有稀缺性,在满足生存之必须外,还能实现娱乐功能。

而环境仍然持续对文化进行着影响。首先,人类的力量并未强大到可以忽视地球自然力的作用,特别是最近的几十年,因为频发的自然灾害、天气剧变,使得人类又再度将注意力投向自然。各种环境保护的科普书籍的畅销,环境问题的国际合作加强,一国法律体系之中自然资源合理利用的法条比例增加等变化都是对文化领域的影响。其次,人种之间的生理和一些先天心理差异因为长久地浸淫于当地自然环境中已融入血脉,刻入基因,类似这样的差别也是造成今天文化多样的原因之一。发展到全球化的现代社会,科技力量进一步增强,特别是交通便利使人群的交往更频繁,文化的融合更迅速,现代文化中外来文化的影响增强,相应地削弱了一部分地理环境的影响力,但本土环境的影响仍然是巨大的。

① 参见[法]孟德斯鸠:《法意》,严复译,上海三联书店2009年版,第77页。

(二)文化适应并改造环境

马克思说,人具有主观能动性,能改造客观世界。与其他物种不同,人除了调整自身适应环境以外,更倾向于发挥想象力和行动力将外部世界改造为更适合自己生存的状态。适应的过程必然带来些许对环境的改变,于是文化就反过来塑造了环境。[①] 除了简单利用环境的内容,有些文化中还包含了如何合理利用——即有保护的意味在里面。广义的文化要素包括法律、政治、经济、科技、风俗等内容,它们对环境的影响力或多或少。

1. 法律。法律是国家的产物[②],法律一般代表着主流价值观对环境的态度,国家通过法律的实施实现环境保护的职能。但同时法律又会稍稍领先于普罗大众对于环境保护的意识,作为先导引领环境保护事业的发展。法律进行环境资源的分配与环境利益的平衡,法律还规制国家进行环境治理的行为,集中体现在环境与资源保护的法律条文。

2. 政治。简单地说,政治是指对社会治理的行为,亦指维护统治的行为。政治是各种团体进行集体决策的一个过程。[③] 政治对于环境的影响是巨大的,因为政治工具的使用者通常手握重权,他/她可以带领、左右很多人的思想和行为。政治对环境的直接影响主要体现在政府的环境治理行为。环境治理,是指针对在人类社会发展过程中已经或可能对于土地、水资源、大气等一系列重大战略资源引起的污染和破坏而采取的相应的预防与治理措施。

---

① 其实,若将"影响"理解为改变,则对环境的影响是必然的。人与其他生物的生存本身即需要消耗自然资源,也许是轻微的,但也是对自然的改变。无论人类是试图"适应"或是"改造"自然都必然影响自然,区别只是程度问题。适应自然,则人类改变自身特征来适应自然变化,如人类的祖先古猿人为了适应大平原的环境,被迫开始直立行走,又如现代人类根据季节更迭调整自己的行为模式;改造自然,则人类通过科学认识自然规律,并通过技术主动将环境进行改变以适合人类生存。

② 法律是指统治阶级(统治集团,就是政党,包括国王、君主),为了实现统治并管理国家的目的,经过一定立法程序,所颁布的基本法律和普通法律。法律是全体国民意志的体现,国家的统治工具。参见吕世伦主编:《列宁法律思想史》,西安交通大学出版社2016年版,第73页。

③ 政治是各种团体进行集体决策的一个过程,尤指对于某一政治实体的统治,如统治一个国家,亦指对于一国内外事务之监督与管制。参见[德]马克斯·韦伯:《学术与政治:韦伯的两篇演说》(第2版),冯克利译,生活·读书·新知三联书店2005年版,第54页。

3. 经济[①]。马克思政治经济学中说到,人类的经济活动主要包括三大方面:生产、交换、消费。其中对环境影响最大的应该是生产环节,生产方式,生产力的改变、提高,都会极大地影响环境。另外,消费方式也能间接地影响环境。以享乐主义领导的浪费式消费,即不必要的消费,将会鼓励远远超过当代所需的过量生产,这无疑会提前耗尽子孙后代的地球资源。

4. 科技。科学的进展直接决定了人类认识自然、改造自然的能力,对自然的影响可谓巨大。美国细胞生物学家巴里·康芒纳(Barry Commoner)认为环境问题根源于现代科技,高、新科技是"经济上的胜利"与"生态上的失败"。[②] 美国高能物理学家弗·卡普拉(Fritjof Capra)认为除了明显可见的污染,科技还带了不可知的环境风险,并已严重扰乱生态系统的平衡。[③] 我们这个时代,科学被推崇。科学暂时无法解释的问题,我们不信任它,也不会将它规定入法律。国际环境法上的风险预防原则,针对目前科学无法确实证明无风险的事情,将倾向于在法律中禁止。社会实践中,特别是很多远离城市、远离经济发达地区的人们会产生诸多"不科学"的行为。有一些已被现代科学证明是无益于人类发展的,另一些是暂时无法证明其影响的。我们应区分这两者,分别对待。

科技的滥用可能是导致环境问题的重要原因,其也有自身的局限性和不确定性,但科技的运用要受到一定的价值观念与道德伦理的影响。科技本身并不是反自然的。科学帮助人类更好地认识自然、认识自身,技术帮助人类更好地生活和生存,关键看人类怎样使用科技。游牧文化中

---

① 经济是价值的创造、转化与实现;人类经济活动就是创造、转化、实现价值,满足人类物质文化生活需要的活动。参见周伟等主编:《经济学基础》,清华大学出版社 2016 年版,第 2 ~ 3 页。

② 美国学者巴里·康芒纳在考察了核污染、化肥、塑料、合成纤维、汽车及啤酒对环境的影响后,认为环境问题的根源是现代科学技术。新技术在取得经济上胜利的同时,也是生态上的失败。他在《封闭的循环:自然、人和技术》一书中指出"全部事实似乎已经很清楚了。最近一年里吞噬着美国环境的危机的主要原因是,自第二次世界大战以来生产技术上的空前变革"。

③ 另一位学者卡普拉持有和康芒纳一样的观点,他在著作《转折点》中指出"空气、饮水和食物的污染仅是人类的科技作用于自然环境的一些明显和直接反映,那些不太明显但却可能是更为危险的作用至今仍未被人们所充分认识。然而,有一点可以肯定,这就是,科学技术严重地打乱了,甚至可以说正在毁灭我们赖以生存的生态系统"。

对草原生态系统的认识也是科学，刀耕火种文化中开辟荒山的手段也是技术，所以我们不能停止发展科技，更要继续使用科学手段帮助我们认识、判断怎样的人类行为能在当下更好地维持环境的可持续性。

5. 风俗。风俗中与自然环境直接相关的内容是族群传承至今的生态智慧。[①] 工业革命的成果使人类生产力大大提高，进而增加了人类的自信心，人类第一次觉得自己有战胜自然灾害的可能。从那之后，人类把对自然的崇拜转移到对科学技术的崇拜。而工业革命之前，人类的力量相对弱小，且因为多是农业社会，非常需要依靠自然时节进行生产。所以，风俗中多是认识自然规律，并调整自身行为以适应自然的内容。另外，风俗对自然的影响还表现在，风俗所产生的时候，族群一般对自然还有热爱、崇敬之心，爱惜自然资源如爱惜自己的身体一般，绝无一味索取、肆意掠夺之意。在诸如此类优秀风俗的影响之下，人与自然的关系是十分和谐的。

6. 观念。科技水平代表着人类的力量，但对自然产生最大影响的一定是观念。观念决定了态度，态度导致行为方式。人类现在手握科技这把武器，科技本身无所谓正邪，若人类的自然观仅将自然看作敌人，或者为人类而生、随人类所用的资源，则科技是一把破坏自然，继而伤害人类自己的利器；若观念指引人以包含爱意之心看待自然，将她视为孕育万物的母亲、共存之伙伴，或者认为天地万物乃是一个整体，则科技会帮助我们构建一个更加和谐的未来。

二、环境问题的文化解释

环境问题存在文化根源并不是一个完全新鲜的话题，国内外许多学

---

① 在阿拉斯加地区，“当本地土著民从低纬度四十八州获得关于迁徙日期和狩猎限制的信息反馈之后，他们能够主动修正传统猎雁习惯”。同样，在贝宁南部地区，棕榈油的高产量这一信息反馈使当地人调试他们的种植方式，继而复兴了传统的棕榈种植习惯。“在太平洋中部萨摩亚群岛上，风暴时有发生但却不能准确预知，当地人对风暴的这种认识促使他们形成对这样一套习惯规则的依赖，即种植多种作物将更能有效抵御风暴灾害带来的作物损失。”See Peter Orebech et al., *The Role of Customary Law in Sustainable Development*, Cambridge University Press, 2005, p. 258.

者均给出了自己学科角度的分析。挪威学者阿恩·奈斯,美国学者德伟、赛欣斯及斯普瑞特奈克等运用深层生态学方法论①试图从哲学、宗教、价值等文化角度,来解读环境问题。他们认为生态危机的根源在于技术、制度背后的文化,如社会机制、行为模式和价值观念等。执政者应避免为现代文明的弊病所影响(如机械的世界观、人类中心主义及人与自然二元对立的价值观等),吸收民族文化、传统文化中的精华。② 我国学者潘岳、徐诚认为,中国环境问题从根源上看是思想文化问题。主要是因为西方工业文化侵蚀了以人与自然和谐相处为核心的优秀本土文化所导致的道德丧失和信仰危机。武青艳认为,我国环境问题中非正义现象的原因是传统道德偏重他律、忽视自律的机制。尹贵斌在《反思与选择:环境保护视角文化问题》一文中从大文化视角分析了环境问题与忽视自然承载极限的生产、消费、人口过度、反自然的道德的本质关联。魏波则在《环境危机与文化重建》一文中反思文化与环境的关系,并寻求危机的解决途径。③ 贾凤姿、戴昕哲两位学者从哲学文化的高度,对环境问题的根源进行了系统全面地深度追问,认为我国环境问题具有哲学文化根源,从根本上讲是

① “深层生态学”(Deep Ecology)是由挪威哲学家阿恩·奈斯创立的现代环境伦理学新理论。按照奈斯的说法,深层生态学是要突破浅层生态学(Shallow Ecology)的认识局限,对我们所面临的环境事务提出深层的问题并寻求深层的答案。“深层生态学”(Deep Ecology),又称“生态智慧”(Ecosophy),是当代西方环境主义思潮中最具革命性和挑战性的生态哲学。“深层生态学”一词由奈斯在1972年9月召开的世界未来研究大会上首先提出,并在次年发表于《探索》杂志的论文《浅层与深层,长序的生态运动》中正式阐述,引起西方学术界的广泛关注。1985年,美国生态哲学家比尔·迪伏(Bill Devall)和乔治·塞逊斯(George Sessions)出版了《深层生态学:重要的自然仿佛具有生命》一书,比较全面地阐发了深层生态学的基本理论。此书成为深层生态学理论形成的标志,是“深层生态运动的一个宣言”。参见雷毅、李小重:《深层生态学的自然保护观》,载《清华大学学报(哲学社会科学版)》2002年第1期。

② 深层生态学方法以生态系统中任何事物互相联系的整体主义思想,来看待和处理环境问题,在哲学世界观上,坚持人与自然相统一的“一元论”,其基本点是“人与自然和谐相处”。所有的自然物都具有内在价值,生命物种权利平等。任何自然物有自己的生存权利,它的价值不依赖于人类的需要。深层生态学不仅要从科学技术的角度来研究环境问题,而且要从哲学、伦理、政治、社会的高度来探讨怎样的价值观念、生活方式、社会范型、经济活动、文化教育有益于人类从根本上克服目前所面临的生态环境危机,保证人、社会、自然环境的协调发展。参见[挪]A.奈斯:《浅层生态运动与深层、长远生态运动概要》,雷毅译,载《世界哲学》1998年第4期。

③ 他认为环境危机与经济行为背后的社会体制、生活方式及价值观念有密切联系,是生存危机、文化危机、意义危机,根源于传统工业文化——环境范式的反自然性、不可持续性。

思维方式问题。①

环境问题分为原生与次生两种，区别在于是否为人类活动所引起。②文化适应环境，它被设计为应对原生环境问题的工具；文化也可能引起次生环境问题。文化最初产生于当地特殊的自然、地理环境之中，并且直到今天也持续地受到自然环境的影响。文化具有能动性，科技革命使得我们改造自然的能力变得巨大，因为生态系统整体的运行，文化的单一化、文化的消亡将可能带来环境的恶化。以草原为例，近年来沙漠渐渐向着草原侵蚀过来，极端天气的增加，沙尘暴等自然灾害的频发，这一切都预示着草原环境确实、真实地在恶化。③ 但恶化的原因是不能简单地归结为一两个因素的。草原是一种具有多种功能的可以再生的自然资源，是由土地、气候、生物等自然因素组成的综合体，具有构成的整体性。所以对待草原不能割裂、单独地看某些组成要素。只要合理利用，草原的生产潜力可以不断地得到更新。内蒙古草原生态系统本身就不是平衡的生态系统。生态系统是指在某一个区域内，生物与环境共同组成的整体。生态系统应具有一定的稳定性，作为一个相对独立运转的开发系统，它有保持或恢复自身结构和功能的相对稳定的能力，生态系统处于稳定状态的时候被认为达到了生态平衡。④ 内蒙古草原生态系统中，能量流动与物质循环的输入与输出不相等，生物群落内种类和数量不稳定，生产者、消费者、分解者组成的营养结构遭到破坏，食物链未能

---

① 他们认为如人类中心主义的世界文化观、不科学的发展文化观、不公正的伦理文化观、片面的私德文化观、错位的政绩观是我国环境问题产生的哲学文化根源。

② 环境问题从是否有人参与的角度可以分为两大类：一类是由无法抗拒的不可更改的自然力——火山喷发、地震、洪涝、干旱、滑坡等——所引起的环境问题为原生环境问题。另一类是由于人类的生产和生活活动引起生态系统平衡的破坏和环境污染，反过来又威胁人类自身的生存和发展的现象，或是由于人类在改造自然的活动（经济活动和社会活动）中所消耗掉的资源和排放的污染物超过了地球的承载能力与自净能力而导致的不利于人类生存和发展的各种现象和问题为次生环境问题，即派生环境问题，主要包括环境污染、生态破坏和资源浪费等方面。

③ 所谓土地沙漠化，是指在“干旱、半干旱及干旱亚湿润区内，由于气候变化与人类活动等因素作用下所产生的一种以风沙活动为主要标志的土地退化过程”。参见董玉祥：《“荒漠化”与“沙漠化”》，载《中国科技术语》2000 年第 4 期。

④ 草原生态系统的定义，参见何兴东等编著：《生态恢复理论与宁夏盐池植被恢复技术》，南开大学出版社 2016 年版，第 69 页。

维持典型的符合规律的金字塔形,不是一种理性状态的生态系统。在非平衡生态系统之下,由于系统自身的恢复力较差,生态系统易崩溃,无法负担密集型的经济开发方式。须知多样性是稳定性的重要基础。人为因素加剧了不平衡生态系统的破坏,这是一股来自多方的合力所造成的。

我们所生活的地球是一个拥有各种不同生态环境的空间,每一种环境下生存的人们千百年来为适应环境总结出很多经验教训,例如,日本的房屋普遍不高,且为木质结构,可以抵御中小级别的地震。而游牧文化十分经济地使用了草原稀缺的水资源,他们崇尚一种极简生活,一方面是为了游牧的方便,需要携带的个人物品越少越好;另一方面是他们的价值观认为他们应该尽量少地消耗地球资源。这些方式、这些思想都是文化。舍弃了文化,就舍弃了当地人针对当地环境特别"定制"的生活态度,而往往这些态度正是环境被很好保持的关键。环境问题具有文化根源,文化问题需要文化解决,这就要求环境法一方面对文化多样性进行保护,另一方面应转变视角,试图用文化的方式来解决环境问题,在可能的范围内,与文化多样性互利互助,实现协作。

第三节 多样性与法律关系视阈下环境法保护之必要

一、文化多样性概念与价值

(一)文化多样性的定义

当代美国文化学者拉尔夫·林顿提出:"在生存式样中最容易分离出来的要素,我们称之为文化特征。"①文化的特征有:社会性/群体性、人造性/非自然形成性、民族性、人类性、阶级性、系统性/整体性、差异性/普同性、变化性/活态性、历史性、多样性、符号性、可学习性、结构性、价值性、

① [美]林顿:《人的研究》,转引自[美]克鲁克洪等:《文化与个人》,高佳等译,浙江人民出版社1986年版,第9页。

约束性、可传播性、可分性、能动性等。[①] 其中,最典型的特征之一是多样性。无论从全球视野看东、西方文化,还是从国家和地区层面看中原文化、岭南文化,抑或是从社会阶层看通俗文化与精英文化,文化都是多样的。这些多姿多彩的人类文化所呈现的各不相同的特质就是文化多样性。

文化多样性(cultural diversity)的首次提出是在1992年巴西里约热内卢召开的联合国环境与发展大会,会上通过的《21世纪议程》(Agenda 21,1992)中借"生物多样性"概念提出"文化多样性"。1994年《奈良原真性文件》(Nara Document on Authenticity)中,表达了"文化宽容"的态度。[②] 联合国教科文组织《我们创造力的多样性》(Our Creative Diversity,1995)报告指出:"文化多样性表现出人类创造力的无限,它的美学价值通过多种途径得以体现,并能不断激发新的创造。"联合国教科文组织《文化多样性宣言》(Declaration on Cultural Diversity,2001)说文化多样性之于人类的意义可以比照生物多样性之于维持生态平衡那样必不可少。在经济全球化的过程中,尊重、维持文化多样性对全人类生存与发展有重要意义,文化多样性是捍卫人的尊严的密不可分的部分。

多样性(diversity)常见于生态学名词[③],多样性的前提是存在许多同一类型、本质相同的事物,它们之间因为具有细枝末节的差异而使其可以与其他事物相区分。如果把它们看作一个整体(如人类文化整体),则"多样性"是指,从整体的视角来观察,各种文化之间丰富多彩、多种多样的状态。"差异性/异质性"则是关注事物与事物之间的不同,即强调不同文化之间的区别。可以说是因为不同文化之间具有差异性,所以整个人类文化整体具有多样性。差异性/异质性构成了丰富多彩的世界文化,而世界文化的多样性,又是通过民族文化的形式表现出

① 参见李荣善:《文化学引论》,西北大学出版社1996年版,第176~192页。

② "文化遗产价值和信息来源的评价标准可能因文化而有所差异,甚至同一文化内也存在差异,出于对所有文化的尊重,必须将文化遗产放在他所处的文化背景中考虑和评价。"

③ 如生物多样性、物种多样性、生态系统多样性、文化多样性、遗传多样性等。

来的。[1]《保护和促进文化表现形式多样性公约》(以下简称《文化多样性公约》)序言第1条提到,文化多样性是人类的一项基本特征。人类文化在事实上存在多样性。实际上,不仅仅是文化,整个物质世界均存在多样性。从宇宙大爆炸以来,我们所处的整个世界就在不断地向着复杂化、多样化的方向变化、运动。经过137亿年的演化,总体多样化的趋势成为宇宙中的常态,我们的地球也不例外。其结果就是,现在整个地球生态系统中的物种、基因、文化、能量流动方式都呈现一种多样的状态。其中,人类的文化更是伴随着人类交往的频繁展开越来越多的交锋和融合,几次大规模的人类交往之后,形成了我们今天文化的地图。文化多样性的法律定义来自《文化多样性公约》(2005)第4条,"文化多样性"指各群体借以表现其文化的多种不同形式,不仅体现在人类文化遗产的表达、弘扬和传承,也体现在艺术创造、生产、交流、传播和消费中。

内涵是指一个概念所反映的事物的本质属性的总和。[2] 文化多样性的本质是文化的特征,即文化的内容与表现形式呈现多种形式。文化多样性不是文化本身,只是多样化的特质,它可以看作一种状态——一定区域内多种文化的平衡状态。它们之间相对独立、竞争,也共存、互补、交流、融合、协作。"文化多样性""多元文化""文化宽容"等概念均来自"多元文化主义"(Multiculturalism)[3],"文化多样性"指多种文化并存的状态,强调文化的丰富性;"多元文化"指处于文化多样性状态之下的各个文化;"文化宽容"强调文化主体对他者文化的态度。"文化多样性"包含着对"多元文化"进行"文化宽容"态度的意蕴。

---

① 参见[瑞士]E. 霍伦斯坦:《人类同等性和文化多样性》,张敦敏译,载《世界哲学》1999年第3期。

② 参见[奥地利]欧根·维斯特:《普通术语学和术语词典编纂学导论》(第3版),邱碧华译,商务印书馆2011年版,第67~68页。

③ "多元文化主义"(Multiculturalism)诞生于西方20世纪80年代,属于后现代主义思潮,由美国犹太学者霍拉斯·卡伦于1915年在《民主与熔炉》一书中首次提出。多元文化主义提倡解中心、消结构、消边界、多元化;反对中心、一元化、绝对真理。随着时代的发展,多元文化主义逐渐发展成为一种社会思潮,在人类学、政治学、教育学等领域产生了重要影响,并促进了西方移民国家的文化政策从同化主义政策向多元主义政策的转变。

(二)文化多样性的价值

对于这个世界上几乎任何事物或现象来说,人们都可以把它解构为两套价值:内在价值和工具价值。① 文化多样性的内在价值即是它的存在本身;工具价值则是它带给人类的益处。《文化多样性公约》(2005)序言第2~5条列举了文化多样性的几个价值。② 多样性/多元化是保持生机、保证未来、维持人类存续的有利状态。客观事物的发展规律一般是从简单到复杂,多样性内部相辅相成,更好地应对外部环境。弗里德曼在其理论中将多元化现象比喻成自由市场。理论上,市场最有利于进行资源的最优化配置,使社会得到最大限度的满足,但它不能保证收入的公平分配。公正需要法律来进行调整和规制。③

各种复杂系统从其多样性中汲取力量,多样性/多样化作为世界以及世界上的事物发展的常态,优势是多种选择。食物链的一环如果只有一种动物,这个环节是十分脆弱的,如果这种动物灭绝了,可能对整个系统造成严重破坏;如果是多物种,则可持续性强。多样性之间的互相影响、作用,很容易产生出新的事物,文化多样性则是产生新文化、新思想,这样的新发展很有可能就是带领人类文明的下一次飞跃。④ 比如,地球的生态系统环环相扣,缺少一环则整个系统可能崩溃。保持生态系统的良好运作,要从增加每个环节的强度入手。例如,人类赖以生存的氧气要靠植物的光合作用产生,树是一种植物,但它一般需要充足的水分和深厚的土

---

① See Sienho Yee, *The Intrinsic and Instrumental Values of Diversity: Some Philosophical and Legal Considerations*, Social Science Electronic Publishing, 2009, p. 207.

② 《文化多样性公约》(2005)序言第2~5条列举了文化多样性的几个价值:认识到文化多样性是人类的共同遗产,应当为了全人类的利益对其加以珍爱和维护;意识到文化多样性创造了一个多姿多彩的世界,它使人类有了更多的选择,得以提高自己的能力和形成价值观,并因此成为各社区、各民族和各国可持续发展的一股主要推动力;忆及在民主、宽容、社会公正以及各民族和各文化间相互尊重的环境中繁荣发展起来的文化多样性对于地方、国家和国际层面的和平与安全是不可或缺的;颂扬文化多样性对充分实现《世界人权宣言》和其他公认的文书主张的人权和基本自由所具有的重要意义。

③ [美]劳伦斯·M.弗里德曼:《法律制度:从社会科学角度观察》,李琼英等译,中国政法大学出版社2004年版,第210页。

④ 拉兹洛认为:"只有在文化上是多样的,才可能是可行的,一致性在人类领域里可能像在自然领域里一样是极其有害的。"参见[美]E.拉兹洛:《决定命运的选择:21世纪的生存抉择》,李吟波等译,生活·读书·新知三联书店1997年版,第59页。

壤来实现生长。地球上不全是能满足这样条件的地理环境，但植物有多样性，于是沙漠有草，海洋有藻，保证了氧气的供应。文化多样性也是一样，文化总体来说是人生存的方式，因为环境的多样，不同地区的人有不同的生活方式，如汉族文化的主要生活方式是农耕、定居。在很长一段时间内，这种方式被证明、认为是很适应生产力发展需求的。首先，现在的汉族文化也不是纯粹的原生文化，它自身也吸收了很多少数民族的价值观和风俗习惯；其次，神州大地遍布各种地貌，并不是每个地区都适合农耕与定居；最后，事物是不断向前发展的，多样的文化能留给我们多一条路。联合国教科文组织《我们创造力的多样性》(1995)一文中将文化的繁荣视为发展的最高目标，而文化多样性则是人类最宝贵的财富。①

二、文化多样性滋养环境法

文化持续影响与塑造法律，文化为法律提供立法资源与素材并在一定程度上左右法律的实施效果。同理，文化多样性也从各个角度影响着环境法。因为文化具有多样性的特征，多元文化意味着多种多样的立法资源如习惯法、传统知识②等，被吸收进入环境法体系后能丰富、滋养环境法的内容。在环境法缺失或实施效果不理想的地区，习惯法起着实际的替代、补足作用。另外，采取以习惯法为核心的多元文化治理机制，不仅有利于环境法实施，亦能使环境法规则得到经济的运行。

(一)多样文化提供立法资源

梁治平先生说，制定法在任何现实社会中并不是唯一的法，整个国家法律秩序中还有其他非正式、非国家的法律规则。若所有社会关系都只

① 参见《世界文化报告》，关世杰等译，北京大学出版社2000年版，第2页。

② 有关自然界和宇宙的知识，就各民族文化传承观点而言，可统称为“传统知识”，这些认知系统的表现是透过语言、口述传统、记忆、精神和观念，展现为一套广泛复杂的价值与信仰体系、仪式、治疗方法、社会实践或机构以及社会组织。此范围包含了传统的生态智能、民族知识、民族生物学、民族植物学、民族动物学、传统的治疗系统和药典、仪式、食物制作方式、信仰、秘密科学、入社仪式、占卜、宇宙论、宇宙进化论、萨满、社会团体、庆典、语言以及视觉艺术等众多领域。

由制定法规则调整,则法律负荷之重可见一斑。① 法律的文化之源主要有习惯法、传统知识等。习惯法在国际层面、众多国家的国内法中都占据一席之地,甚至在某些情况下直接作为法的正式渊源,堪称制定法的完美补充。环境制定法在不同程度上逐渐认可习惯法的特殊价值。② 盛行于某地区的风俗习惯,随着重要性的上升,则可能被采纳进入制定法体系内。一些冠以"宣言"的文件最初并不具有约束力,若其条款内容被广为接受,则可能反映在国际习惯法中,成为国际环境法正式的法律渊源而具有普遍的约束力,如联合国《世界人权宣言》(The Universal Declaration of Human Rights Preamble,1948)。

1. 环境习惯法作为制定法的来源

英国法律史学家梅因(Henry Sumner Maine)说:"罗马法典只是把罗马人的现存习惯表述于文字中。"③环境习惯法作为习惯法的一种,是相对于环境制定法而言的概念,指具有规范属性的环境习惯。它是指在民间形成的、以环境保护为指向的、具有内在约束力和强制力的行为规范,一般包括有关环境保护、自然资源利用和管理的习惯法类群。④ 环境制定法是指由国家机关制定并以成文形式而公布的环境法律规则。环境习惯法的部分内容被国家以清晰的法条形式写入制定法,从而不再仅仅是习惯,而是转变为正式的、官方的环境法规范。如1982年《联合国海洋法公约》(United Nations Convention on the Law of the Sea,1982,UNCLOS),其主要规则在很大程度上是当时国际上所通行的习惯法编撰形成在成为

① 穗积陈重先生在将诸如民意、神意和君意称为无形法的基础上指出,法律的进化,是一个无形法向有形法发展的过程,"法者,仅于潜势力状态之下而存在者也"。参见[日]穗积陈重:《法律进化论》,黄尊三等译,中国政法大学出版社1997年版,第4页。

② 参见我国《民族区域自治法》(2001),其中第5章第53条规定:"……各民族群众应相互尊重语言文字、风俗习惯和宗教信仰……"《云南省人民政府关于加强滇西北生物多样性保护的若干意见》(2008)对"少数民族爱护自然、保护环境的优良传统文化和习俗"在完善社区共管机制中的作用的肯定;再如山西省人民政府《关于全民义务植树的奖惩暂行办法》(1982)的规定,"各地、市、县绿化委员会要发动群众,根据当地的实际情况,由群众自己制订爱林护树的乡规民约,互相监督,违者按乡规民约处罚",体现了对村民自治规约价值的关注。

③ [英]梅因:《古代法》,沈景一译,商务印书馆1959年版,第11页。

④ 参见郭武:《环境习惯与环境习惯法的概念辨正——"事实"与"规范"二分法的展开》,载《西部法学评论》2012年第6期。

公约后对所有签字加入的国家具有了法律约束力。

肯尼亚司法机构会援引习惯法作为判案依据。法官用于解释法律的材料不仅来自正式法源,还来自非正式法源,法律解释依赖于当地文化。在肯尼亚内罗毕高等法院所审判的约翰·皮特·穆瑞思等人诉总检察长等4人一案①中,原告代表的是 *Mbari-ya-Murathimi* 部落的利益,法官援引习惯法的规定承认该原住民部落的诉讼资格。1955年殖民当局将天主教会(the Catholic Consolata Mission)从其他土地迁移到该应急用的村庄,该教会由此获得了当地部落(*Mbari-ya-Murathimi*)的祖传土地,原告对这一土地获取提出异议。原告主张,根据基库尤人(KiKuYu)习惯法这块土地属于该部落。被告则辩称:原告没有诉讼资格;对原告的救济属于私法而非公法管辖;并且原告不适当地延迟他们的诉讼主张已有40年,因此应禁止提起该诉讼。法院作出如下判决:"……该部落成员及其继承者的权利受到严重侵害,因为他们主张对宗地享有利益,而该宗地是部落土地和信托土地,并且现在是充满活力的自治市的一部分。原告代表其个人和广大的部落成员,我明确认为他们享有法律所规定的诉讼资格。关于这片土地属于该部落的主张,没有比受影响的部落成员更好的原告。"

2. 地方性知识②上升为制定法

文化中的宗教、价值观、风俗习惯等要素,皆具有社会规范的性质,如得到普遍认同或国家需要,则可以上升为国家制定法,成为正式的法律。环境法中也不乏此种情形。特别是那些人与自然相和谐的生产方式、生态禁令、资源分配的习俗。如我国《森林法》(2019)第28条规

---

① See John Peter Mureithi and Others v. The Attorney General and 4 Others, Nairobi High Court mixed civil complaint No. 158 of 2005, Kenya legal report (environment and land) of 2 June 2006, January 2006, p. 707.

② "地方性知识"包括那些源于本土生态、经过历史积淀而形成的传统知识(tradition knowledge)、本土知识(indigenous knowledge)、地方知识(local knowledge)、本土技术知识(indigenous technical knowledge)和本土生态知识(indigenous ecological knowledge)。See Makhura M. M., *Indigenous Knowledge System: Undocumented African Rural Asset: Managing Indigenous Knowledge System for Development*, South Africa Rural Development Quarterly, 2004, p. 3 – 5.

定，新造幼林地和其他必须封山育林的地方，由当地人民政府组织封山育林。封山育林是指利用林木天然更新的能力，采取封禁措施以恢复森林。它是我国山区人民扩大森林面积的一种传统的有效方法。因为具有用工少，成本低，简单易行的特点；容易形成多树种、多层次的覆盖，保持水土效果较好；有利于亚热带阔叶林的更新、成长，更好地发挥森林的生态效益等优点。因而被国家采纳，进入环境制定法体系内。另外，各族群中与自然环境直接相关的内容是族群传承至今的生态智慧。多样的文化则意味着多样的天文地理知识、传统环境保护经验与生产实践，这些成果可以转化为环境标准，进入环境制定法体系，还可以推动环境科学技术的进步。

3. 学说促进制定法发展

学说成为环境法最典型的例子是学者通过借鉴国外经验、进行比较研究之后，外国环境法律制度在被证实其优点后可能被吸收进入我国的法律体系内。比如环境影响评价制度、环境公益诉讼制度等。学说有时还可以被法官所引用、参考，作为判决依据出现。日本在 1997 年二风谷判决中确认日本国内唯一的原住民阿伊努族的固有权利，日本政府应遵从国际人权公约与日本宪法的规定，恢复并积极保护阿伊努族的各项权利。此案中札幌地方法院在判决书中接受了原告证人，就职于北海道教育大学岩见泽分校的相内俊一教授关于"原住民"的定义，并承认该定义符合国际原住民定义。

另外，国际环境法也以学说为正式法律渊源之一，《国际法院院规》(1945)第 38 条第(1)款(d)项所列的第 4 个国际法律渊源是司法判决和不同国家的优秀法学家的著作，这些也被认为是有资格的决定法治的额外工具。国际法院或其他国际法院的判决和法学家的著作被认为，如果在国际法争议的事情上既没有条约、没有国际习惯法，也没有可适用的一般法律原则，国际法学刊物发表的由著名律师解决国际法律中纠纷的文章也可作为裁判的参考。另一个国际法律渊源是"高水平的法学家"所组成的国际法委员会(International Law Committee)，这一规则是由联合国大会在 1947 年为了促进国际法的发展和法典化而建立的,国际法委员会每年开会 1 次,由 34 个成员组成,这些成员由联合国大会每 5 年选举 1 次,这些成员按照自己的能力来服务,这些成员不是作为他们政府的代表,国际法委员会的大多数工作涉及国际法律草案的起草,有些题目是国际法委员会提出的,有些是联合国大会和经济与社会理事会提出的。当国际法委员会完成草案后,联合国大会召集有权参加谈判人员参加国际会议讨论公约,这些草案可能涉及国家的继承、豁免和条约法事宜。

(二)多种规则补足环境制定法

在国家制定法缺失时,环境习惯法将持续、有力地发挥主导作用。环境习惯法在制定法缺失或无力的地带,作为本土性、历史性、自发性的社会规则补充、完善环境制定法。[①] 习惯法还能在环境法所不能涉足的领域应对原生环境问题。多样的民族文化是应对原生环境问题的良好助力。[②] 原生环境问题不在环境法调控范围内,但若是文化多样性有益于改善原生环境问题,则法律又有了用武之地。[③] 另外,在国际环境法领域中,相比多边环境条约,国际习惯法具有更加广泛的领域:条约只适用于条约的缔约国,在没有第三方同意的情况下,条约不得为其创造权利和义务,相反,习惯法则适用于所有国家(区域性习惯除外)。

格陵兰地区的因纽特人是世界上现存为数不多的无国籍人,没有任

---

① 在环境制定法之外,环境习惯法等法律规则也是现代环境法的重要法律渊源,它们或是补充、完善环境制定法,提高现代环境法实效的重要规则资源,或是构成现代环境法某些领域制度规则的重要基础(如在特殊区域的环境资源管理实践中)。在社会控制的大系统中,各类规范机制的功能是经常互相交叉渗透,共同协作,分别从不同角度表明人们向社会提出管理模式的不同要求。环境习惯法在此情况下,连接起传统生态智慧与现代法律规则,在制定法的漏洞与无力地带发挥重要的补足作用。

② 人类的文化是在自身与其生存环境之间的互动关系中,通过生计方式的选择与适应而逐渐形成的。少数民族文化也是经由当地特定生态环境的模塑,而最终被建构起来的。从另一个层面来说,民族文化在被生态环境模塑的过程,其实也是一个能动的适应过程。文化具有适应性,民族文化具备规避当地生态系统脆弱环节的禀赋,可以应对当地生态系统中随机出现的各种风险。参见蒋立松主编:《文化人类学概论》,西南师范大学出版社 2008 年版,第 31 页。

③ 经过长期的草场资源利用与管理实践,"牧民们更需要弹性的草场资源利用模式以及弹性的社会关系以抵抗草场资源自身变化所带来的不确定性"。See Fernandez Gimenez, *Spatial and Social Boundaries and the Paradox of Pastoral Land Tenure: A Case Study from Post Socialist Mongolia*, Hum. Ecol., 2002, p. 66.

何一国的法律对他们具有约束力。同时,因为国际条约是以国家为主体签订的合同,其效力仅对签约国国民有效,所以,因纽特人是远离法律管辖区的人。他们唯一遵守的就是本族的习惯法。[①] 巴厘岛人的灌溉合作建立在对水渠之"神"的信仰之上,在当地水利管理机构/官员缺位的情况下,由庙宇系统承担起维护"水利团结"的职责。[②]

在少数民族聚居的边疆地区,多采用的是经年累月流传下来的环境习惯法来调整一些环境保护的行为。在这些地方,环境习惯法常常是对制定法的有力补充,帮助制定法实现更好的实施效果。这种关系之下,环境习惯法虽然不直接体现在制定法中,但是它深刻地影响制定法运行的社会领域。制定法具有稳定性/确定性,即其不能朝令夕改。[③] 然而,稳定性是相对的,也有其局限,即可能产生不够灵活、滞后的问题。而事实上,在涉及具体的自然与社会环境时,习惯法较制定法更加灵活、细致,因而更为有效。

在甘肃省和内蒙古自治区交界的地区,巴丹吉林沙漠和腾格里沙漠在此交汇,沙漠中的绿洲由当地居民耕种。由于地处偏远且两省交界之处,制定法几乎不为当地居民所知,真正主宰当地的规则是自发形成的用水习惯。[④] 我国《森林法》(2019)原则上效力范围覆盖全国,但在有些少数民族地区,由于民族自身传统文化在当地的影响,《森林法》实际上并未完全发挥实效。在环境习惯法等民间规则被较好遵守的羌族地

---

① 当地人一直将此习惯法看作极具价值的资源而不是限制他们发展的因素。See Peter, Orebech, *The Role of Customary Law in Sustainable Development*, Cambridge University Press, 2006, p. 22.

② 巴厘岛用水最大的特色就在于利用价值信仰的力量,来解决人类所面临的最难以解决的问题——变冲突性的利益关系为合作性的利益关系。水是神所赋予的,合作也是神所要求的,神的力量就成了合作的力量。"在灌溉中,每一村庄乃至于整个社会都高度依存,而庙宇则提供一个载体,使得自愿性的社会合作能够达成。……在缺乏'水利官员机构'对灌溉进行管理的情况下,庙宇系统必须起到维护'水利团结'的作用。"参见陶传进:《环境治理:以社区为基础》,社会科学文献出版社2005年版,第74页。

③ 法律常常有一种保守主义倾向。这种倾向根植于法律这样一种性质之中,即法律是一种不可以朝令夕改的规则体系。一旦法律制度设定了一种权利与义务的方案,那么为了自由、安全和可预见性,就应当尽可能地避免对该制度进行不断地修改和破坏。参见[美]E. 博登海默:《法理学——法哲学及其方法》,邓正来等译,华夏出版社1987年版,第388页。

④ 参见王树义等:《环境法基本理论研究》,科学出版社2012年版,第376页。

区,《森林法》的作用实际被“封山令”等老规矩所替代。我国西南部民族地区习惯法的强制力通常优于制定法规范,森林资源的合理利用条款如果结合当地禁止破坏“神山”“神树”的禁忌,将会得到更有力、更自觉的实施。①

某些地方的环境纠纷也基本依据习惯法进行解决。② 肯尼亚习惯法对于有效治理环境至关重要。对习惯法事项进行裁决主要由传统管理机构和治安法院③负责。习惯法规定体现在一些适当的领域。《司法权法》(the Judicature Act)规定:“……在审理一方或更多当事人受非洲习惯法约束或影响的民事案件时,高等法院、上诉法院以及所有下级法院应接受非洲习惯法的指导,只要它是可适用的,与正义和道德并不冲突,或者和任何成文法不冲突。所有此类案件的判决应根据实质正义作出,而无需过分遵从程序技术性和诉讼时效。”④就习惯法而言,《治安法院法》(the Magistrates' Courts Act)第17条规定,任何一个治安法院“有权调取和审查适用于任何案件的非洲习惯法的证据”。许多环境案件在治安法院以刑事或民事案件来审理。这就决定了这些治安法院在环境管理上的重要作用。

---

① 澜沧江上游德钦县卡瓦博格神山的森林和动物正是基于藏族群众对相关禁忌的崇拜而得到很好的保护。

② 如“瑶族石牌制”,以一个或若干个村寨为单位,就保护森林、保护生产、婚姻礼仪、丧葬祭祀、解决邻里纠纷等问题召开本族成员集体进行讨论,通过了的条规用文字刻在石碑上,称为“石牌律”,凡是参加订约的都要严格遵守,如有违反,则严格按照石碑的规定处理。参见王树义等:《环境法基本理论研究》,科学出版社2012年版,第375页。

③ 治安法院根据《治安法院法》建立。该法第3条规定在肯尼亚全国建立有司法管辖权的中级治安法院(Resident Magistrates' Courts),是高等法院的下级法院,审判时由最高长官、高级长官、长官、高级地方治安法官和地方治安法官构成。这些法院对刑事案件与民事案件享有司法管辖权。关于民事案件,中级治安法院只审理标的价值不超过50万先令(Kshs)的案件。区治安法院(District Magistrates' Courts)根据《治安法院法》第8条规定设立,也拥有民事与刑事诉讼案件管辖权。在民事诉讼案件中,《治安法院法》第9条规定,区治安法院对如下民事诉讼拥有和实施司法权,即当该诉讼涉及依据习惯法的诉讼要求;或者争议标的不超过5000先令;或者该法院由一名有权主持初审治安法院的地方法官建立时,价值可以不超过1万先令。

④ S. 3(2) of the Judicature Act of the Laws of Kenya.

（三）多元机制促进环境法的实施

环境法律的实施方式可以分为公主体实施和私主体实施①，表现为守法行为与违法行为两种。除了群众遵守环境法规定外，国家机关也应遵守环境法，主要表现为行政机关依照环境法进行合法合理的环境治理，司法机关依照环境法进行司法活动。除了属于法文化的习惯法等民间规则外，文化组成要素之一的民间机构、组织也在环境法实施过程中扮演着重要的角色。这些灵活的民间机构可能依据习惯法活动，也可能适用制定法为处理依据，实现了习惯法与制定法的二元衔接，使法律更符合社会文化观念，因而更易为民众所接受。德国法学家拉德布鲁赫（Gustav Radbruch）指出，行为规则的法律效力只有在不脱离民众生活实际的情况下才能实现，否则可能因人们消极或积极的违抗而形同具文。②

1. 多元环境纠纷解决机制和谐并行

在简单社会可以无须正式法律维持。“只要非正式控制能顺利进行，社会可以没有正式控制。”③在这种社会里，人们一致忠于他们所同意的准则和行为规则，忠于 H. L. A. 哈特所谓的“主要义务规则”④。类似这样没有正式执行机构的简单社会，授予调停人或其他第三者神圣不可侵

---

① 根据实施主体的不同，可以将环境法的实施分为公力实施和私力实施两大类别。所谓公力实施，也称国家实施，是指国家机关依照法定权限和程序，凭借国家暴力进行的环境法的实施活动，包括行政机关通过依法行使行政权对环境资源进行的监督管理，司法机关通过行使司法权进行的实施活动，检察机关通过行使检察权进行的实施活动以及立法机关通过对行政机关、司法机关、检察机关等遵守环境法情况的监督所进行的实施活动。其中行政机关对环境法的实施活动发挥着最为重要、最为基础的作用，而许多国家的环境法也都明文规定设立专门的环境行政机关，由环境行政机关负责环境法的执行和实施。所谓私力实施，也称公民实施，是指公民个人或公民组织依据法律规定所进行的环境法的实施活动，其主要形式包括依法参与环境行政决策，依法对违反环境法的国家机关、企事业单位或公民个人提起环境诉讼或实施检举、控告或与排污者签订污染防治协议，通过立法机关的民意代表对行政机关等遵守和实施环境法的活动实施监督以及针对环境犯罪、环境侵害行为实施正当防卫和其他自力救济等。

② 参见［美］E. 博登海默：《法理学——法哲学及其方法》，邓正来等译，华夏出版社 1987 年版，第 373 页。

③ ［美］劳伦斯・M. 弗里德曼：《法律制度：从社会科学角度观察》，李琼英等译，中国政法大学出版社 2004 年版，第 168 页。

④ H. L. A. Hart, *The Concept of Law*, Clarendon Press, 1961, p. 89.

犯的权力。复杂社会才需要正式规则。特别是在阶级斗争或分歧严重的民族集团中,在人口流动性很大的大城市、陌生人社会中,非正式制度就呈现其弱势。现代国家或社会中只有一元制度或机构存在的情况非常罕见,很多社会往往是正式制度和机构与非正式的共存,二者实现一种互助互补的关系。

在殖民统治以前的整个印度文化圈内,存在形形色色的法庭,殖民统治政权曾试图使之划一,但获得的成功程度不一。它们的多样性有如它们试图适用的规则各不相同,有如它们试图把规则所适用的群体各式各样,有如它们试图给予这些规则的理由不尽相同。[①] 在泰国,存在着30种行政法庭(就其管辖范围考察,它们被误以为就是行政部门),这些行政法庭(在这个被认为是佛教的国家)都由10多名婆罗门组成的法律事务咨询委员会辅佐。在印度尼西亚有数百个大大小小的宫廷法院,它们由各种权限不同的法律专家所组成,当然也要受当地贵族的直接监督。[②] 爪哇共和国的法律框架,3个主要的法律阶层(欧洲阶层、本地阶层和外来的东方阶层)、2种主要的法院等级系统(一种是由法律事务方面的官僚组成的Rechtsstaat集团,另一种是由本地事务专家组成的殖民地集团)以及一大批特殊案件、特定安排和未同化的惯例,正是这最后一点模糊了法律阶层并混淆了法院等级系统。[③] 当代中国农村也呈现一种正式制度与非正式制度并存的局面;在少数民族地区,有各种基于血缘、地缘和宗教的组织。[④]

肯尼亚具有多样的环境纠纷解决机构,这些官方与非官方的机构在不同的领域各自发挥作用,和谐并存。肯尼亚在地方层面有解决争议的社区组织。这些组织因地点和环境的不同而不同。牧区环境下的社区组

① 参见梁治平编:《法律的文化解释》,生活·读书·新知三联书店1994年版,第114~115页。

② 参见梁治平编:《法律的文化解释》,生活·读书·新知三联书店1994年版,第115页。

③ 参见梁治平编:《法律的文化解释》,生活·读书·新知三联书店1994年版,第140页。

④ 当今中国社会实际上存在两种运作机制,一是由国家制定法确认的维持体现新价值的法理机制;二是由宗族或村落维持的体现旧价值的礼俗机制或称"民间法"。参见田成有:《中国农村宗族问题与现代法在农村的命运》,载《法律科学(西北政法学院学报)》1996年第2期。

织就与农业环境下的社区组织不同,而这些差异与土地所有权制度及其社区成员的凝聚力有关。由于得到了关涉大多环境资源的社会最底层民众的参加与认可,这些组织与地区、省乃至国家机制竞争,并且会对这些机制的效力产生影响。

(1)长老习俗。肯尼亚几乎所有的社区都存在长老习俗。一旦社区出现争端,通常会第一时间求助于长老。由于大多数肯尼亚人的生活与环境资源密切相关,因此长老处理的大多数问题与环境有关。在肯尼亚东北部地区,老年人作为水资源管理人的作用相当显著。他们对从井中提取水资源的行为进行管理,并决定社区成员使用水资源的资格。地区综合型水资源用户协会将这些长老纳为成员,因为他们知道水资源的现状,所以受到社区的尊敬。对于肯尼亚东北地区的大多数社区而言,他们认为将某个环境问题移交正式的争端解决机制来处理,就好比把你的争端交给"敌人"。只有那些拒绝接受长老裁决的人才会求助于最高长官(the chief)和法院。[①] 长老法庭(the elders'courts)适用的程序非常特别和典型,只允许年长男性参加审判。比如,在朗迪耶(Rendill)部落,该社区最重要的两个组织是 geeyi makhabaale 和 nabo,其成员只有男性,其职责包括制定社区战略以及解决争端。[②]

(2)最高长官制度。最高长官制度在管理社区成员事务方面发挥着全面作用。传统上的最高长官只是形式,而当今肯尼亚,最高长官已然是地方最有权力的人物。其职责是多元的,其中包括解决环境争议。[③]

(3)和平委员会。和平委员会主要设在牧区,因为这些社区的民众一直以来与邻居的关系僵化、敌对。和平委员会的大多数成员是老年人,但也有社区其他成员的代表。争端大多都与牲畜以及牧地有关。

---

① See P. Kameri-Mbote, *Towards Greater Access to Justice in Environmental Disputes in Kenya: Opportunities for Intervention*, International Environmental Law Research Centre, 2005.

② 尽管女人与青年人不能参与审判过程会损害他们的人权,但是这些社区成员似乎接受了这样的程序。See P. Kameri-Mbote, *Towards Greater Access to Justice in Environmental Disputes in Kenya: Opportunities for Intervention*, International Environmental Law Research Centre, 2005.

③ See P. Kameri-Mbote, *Towards Greater Access to Justice in Environmental Disputes in Kenya: Opportunities for Intervention*, International Environmental Law Research Centre, 2005.

(4)环境委员会。这些环境委员会对于实现公正而言是非常重要的,因为它们是官方与非官方机构之间的纽带。这些委员会的成员选自政府机构,地区和地方治理机构,社会组织以及致力于环境项目的社区组织,妇女、青年人、农民、牧民及商业团体代表,地区发展机构代表。[①] 省级环境委员会和地区环境委员会负责对省或地区范围内指定由其负责的环境进行适当管理。另外,这些委员会还将履行肯尼亚《1999 年环境管理与协调法》(the Environment Management and Coordination Act,1999)规定的或者由部长在报纸公告中指定的其他职责。[②] 因为这些委员会运行在社会底层,与社区联系更加紧密,而且由于其成员来自官方与非官方机构,因此可以与官方和非官方机构更好地沟通。这些委员会通过吸收双方机构的最有益方面,尽可能促进公正的实现。

2. 文化自律与基层自治节约环境法实施的成本

美国历史学派的信奉者威廉·萨姆纳(William Graham Sumner)认为制定法不能改变强大的社会习惯。[③] 法律也许能依靠武力强迫人们遵从,但使用强制力需要成本,而文化能使人自觉遵守,善用文化的力量如依靠当地习惯进行立法与执行将增强法律实施的效果并节省实施成本。[④] 多元文化社会中,当官方准则和亚文化的倾向一致时,二者会有力地彼此增进。习惯法的自治如民间调解等相比制定法的强制实施是一种"软约束"[⑤],作为制定法的"替代性纠纷解决方式"(alternative

---

① 参见肯尼亚《1999 年环境管理与协调法》(the Environment Management and Coordination Act,1999)第 29 条。

② 参见肯尼亚《1999 年环境管理与协调法》(the Environment Management and Coordination Act,1999)第 29 条。

③ See Ball H. V.,Simpson G. E. & Ikeda K.,*Law and Social Change*:*Sumner Reconsidered*,American Journal of Sociology,1962,p. 532.

④ 参见[美]劳伦斯·M. 弗里德曼:《法律与社会》,郑哲民、吴锡堂、杨满郁译,台北,巨流图书公司 1991 年版,第 200 页。

⑤ 农村习惯法的保障并不依赖国家强制力,而是通过乡村自治与乡土地缘、亲属关系进行环境管理。在中国农村,信用与声望等于是"社会货币",当"相信你能遵守规则,我也就会遵守规则"的普遍心理被打破时,人们将对破坏环境者予以谴责。依托于信任等社会资本所形成的"软约束",有助于驱动公众转向资源节约行为。

dispute resolutions)①是一种帕累托优化②,可以将强制力减到最少。而且根据德国社会学家韦伯的观点,有时违反惯例和习俗的行为往往会受到比法律制裁更严厉的社会成员的抵制。③

很多国家与地区都存在着非官方的司法机构。这些民间司法机构与官方的有极大的不同:第一,许多这类法庭不收取任何费用,乌干达索加人的部落法庭"很便宜,费用约等于几个先令";第二,法庭非常大众化,公众无须任何门槛即可进入起诉应诉,利用其解决纠纷,因为其"法律亚文化的知识为人们所普遍了解,且法庭所使用的语言多为日常语言";第三,去这样的法庭没有任何令人羞愧的地方;第四,民间法庭所注重的是维持社会的和谐,"达到平衡"的状态,典型的如墨西哥瓦哈卡萨波塔克人的乡村法院。④ 某机构被认为是"法律性"的,社会中人们用它来解决争端或抵制公然粗暴地滥用规则。北罗得西亚(赞比亚的旧称)的洛齐人法官没有受过专业培训,他们由当地贵族、智者、长老等有智慧有经验的人组成。他们不创造法律,他们的法律是社会方式、习惯和观念,"法律准则即是社会准则"。法官利用习惯、经验、常识、道德等任何合理、合适的主张论证、进行审判。⑤ 在没有国家的社会里,同等地位人集团⑥,靠着舆论与良心进行习惯法规则的强制执行。爱斯基摩人没有明确的法院,

① 对于不同的环境问题,不同的规则在各自相应的环境法律治理中有着不同的运行成本,这也给环境法治走向实效化与高效化提供了选择。环境民间规则常常表现出处理过程简洁、快速的特点,使得处理纠纷时,适用环境民间规则显得更加经济实惠。

② 帕累托优化(Pareto Improvement),也称帕累托改善或帕累托改进,是以意大利经济学家帕累托(Vilfredo Pareto)命名的,并基于帕累托最优变化,在没有使任何人境况变坏的前提下,使得至少一个人变得更好。一方面,帕累托最优是指没有进行帕累托改进余地的状态;另一方面,帕累托改进是达到帕累托最优的路径和方法。帕累托最优是公平与效率的"理想王国"。

③ 参见[美]卡米克、[美]戈尔斯基、[美]特鲁贝克编:《马克斯·韦伯的〈经济与社会〉》,王迪译,上海三联书店2014年版,第25页。

④ See Nader L. ,*An Analysis of Zapotec Law Cases*,Ethnology,1964,p. 406 -410.

⑤ See Phillips A. , *The Judicial Process among the Barotse of Northern Rhodesia*, British Journal of Sociology,1967,p. 370 -373.

⑥ 在美国法社会学家弗里德曼看来,个体不是孤立的,生活在社会中使得他们要受社会影响,他将这种社会影响称为同等地位人集团。"同等地位"并不一定是完全同等的地位,主要代指个人在社会生活中所参加的各种小团体、组织,如协会、工会、社区、学校,也包括家庭。有些集团几乎等同于影子政府,像国家一样行动,对个体进行奖赏和惩罚。

同等地位人集团担负着法庭的作用，行为违反性的判断主要靠文化和良心。杀人者威胁到社会安全，某个“有公德心的人”将“挨个询问社会中所有成年男子”——同等地位人集团。如果这些人同意处死杀人者，则该人要负责杀死杀人者，“凶手亲戚不得报复”，因为行为是根据“社会法院的表态”进行。① 现代以色列的家庭法和适用它的法院仍取决于对象的宗教信仰。② 印度尼西亚在民事法庭之外，还有专门的伊斯兰法庭。③ 土地使用和自然资源事项涉及印第安部落主权问题，这类案件由国家设立的部落法院（Tribal Courts）审理。在这些生存着印第安民族的土地上，他们的法院是独立于州和联邦的法院系统的。美国联邦环境法规定，部落法院可以适用联邦环境法规范。在加勒比地区，有一个为波多黎各和维尔京群岛而设立的美国联邦法院，但是那里同时还有一个由独立的波多黎各政权建立的独立法院系统，适用其民法和其他联邦法律。④ 日本除了官方法之外，非官方的法律文化也发挥着重要的作用，如家庭观念、民族凝聚力、森严的等级制度、天皇崇拜与泛神论等。⑤ 日本人认为生活中各类事物，甚至日常用品皆为神，是为“九十九神”。这种典型的泛神论/多神论观点与很多原始部落、宗教有相似之处，使得人们对环境极为尊敬与友善。日本人在环境保护方面的自觉性，与他们的这种文化观念不无关系。

三、文化多样性是环境法的价值目标

一般意义上的价值是指客体能够满足主体的需要，即客体对于主

---

① See E. Adamson Hoebel, *The Law of Primitive Man*, A Study in Comparative Legal Dynamis, 1954, p. 28.

② 奥托曼帝国内部的穆斯林、犹太教徒和基督徒各有其法院制度，管辖家庭及其他事务。See Amnon Rubinstein, *Law and Religion in Israel*, in Haim H. Cohn ed., Jewish Law in Ancient and Modern Israel, 1971, p. 190.

③ Nieuwenhuijze CAOV, Lev D S. *Islamic Courts in Indonesia*, Pacific Affairs, 1974, p. 349.

④ See Kotzé L. J. & Paterson A. R., *The Role of the Judiciary in Environmental Governance: Comparative Perspectives*, Kluwer Law International, 2009, p. 287.

⑤ 参见[日]千叶正士：《法律多元：从日本法律文化迈向一般理论》，强世功等译，中国政法大学出版社1997年版，第58~67页。

体表现出来的积极意义和有用性。在法律体系的语境中,价值的主体是人,价值的前提是人的需要。价值的内容为“对于人的意义”,即客体对于人的需要的满足。法的价值是指法这样一种社会规范有哪些为人所重视的性状、属性和作用。法的价值有秩序、自由[①]、正义、平等、效率、安全等。

环境法价值理念[②]是统领整个环境法的根本观念,体现了环境法的终极关怀。因此,价值理念是环境法的根本出发点,也是环境法追求的终极目的。价值理念是应然而非实然价值,是环境法学的核心理论问题。首先,保障自由是法律的基本功能之一。在许多情况下,法律不禁止、不涉足的领域,人的自由广泛地存在着;从另一方面看,法以自由为前提,没有自由则法将不成为法。环境法作为一种规范人的行为的方式,也内含了人的自由理想,以自由为目的。环境法律中包含了确认和维护自由的内容,其中非常重要的就是人的生活行为的自由,还有文化自决权。当这些自由得到满足时,文化多样性也得到了促进;也可以说,文化多样性的促进同时也是环境法自由价值的实现。其次,环境法的价值有环境秩序。[③] 法学研究中通常将和谐作为秩序的下位概念,强调我们所需要的秩序是一种和谐的秩序。美国《国家环境政策法》第 1 条规定:“……联邦政府……采取一切可行的手段与措施,创造和保持人类与自然得以在一种建设性的和谐中生存的各种条件……”环境法对人与人的和谐与人与自然的

---

① 自由在法的价值中的地位,表现在它既是评价法律进步与否的标准,也体现了人性最深刻的需要。

② 环境法的价值理念就是环境法关于理想中的价值追求的系统理论和表述,这一理想中的价值追求需要通过具体的环境法律制度予以释放、体现和实现。环境法的价值理念,不仅显示了人类对于自身、自然和人与自然关系的理解,也代表着人类对至善至美的体验程度和能力,不同的价值理念会直接导致对环境法目的的不同定位,也会对具体制度的设计和执行产生根本性影响。

③ “环境秩序”是一种能将自然和社会很好结合并能凌驾于其上的秩序,专门用以协调人与自然环境之间的关系,这就是环境秩序。环境秩序所指的并非仅是一种自然秩序,而是包括自然秩序与社会秩序在内的一种复合秩序。这种秩序具有人与其他物种以及人与整个生态环境和谐、有序的两重含义,其实质要求是要保持人与自然之间合乎规律的正常状态。参见黄莎:《儒家环境伦理观对中国环境法的影响》,世界图书出版广东有限公司 2013 年版,第 86 页。

和谐的追求,已经使和谐[①]从秩序中独立,形成"和谐价值"[②]。

正义是环境法的价值追求。正义[③],英文为 justice,意为"公正的、正当的道理"[④]。正义指人与人之间的公正与平等,正义是法的基本标准、评价体系,亦是法律进化的推进力。正义是法律进化的精神驱动力,并作为区别良法与恶法的标准。同时,法律也是实现正义的重要手段,正义的最低要求是限制任意暴力。环境正义概念产生于美国,后来为国际社会所沿用。[⑤]根据美国环保署[⑥]与环保厅[⑦]的定义,所谓环境正义是指环境法中权利义务分配之正义。环境正义要求所有族群有基本的文化、环境等自决权,所有决策过程的平等参与权利,所有社区的文化完整性,多样文化观的重视,等等,以上均是文化多样性的内涵。[⑧] 促进文化多样性的发展同时也符合了

---

① 和谐是指在由人参与的事物中,无势均力敌的对抗性矛盾的良好的对立统一状态,是事物的有序性、协调性和稳定性的成熟表现,是人的主观能动性正确作用的结果,它体现在人的身心关系、人与人的关系、人与社会的关系和人与自然的关系的运动过程中,是事物发展的美好阶段。参见刘光:《论社会主义和谐法治》,载《学术探索》2002 年第 4 期。

② 参见黄莎:《儒家环境伦理观对中国环境法的影响》,世界图书出版广东有限公司 2013 年版,第 75 页。

③ 辞海对正义的解释为:"对政治、法律、道德等领域中的是非、善恶作出的肯定判断。作为道德范畴,与'公正'同义,主要指符合一定社会道德规范的行为。人们的行为是否符合历史发展规律和最大多数人民的根本利益,是判断人们行为是否符合正义的客观标准。"

④ 美国学者罗尔斯认为:"所有社会价值——自由和机会、收入和财富、自尊和基础——都要平等地分配,除非对其中一种价值或所有价值不平等分配合乎每一个人的利益。"正义即是对社会产品或价值平等地分配,并以此作为界定环境正义的基础。[美]约翰·罗尔斯:《正义论》,何怀宏等译,中国社会科学出版社 1988 年版,第 121 ~ 122 页。

⑤ See Klaus Bosselmann and Benjamin J. Richardson, *Environmental Justice and Market Mechanism*, Kluwer Law International, 1999, p. 9.

⑥ 美国环境保护署的定义:"经由环境法令、计划及政策,以确保不同种族、文化及收入之人类均能获得公平之待遇。" See Andrew Dobbon, *Justice and the Environmnt*, Oxford University Press, 1998, p. 20.

⑦ 美联邦政府环保厅的定义:"在环境法律、法规、政策的制定、遵守和执行等方面,全体人民,不论其种族、民族、收入、原始国籍和教育程度,应得到公平对待并卓有成效地参与。" See Bryant, *Environmental Justice: Issues, Policies and Solutions*, Washington. D. C. , 1995, p. 15 - 17.

⑧ 1991 年第一次全美有色人种环境峰会所提出的"环境正义原则",其中第 5 条,环境正义确认所有族群有基本的政治、经济、文化与环境等自决权;第 7 条,环境正义要求在所有决策过程的平等参与权利,包括需求评估、计划、付诸实行与后期评估;第 12 条,环境正义需要都市与乡村的生态政策来清理与重建都市与乡村地区,使其与大自然保持平衡,并尊重所有社区的文化完整性. 提供公平享用所有资源的渠道;第 15 条,环境正义反对对土地、人民、文化及其他生命形式实施各种形式的军事占领、压迫及剥削;第 16 条,环境正义呼吁基于经验及多样文化观,对目前及未来世代进行社会与环境议题的教育;第 17 条,环境正义要求个人自主做出各自的消费选择,以消耗最少地球资源及制造最少废物为原则,并立志挑战与改变我们的生活和消费观念以确保大自然的健康,供本代及后代子孙享用。See Robyn Eckersley, *Environmentalism and Political Theory: Toward an Eccentric Approach*, State University New York Press, 1992, p. 57.

环境法的正义价值。在许多法学家看来,自由是法律的核心价值。① 一种追求正义社会的法律制度必然包含对自由的追求,“整个法律正义哲学都是以自由观念为核心而建立起来的”②。加拿大的环境哲学和环境伦理学者们普遍认为尊重原住民地位与文化与环境正义的实现至关重要。保护原住民权利涉及环保权(the right to environmental protection),原住民地位与其他宪法权利的实现取决于对自然资源的利用,取决于其与土地、住所密切的文化联系③,这意味着他们拥有利用清洁环境的权利④,对环境、生态系统和栖息地的干扰可能构成对原住民的间接侵犯。原住民文化和环境问题之间的一致也为司法机构所承认,“把栖息地保护、综合生态系统管理当作原住民权利和宪法权利的内容则胜诉概率更大”⑤。随着环境正义文化在加拿大的蓬勃发展,立法者、决策者和公众也越来越确定,环境问题将损害原住民的应有利益,并使其承担更多人类活动所导致的环境损害的代价。汞中毒、母乳中的毒素浓度越来越高⑥、原住民社区中出生率中的性别分布的改变⑦,这些都是加拿大环境不正义最为极端和不平等的影响,法院必须在矫正之诉中发挥作用。对原住民的地位、文化及其权利的保护与尊重,作为环境正义和反环境歧视的重要内容,同时也是环境法的价值目标之一。

---

① 洛克认为,“法律的目的不是废除或限制自由,而是保护和扩大自由”。参见[英]洛克:《政府论》(下篇),叶启芳等译,商务印书馆 1964 年版,第 36 页。

② [美]E. 博登海默:《法理学:法律哲学与法律方法》,邓正来等译,中国政法大学出版社 1999 年版,第 356 ~ 358 页。

③ See M. Valiante, *Legal Foundations of Canadian Environmental Policy*, Canadian Environmental Policy:Context and Cases, 2nd ed., 2002, p. 9 – 12.

④ See L. M. Collins, *Indigenous Environmental Rights in Canada: the Rights to Conservation Implication in Treaty and Aboriginal Rights to Hunt, Fish, and Trap*, Unpublished paper on file with authors, 2010.

⑤ J. Woodward & T. Syed, *The Importance of Aboriginal Rights and Perspectives for Species Protection and Habitat Conservation*, Pacific Business and Law Institute, 2000.

⑥ See E. Dewailly & C. Furgal, *POPs, the Environment andPublic Health, in Northern Lights Against POPs: Combating Toxic Threats in the Arctic*, McGill-Queens UP, 2003.

⑦ See C. A. Mackenzie, A. Lockridge & M. Keith, *Declining Sex Ratio in a First Nation Community*, Environmental Health Perspectives, 2005, p. 113.

第二章　环境法在文化多样性保护中的作用方式

文化多样性法律保护的必要性来自其价值;而文化多样性环境法保护的必要性则更多地来自文化与环境之间的紧密联系。保护初衷的产生因素不同造就了保护形式的差异——因价值而保护决定了保护范围可以只及于保护对象自身;因联系而保护则视角必是动态且全面的。本章内容以文化多样性的法律保护体系梳理为切入点,提出文化多样性法律保护的具体要求,其中重点阐述环境法在文化多样性保护中有别于其他法律部门的特殊角色,视角与调整方式使其具有天然的优势。文化多样性环境法保护的必要性与优越性之间互证。

第一节　文化多样性法律保护体系

在文化多样性保护的国际法体系中,联合国教科文组织《文化多样性公约》(2005)、世界知识产权组织《保护文学艺术作品伯尔尼公约》(Berne Conventionon the Protection of Literary and Artistic Works,1886)和世界贸易组织《服务贸易总协定》(General Agreement on

Trade in Services,1993)采取了不同的政策立场和立法取向,呈现民族传统文化的多元法律权利形态——属于国家主权范畴的文化发展权;属于基本人权范畴的文化自决权;属于知识产权范畴的"集体产权"[①]。

一、文化多样性保护的国际法体系

文化多样性保护的国际法体系由文化多样性国际法律文件组成,可以分为文化多样性核心公约、宣言及其他法律性文件。另外,对文化遗产及文化权利的保护,对文化交流的促进以及对文化间平等对话的保障是文化多样性保护的要求。本书将根据文化多样性相关法律文件的地位将其列出。

2005年10月20日,在法国巴黎举行的第33届联合国教科文组织大会通过了《文化多样性公约》。公约包括序言共有8章35个条文,界定了文化多样性的内涵和价值,以及保护与促进文化多样性的目标与指导原则。《文化多样性公约》对缔约方提出了以下要求:(1)承认文化多样性价值;(2)各文化间相互尊重;(3)保障个人文化权与自由;(4)促进文化交流;(5)把文化发展纳入国家、国际发展战略;(6)多元文化主体的广泛参与。[②]《文化多样性公约》规定了紧急情况下的文化多样性保护措施[③],肯定了私主体的文化多样性保护者地位[④]。

---

① 吴汉东:《文化多样性的主权、人权与私权分析》,载《法学研究》2007年第6期。

② 我国第十届全国人民代表大会常务委员会第二十五次会议决定批准于2005年10月20日在第33届联合国教科文组织大会上通过的《保护和促进文化表现形式多样性公约》,公约自2006年12月29日起在我国实施。

③ 参见《文化多样性公约》(2005)第8条:"保护文化表现形式的措施有,在不影响《联合国宪章》、国际法原则及国际公认的人权文书等规定的前提下,缔约一方可以确定其领土上哪些文化表现形式属于面临消亡危险、受到严重威胁或是需要紧急保护的特殊情况。缔约方可通过与本公约的规定相符的方式,采取一切恰当的措施保护处于第一款所述情况下的文化表现形式。缔约方应向在联合国教科文组织内设立的'保护与促进文化表现形式多样性政府间委员会'报告为应对这类紧急情况所采取的所有措施,该委员会则可以对此提出合适的建议。"

④ 参见《文化多样性公约》(2005)第23条第7款规定:"民间团体在促进文化表达多样性中既是受惠者又是参与者,可参与具体政策以及措施的起草、实施过程,并对特别事项提供咨询。"文化多样性问题内涵丰富、涉及面广,仅靠个别核心机构远不能满足维护与促进文化多样性要求。私主体其密切接触民间基层、快速反映直观问题、透明度高等特性也是其他大型国际机构所不能比拟的。

联合国教科文组织为保护文化多样性,出台了一系列宣言及建议。早在 1966 年《国际文化合作原则宣言》(Declaration of the Principles of International Cultural Cooperation)中即表达了一种基于文化多元主义的文化多样性保护思想。该宣言第 1 条明确了每种文化都值得被尊重和保护,每个民族都拥有发展文化的权利和义务,人类文化整体丰富和多元之特性以及多元文化之间的相互影响是"全人类共同的遗产"(the common heritage belonging to all mankind)。[①] 其后的《文化多样性宣言》(2001)影响更广泛。该宣言共 12 条,第 1 条明确了文化多样性作为人类共同遗产的地位。第 4、5 条阐述了人权与文化权之于文化多样性保护的重要联系与意义。第 7 条确认了文化遗产之于文化创作的价值,作为人类创作源泉的文化遗产有益于文化多样性的促进与保护。该宣言强调了国家利用文化政策管理文化物品、文化服务的职能,提供一个公平而自由的文化产业市场是促进文化多样性蓬勃发展的重要因素之一。同时,文化交流是文化多样性的生命,宣言强调了在世界范围内进行国家、政府间的协作以及教科文组织在促进政府间机构合作的重要角色。

(一)文化权利体系

"自由"是社会个体或群体在社会中所享有的相对独立性;"权利"是被社会认可的自由;"法律权利"是权利中写入法律的自由。法律是写着权利的纸。"权利"本是一个带着法律意味的词汇,权利的内容代表着被某种程度的法律所保证。[②] 挪威人权学家艾德认为,国家应尊重个人的文化选择自由,特别是少数群体或原住民应享有文化的表达权与文化的发展权。[③]

---

① See Art. 1 of Declaration of the Principles of International Cultural Cooperation November 1966, UNESCO's Standard-Setting Instruments, IV. C. (1994).

② 权利是指公民依法应享有的权能和利益,或者法律关系主体在法律规定的范围内,为满足其特定的利益而自主享有的权能和利益。

③ 参见司马俊莲:《少数民族文化权利的法理研究》,中国社会科学出版社 2014 年版,第 13、15 ~ 16 页。

文化权的分类[1]、定义[2]及内容[3]来自联合国人权公约。文化权是人权不可或缺的组成部分,2004 年西班牙巴塞罗那文化权利与人权发展世界大会最终报告指出:文化权利是人权的必要组成部分,文化权利需要与其他人权形成人权"整体"。[4]

联合国教科文组织于1952 年 9 月 6 日在日内瓦制定了第一个保护文化权利的国际公约——《世界版权公约》(Universal Copyright Convention),此后有《世界人权宣言》(1948)、联合国《土著人民权利宣言》(Declaration on the Rights of Indigenous Peoples,2007)、《经济、社会和文化权利国际公约》(The International Covenant on Economic, Social and Cultural Rights,1966)[5]、《在民族或族裔、宗教或语言上属于少数群体的人的权利的宣言》(Declaration on the Protection of Rights of Persons Belonging to National, Ethnic, Religious and Linguistic Minorities,1992)、《文化政策宣言》(World Conference on Cultural Policies,1982)等。区域性人权文件也为丰富和完善文化权利体系作出了重要贡献——《美洲人的权利宣言》(American Declaration of the Rights and Duties of Man,

---

① 联合国《世界人权宣言》(1948)和《公民权利和政治权利国际公约》(1966)中将人的权利分为三类:一是基本人权和人身自由,如生命健康、人身安全、人格尊严等方面的权利;二是政治权利,包括信仰自由等;三是经济文化权利,如所有权、劳动权、社会保障权、受教育权等。

② 从一般意义上来讲,文化权利是指所有人类文化传统都能在认知、连贯性以及发展方面获得平等的机遇。它使每一个人都能(通过国家的努力以及国际合作)认识到文化权利是对于他的尊严以及人格的自由发展必不可少的权利。

③ 文化权利的内容最初主要由《世界人权宣言》(1948)第 27 条,《经济、社会和文化权利国际公约》(1966)第 15 条,《公民权利和政治权利国际公约》(1966)第 27 条加以规定。其中《世界人权宣言》(1948)第 27 条将文化权利的内容概括为自由参加社会文化生活,享受艺术,分享科学进步及其产生的福利,智力成果的物质和精神利益受保护的权利。《经济、社会和文化权利国际公约》(1966)则重申了《世界人权宣言》(1948)第 27 条关于文化权利内涵的界定,而《公民权利和政治权利国际公约》(1966)第 27 条规定了人种、宗教和语言上的少数人群享有自己的文化、信奉和实行自己的宗教或使用自己的语言的权利。

④ See The Final Report, *Congress on Cultural Rights and Human Development*, Barcelona, 2004, p. 23 – 27.

⑤ 我国第九届全国人民代表大会常务委员会第二十次会议决定批准我国政府于 1997 年10 月 27 日签署的《经济、社会及文化权利国际公约》,同时对公约第 8 条第 1 款(甲)项作出了保留,将依据《宪法》(1982)、《工会法》(2009)和《劳动法》(2009)等法律的有关规定办理。公约自 2001 年 2 月 28 日起在我国实施。

1948)规定了文化福利权;《阿尔及尔民族权利宣言》(The Algiers Declaration of the Rights of Peoples,1976)规定了尊重文化身份权、文化发展权,接受异族文化的自由以及少数民族文化受尊重的权利;《非洲人权和民族权宪章》(African Charter on Human and Peoples' Rights,1981)指出一切民族都拥有平等分享人类共同遗产的权利,其中包括文化遗产。其他重要的区域性人权法律文件主要有:《欧洲保护少数民族框架公约》(Framework Convention for the Protection of National Minorities,1994)、《美洲人权公约》(The American Convention on Human Rights,1969)、《欧洲人权公约》(European Convention on Human Rights,1950)、《欧洲区域或少数民族语言宪章》(European Charter for Regional or Minority Languages,1992)等。

(二)文化遗产体系

"文化遗产"(culture heritage)这个词在官方法律文件中第一次出现是联合国教科文组织《保护世界文化和自然遗产公约》(以下简称《世界遗产公约》)(Convention Concerning the Protection of the World Cultural and Natural Heritage,1972)。[①] "遗产"的含义是历史上遗留下来的精神财富或物质财富,能被称为遗产,意味着经历过很长时间的历史演变,经过世世代代的传承而流传至今。历史性是评价一件文化遗产是否具有价值的重要依据之一。历史性并不仅仅代表年代久远,见证了重大历史事件的文化遗产也应被认定为具有历史标志的作用。文化遗产所指代的对象,其名称最初并不统一。[②] 现在学界一般说到"文化遗产",即指《世界

---

① "文化遗产"在《世界遗产公约》(1972)第1条被定义为:a. 文物:建筑物、纪念性雕塑和绘画作品、具有考古性质的成分或结构、铭文、洞窟以及以上各种特点的结合体,从历史、艺术或科学角度来看具有突出的普遍价值。b. 建筑群:分散的或连接起来的建筑群,因为其建筑式样、分布均匀或它们与环境景观的结合,从历史、艺术或科学的角度看具有突出的普遍价值。c. 遗址:人类工程或自然景物与人类工程的结合体,以及考古遗址等地区,从历史、美学、民族学或人类学角度看具有突出的普遍价值。

② 国际上最初使用的概念是"文化财产"。1972年,"文化遗产"正式被联合国教科文组织在《世界遗产公约》(1972)中采用。公约所认定的"文化遗产"都是从历史、艺术或科学角度来看具有突出的普遍价值的大型不可移动文化财产。之后,"文化财产""文化遗产""文物"等用语交替使用,但"文化遗产"的使用概率已明显提高。

遗产公约》中的文化遗产分类。公约中所保护的世界遗产，不论自然或文化，都是不可以移动的遗产，所有入选《世界遗产名录》中的文化遗产即包括遗产所在地的一定空间范围。文化遗产可以分为物质文化遗产和非物质文化遗产，物质文化遗产包括遗址、代表性建筑、石刻、壁画、重要史迹等不可移动文物以及艺术品、历史文献等可移动文物；“非物质文化遗产”的定义来自联合国教科文组织《保护非物质文化遗产公约》(the Convention for the Safeguarding of Intangible Cultural Heritage, 2003)①，包括民俗、礼仪、节庆、艺技、有关自然的知识和实践等传统文化。②

为了保护世界遗产，联合国教科文组织和国际古迹遗址理事会(International Council on Monuments and Sites, ICOMOS)等国际组织制定了包括世界遗产国际公约、建议书和其他文件，以及国际宪章、宣言等共59部。③ 最重要的国际公约有两部，分别是《世界遗产公约》、《关于发生武装冲突情况时保护文化财产的公约》(Convention for the Protection of Cultural Property in the Event of Armed Conflict, 1954)及其议定书，后者关注特殊时期对文化遗产的保护，“战时”应作广义理解，即武装冲突时亦能适用。《世界遗产公约》(1972)旨在保护具有突出价值的自然与文化遗产，鉴于这些遗产是世界性的全人类共同遗产，并以缔约国的集体努

---

① 《保护非物质文化遗产公约》(2003)第2条第1款规定：“非物质文化遗产指被各群体、团体，有时为个人视为其文化遗产的各种实践、表演、表现形式、知识和技能及其有关的工具、实物、工艺品和文化场所。”非物质文化遗产世代相传，在各社区和群体适应周围环境以及与自然和历史的互动中，被不断地再创造，为这些社区和群体提供认同感和持续感，从而增强对文化多样性和人类创造力的尊重。在本公约中，只考虑符合现有的国际人权文件，各社区、群体和个人之间相互尊重的需要和顺应可持续发展的非物质文化遗产。

② 国务院《关于加强文化遗产保护的通知》(2005)中将文化遗产进行了详细的分类与列举。“文化遗产包括物质文化遗产和非物质文化遗产。物质文化遗产是具有历史、艺术和科学价值的文物，包括古遗址、古墓葬、古建筑、石窟寺、石刻、壁画、近代现代重要史迹及代表性建筑等不可移动文物，历史上各时代的重要实物、艺术品、文献、手稿、图书资料等可移动文物；以及在建筑式样、分布均匀或与环境景色结合方面具有突出普遍价值的历史文化名城(街区、村镇)。非物质文化遗产是指各种以非物质形态存在的与群众生活密切相关、世代相承的传统文化表现形式，包括口头传统、传统表演艺术、民俗活动和礼仪与节庆、有关自然界和宇宙的民间传统知识和实践、传统手工艺技能等以及与上述传统文化表现形式相关的文化空间。”

③ 参见姜敬红编著：《中国世界遗产保护法》，西南交通大学出版社2015年版，第151~156页。

力来消除它们所面临的威胁。公约除背景介绍以外可以分为四个部分：第一部分是文化遗产与自然遗产的定义；第二部分是对世界遗产保护设立的国际层面的保护措施以及国家层面应采取的相应措施；第三部分是世界遗产国际保护的具体规定，包括“世界遗产委员会”，“世界遗产基金”，国际援助，教育计划等内容；第四部分主要是公约的效力性条款，批准及加入程序，修订程序等。《世界遗产名录》《濒危世界遗产名录》《世界遗产预备名录》这三个名录本身并非公约的一部分，但被列入名录中的遗产已可以开始适用公约各项规定。名录的变动代表世界遗产委员会的权威决定，其中，文化遗产被列入或被移出《濒危世界遗产名录》不以缔约国提出申请为条件，世界遗产委员会可根据检测、评估结果自行决定。[①] 另外，一般情况下一项文化遗产想要被列入《世界遗产名录》之中，申请进入《世界遗产预备名录》为前置程序。[②] 另外，《世界遗产公约操作指南》(2019)是由世界遗产委员会所做出的对于《世界遗产公约》(1972)的官方解释。指南将公约的很多简单规定进行了细化，比如公约的机构设置及职权，《世界遗产名录》中的遗产分类及评估标准，名录维护、更新方式、申报程序，被列入或移出《濒危世界遗产名录》的标准及程序，世界遗产保护状况的检测程序，世界遗产基金的具体运作方式，国际援助的申请、评估程序，世界遗产标识的使用原则与方式等内容，非常详尽，供各缔约国参考。

其他相关的规范性文件有联合国教科文组织《关于故意破坏文化遗产的宣言》(Declaration Concerning the Intentional Destruction of Cultural Heritage,2003)、《水下文化遗产保护公约》(Convention on the Protection of Underwater Cultural Heritage,2001)、联合国教科文组织《关于保护可移动文物的建议》(Recommendation for the Protection of Movable Cultural Property, 1978)、《关于国际文物交流的建议》(Recommendation Concerning the International Exchange of Cultural Property,1976)、《关于保

---

① 参见《世界遗产公约操作指南》(2019)第178条。
② 参见《世界遗产公约操作指南》(2019)第63条。

护景观及遗址优美特质的建议》(Recommendation Concerning the Safeguarding of Beauty and Character of Landscapes and Sites,1962)、《关于禁止和防止非法进出口文化财产和非法转让其所有权的方法的公约》(Convention on the Means of Prohibiting and Preventing the Illicit Import, Export and Transfer of Ownership of Cultural Property,1970)、《奈良原真性文件》(1994)、《关于历史城市景观的建议》(Recommendation on the Historic Urban Landscape,2011)等。

此外,文化多样性国际法保护体系中还包括了促进文化交流的国际法,如《国际出版物交流公约》(Convention Concerning the International Exchange of Publications,1958)与《国家间官方出版物及政府文件交流公约》(Convention Concerning the Exchange of Official Publications and Government Documents between States,1958)。

(三)文化多样性保护的国际法义务

所谓的保护文化多样性,即是维持各种文化百花争艳的状态。[①] 文化多样性保护的内涵是承认"文化差异的内在价值及平等性",平等性由内在价值推导出来。[②] 文化没有所谓先进和落后,每一个民族,每一个人都有权利表达自己的文化,平等地尊重每一种文化,是文化多样性的要求。因此保护文化多样性可以从保护文化遗产,承认并尊重人的文化权利并着重保护弱势群体的文化权利来具体实现;对文化多样性的促进暗含了对文化遗产、文化权利的关注。人权和基本自由是保障文化多样性的基础,法律通过与弱势文化群体、文化遗产、文化权利保护诉求的现实关联,使文化多样性更丰富。保护文化多样性的关键在于对文化群体(特别是弱势文化群体)表现其文化的自由予以确认与尊重,文化多样性保护强调对少数民族与原住民族的特殊保护。对弱势文化群体的特殊保护的正当性,不能漠视弱势文化在全球文化大融合、文化冲突

---

① "保护"是指为保存和加强文化表现形式多样性而采取措施。参见联合国教科文组织《保护和促进文化表现形式多样性公约》(2005)第4条定义(七)。

② 参见[英]齐格蒙特·鲍曼:《共同体》(第2版),欧阳景根译,江苏人民出版社2007年版,第188~189页。

日益加剧的多元化世界中走向消亡。而在文化冲突产生时,弱势文化群体的利益与权利最易受到不公平对待与伤害,所以法律应适当向他们倾斜,实现一种公正的平等。首先,国家应平等推进各类文化发展,提供国民平等参与的机会,不因种族、族裔、性别、年龄、信仰或社会阶级、地域有所差异。其次,政府行使职责应尊重当地风土人情,考虑文化差异。最后,文化预算对偏远地区、民族地区、原住民所在地区等地的文化发展应优先补助。

文化多样性保护并不等同于承认文化相对主义。文化相对主义主张各文化之间并无优劣、先进或落后之分,特定的文化中的某些价值和实践可能不符合国际人权标准。世界上一些国家和地区落后野蛮的文化、宗教习俗因此而找到了"理论支撑",如非洲的女性割礼、印度妇女自焚殉夫、一夫多妻、童婚、活人献祭等。[①] 保护文化多样性以保障普遍人权与自由为前提,根据《世界文化多样性宣言》第 4 条,保护文化多样性不得成为违反人权的理由。《文化多样性公约》第 2 条第 1 款声明违反国际人权法的野蛮残酷的陋习不能以保护文化多样性为由得到合法基础。[②] 同样,文化多样性保护也不代表采取文化孤立主义。孤立主义是一种外交政策,源于美国,是指美国独立战争前后的早期外交以尽量避免对外国承担政治和军事义务的同盟关系的方式,来维护和扩展美国的利益。孤立主义在中国的语境中也带有闭关锁国的意味,体现在文化上指限制对外文化交流。[③] 文化多样性的保护非但不排斥文化交流,却是以鼓励对话与交流的方式来达到保护目的。《文化多样性公约》的基本原则 8 鼓励各国对外文化开放。因为,文化多样性通过文化间的不断交流和互动得

---

① See Adams J. , *Anti-globalization: The Global Fight for Local Autonomy*, New Political Science, 2003, p. 20 – 30.

② 联合国大会《维也纳宣言和行动纲领》(1993)也表明国际社会在确认人权普遍性的同时承认文化多样性。See Michael K. Addo, *The Legal Nature of International Human Rights*, Martinus Nijhoff Publishers, 2010, p. 241.

③ 参见窦国庆:《霸权的兴起、均势的幻灭和地区秩序的终结》,湖南科学技术出版社 2016 年版,第 54 ~56 页。

到滋养。[①] 在尊重文化多样性的基础上进行交流,可以使文化多样性本身得到进一步加深,形成一种更复杂、更高层次的丰富性。

二、文化多样性保护的国内法体系

各国国内法对文化多样性的尊重与保护主要体现在宪法、行政法、民商法等法律部门中:其中政府对公民参与文化生活、进行文化创作、促进文化交流的保障行为由行政法进行规制;人权规定于宪法及行政法中;产权则主要由民商法进行调整。

(一)国际法义务的国内法实施

多边环境协定产生于政府间通过条约或没有约束力的文件来设定国际标准的国际行为,通常来自政府间论坛和有影响力的国际宣言、决议、和会议文件。这些条约或无约束力的文件为政府设立以采取单独或联合的行动实施国际法律文件的义务。条约形式的环境多边协定,依照政府对条约的批准、赞同或加入的程序来阐述(假设条约一生效政府即负有义务)。一国对条约的批准、赞同或加入是在国家层面实施其条款内容的开始。一旦条约签署,根据国际习惯法和 1969 年《维也纳条约法公约》(Vienna Convention on the Law of Treaties,1969)规定,一个国家的行为不得与条约的目标和特定条约的目的相违背,即使条约还没有生效。《维也纳条约法公约》第 18 条规定:"一个国家有义务避免自己的行为违背条约的目的和意图,在以下情况:(a)签署条约或交换文件构成条约的批准、接受和同意,直到成员国明确表示不加入该条约;(b)国家表示同意接受条约的约束直至条约生效和只要条约的生效没有被过度地延误。"

条约法以实施目的的不同分为自动执行条约和非自动执行条约。自动执行的条约不要求国内法以特殊措施来实施,因为它们能直接适用于国内法律的执行程序。而非自动执行条约则需要缔约国特别为其立法,作为实施的根据。国际条约的国内实施方法可能有"一元"或"二元"两种。这种分类是用来区分条约经批准后自动在国内生效以及必须依靠国

---

① 参见联合国教科文组织《保护和促进文化表现形式多样性公约》(2005)序言第 11 条。

内法确认条约义务才能具体实施的两种情况。属于第一种情况的国家遵循一元论的传统,属于第二种情况的国家则遵循二元论传统。然而,权威资料显示,选择任一方式的国家间的实际实施活动并没有十分明显的差异。即使在一元论传统的国家,条约的批准通常伴随着严格的国内立法程序为实施条约搭建平台。二元论国家在一些情况下,国际条约的义务有时会通过司法程序而被当然地适用。正式立法确认条约义务可能被视为广义的条约国内化程序。条约国内化的概念本质上是指条约内容及其原则被特定法域的政策、法律和行政结构所接受。当条约的要素植入国内国家管理机器及其日常管理活动中,就确保了该条约以与国内一般法律相一致的方式实施。经过这样的转变过程后,国际法就融入国内法之中。立法部门应在制定或修订国内法时,注意吸收、反映对我国已经生效的国际环境条约的相关规定。

《21世纪议程》(1992)强调在地区、国家、州/省或当地政府/市政府层面通过制定和执行法律法规来实施国际条约的重要性,因为在环境与发展领域,国内的法律和法规对于大部分国际条约的执行来说至关重要,多边条约的通过仅仅是实施过程的开始,为确保多边国际条约实际效果和完整价值,关键在于充分切实履行条款内容。在国家发展其他优先项目时,也应该充分考虑国际条约中的义务。条约各缔约方应制定政策、完善国家立法和机构设置并采取相应的行政行为作为实施条约的措施,如行政计划的筹备、安排场地或指导要点。根据不同的多边条约,还可以包括其他的如规划、能力建设、财政支持和技术转让等实施程序。

(二)文化多样性保护的国内法体系

中共中央《文化大发展大繁荣决定》(2011)[①]提到要广泛开展对外交流,促进世界文化多样性。[②] 最高人民法院、国务院、公安部、国家工商行政

---

① 指中共中央2011年10月18日《关于深化文化体制改革推动社会主义文化大发展大繁荣若干重大问题的决定》。

② 参见中共中央2011年10月18日《关于深化文化体制改革推动社会主义文化大发展大繁荣若干重大问题的决定》第七部分进一步深化改革开放,加快构建有利于文化繁荣发展的体制机制,"推动中华文化走向世界。开展多渠道多形式多层次对外文化交流,广泛参与世界文明对话,促进文化相互借鉴,增强中华文化在世界上的感召力和影响力,共同维护文化多样性"。

管理总局(现国家市场监督管理总局)、国家旅游局(现文化和旅游部)等国家机关、机构、部门以及地方人民政府、环境保护局均出台了促进文化发展繁荣、促进文化多样性保护的相关办法。如最高人民法院《关于知识产权审判推动文化大发展大繁荣》(2011)的通知①,利用法律手段保护传统文化/非物质文化遗产的知识产权,维护文化多样性;中共浙江省委、浙江省人民政府2008年7月3日发布的《浙江省推动文化大发展大繁荣纲要(2008－2012)》。

在中国的对外条约中大量地出现了"尊重文化多样性,促进文化交流"的字样:2017年12月2日上海合作组织《成员国政府首脑(总理)理事会第十六次会议联合公报》、2017年9月4日金砖国家领导人《厦门宣言》、2017年6月9日上海合作组织《成员国元首阿斯塔纳宣言》、2017年4月5日在芬兰签订的《中华人民共和国和芬兰共和国关于建立和推进面向未来的新型合作伙伴关系的联合声明》、2016年4月28日亚洲相互协作与信任措施会议第五次外长会议《关于通过对话促进亚洲和平、安全、稳定和可持续发展的宣言》、2014年3月26日在法国签订的《中法关系中长期规划》、2010年3月29日在瑞典签订的《中华人民共和国政府与瑞典王国政府在文化领域合作谅解备忘录》、2007年6月19日在比利时签订的《中华人民共和国政府和比利时法语区政府2007年至2010年文化交流执行计划》、2002年9月27日在法国签订的《中华人民共和国政府和法兰西共和国政府文化合作协定》等。

1. 文化权利体系

当今世界各国基本上都把公民文化权确定为宪法中的一项基本权利。如美国联邦宪法第一修正案确立了不建立国教原则与宗教信仰自由原则。我国《宪法》第47条规定了公民进行科研、文艺创作及其他文化活动的自由;同时规定了国家规范文化事业的积极义务,使公民的文化权利切实得到国家保障。《俄罗斯联邦宪法》(1993)第26条规定了公民的

---

① 指最高人民法院2011年12月16日印发《关于充分发挥知识产权审判职能作用推动社会主义文化大发展大繁荣和促进经济自主协调发展若干问题的意见》的通知。

民族属性自决权、语言使用权;第 44 条保障公民的文化创作权、知识产权、文化生活参与权和文化设施(包括文物)利用权。最早对文化权利加以规定的《德国魏玛宪法》(1919)在其第二编德国人民之基本权利及基本义务部分的第 142 条规定国家应保护及培育“艺术、科学及其学理自由”,第 158 条规定“智识上之工作、著作权、发明权、美术权、同享受国家之扶持扶助”。《越南社会主义共和国宪法》(1993)有大量国家政策的内容,虽然都是越南的文化政策,但内容的确是相当丰富的。①

宪法所规定的文化权利的国家保护义务分为尊重(obligation to respect)、保障(obligation to protect)和实现(obligation to realize)三个层面,体现在采取措施保护公民(特别是少数民族、原住民)的文化权利不被侵犯,尊重他们的生活习惯并保护其文化遗产。② 国家义务有消极与积极两层内涵:一方面国家不能侵犯公民对文化发展和存续的自我决定和自我实现之自由;另一方面国家有义务保障公民实践文化生活的便利、公平之环境。各国宪法关于文化权利主要包括了以下几个方面:在宪法条文中明确文化权利的宪法地位;明确国家机关在保护公民文化权利方面的消极和积极的义务;建立有效的法律机制,保障公民平等地享有文化资源;发展文化设施,保障文化权利的实现。③

保护文化权利的其他法有菲律宾《原住民权利法》和《民族文化自治法》,巴拿马《关于保护原住民文化及传统知识的特别知识产权制度的法律及相关措施》(2000)。

2. 文化遗产体系

不少国家均在其宪法中明确规定了国家的文化遗产保护义务,一些国

① 参见《越南社会主义共和国宪法》(1993)以“文化、教育、科学、技术”命名的第三章,其中规定,“国家和社会保存和发展越南文化:民族的、现代的、人文的;继承和发展越南各民族文化的价值,胡志明思想、道德、品格;吸收人类文化的精华;发挥人民的创造才能;国家统一管理文化事业;禁止传播反动、颓废的思想和文化;破除迷信和不良习俗”“文学、艺术为培养越南人民高尚的人品和灵魂服务,国家投资发展文化、文学艺术,为人民享受有价值的文学、艺术作品创造条件;国家发展文化艺术活动形式的多样化,鼓励开展群众性的文学艺术活动”“国家和社会保存、发展民族文化遗产;关心保存、收藏、修复、建造、保护历史、革命遗迹、文化遗产、美术工程、名胜古迹,并发挥它们的作用”等。

② 参见周伟:《宪法基本权利:原理·规范·应用》,法律出版社 2006 年版,第 366~367 页。

③ 参见莫纪宏:《论文化权利的宪法保护》,载《法学论坛》2012 年第 1 期。

家还规定了国家应保护非物质文化遗产。[①] 法国《文物保护法》(1913)[②]规定除了卢浮宫、国家歌剧院等隶属于国家文化部的文化设施、机构之外,法国政府还以财政支出资助非物质文化遗产,即“活的艺术”,如法国爵士乐等。政府还有图书基金资助图书馆、小众图书、国有电视台的读书频道,音乐基金与艺术基金则负责资助音乐协会及国有戏剧院、新剧目和地方小剧院。[③] 南非1999年《世界遗产公约法》(World Heritage Convention Act)是管理南非各种各样文化和自然遗产的法律和行政框架制度,以便得到世界遗产委员会的认可,获得世界遗产的地位。新西兰依据《1975年文物法》(the Antiquities Act,1975)以及《1993年历史遗迹法》(the Historic Places Act,1993)的规定,对符合标准的古董文物、重要历史文化遗产进行主动的、统一的保护与管理。泰国《纪念物法》主要保护不可移动的文化遗产,其保护对象为“具有悠久历史、特殊建筑特质、可以作为历史见证、具有艺术或考古学价值的纪念物和遗址等不可移动文物”[④]。中国所称非物质文化遗产,日本、韩国称为“无形文化财”。韩国《文化财保护法》(1962)将文化遗产(文化财产)分为四类:有形文化财产、无形文化财产、纪念物和民俗资料。[⑤] 我国的国内文化遗产保护法体系包括:

---

① 如我国《宪法》(2018)第22条第2款规定,国家保护名胜古迹、珍贵文物和其他重要历史文化遗产。

② 该法决定哪些文物需要重建,哪些不需要重建。任何文物一旦进入这个名录,所有的修缮维护费用就全部由国家来承担。而且这个法律还严格规定,任何文化遗产名录内的文物周围500米之内所有的建筑都不得擅自进行任何改动,如果认为有必要改动,也必须要向文化部门提出申请,只有通过批准才可动工,而文化部门的审核异常严格,任何“疑似”的损害统统都被拒绝。同世界上任何一个地方一样,在巴黎的商业利益和文化保护也经常发生冲突,不同的是,法律赋予文化保护至高无上的地位。除了文物周围500米之内的严格规定外,建筑商如果想要在巴黎开工建设任何一个项目,也都必须经过文化部门的批准,以避免待建物影响破坏周边的文化氛围。

③ 法国不资助文学创作或作家。法国人的基本观念是:思想独立是文学艺术的基本底线,政府不能通过任何形式来影响言论自由。法国政府只负责制定相关法律制度来保障出版自由,降低出版业税率,对非畅销书经营者实行更大的税收优惠,而且还对出版学术等非畅销图书者给予各种特殊资助。法国小规模的出版社和独立书店得以生存,其数量远远高于欧洲其他国家,有效地保障了文化的多样性和丰富性。参见傅秋爽:《法国文化多样性保护的多重举措》,载《中国文化报》2017年10月9日,第4版。

④ Poshyan and Anavasu, *Actual Concept of Cultural Heritage Conservation in Thailand*, Case Study of Anastylosis, 2014, p. 50 – 58.

⑤ 参见[韩]李贞娥:《韩国建筑文化财保护历程》,科学出版社2019年版,第5页。

(1)法律。《文物保护法》(2017)是我国出台的第一部关于文物保护的法律,界定了文物范畴并将文物分为可移动文物与不可移动文物。其中不可移动文物的保护主体有各级文物保护单位(有国家级、省级、县级三个层次),历史文化名城、村(分为国家级和省级两个层次),世界遗产体系和风景名胜区。《非物质文化遗产法》(2011)是全国人民代表大会常务委员会制定的关于非物质文化保护的全国性的基本法律,是我国第一部,也是目前唯一一部能普遍适用于全国范围含人类非物质文化遗产在内的所有各级非物质文化遗产的专门保护法。

(2)行政法规。《长城保护条例》(2006)①是我国著名文化遗产长城的专门保护法,也是总法。在地方政府规章中有一部《北京市长城保护管理办法》(2018)是长城北京段的保护法。随着2002年《文物保护法》(已经于2017年修正)和2003年《文物保护法实施条例》(已经于2017年修正)的出台,文物行政部门被赋予了更多的行政处罚权,为了规范其处罚行为,《文物行政处罚程序暂行规定》应运而生。②《历史文化名城名镇名村保护条例》(2017)对历史文化名城、名镇、名村的申报与批准程序、要求,保护规划的内容、审批程序,保护措施及法律责任等事项作出规定。明确了保护经费来源、保护原则和保护方法,扩展了遗产保护对象和内容。其中,保护对象不再限于国家级历史文化名城、重要建筑物或部分历史街区,而是扩大到小城镇和村庄;保护内容不仅包括物质遗产,还进一步深入到历史空间遗产领域。《风景名胜区条例》(2016),规范了风景名胜区的设立、规划、保护、利用和管理。

(3)部门规章及规划。近年来,世界文化遗产的保护出现了新形势

---

① 《长城保护条例》(2006)确定了长城保护的总体规划制度、对长城旅游开发活动加以规范的制度、长城"四有"措施的落实制度及长城保护的公众参与制度。作为专门保护法,一是依照《文物保护法》等上位法的规定,针对长城的特点和长城保护中存在的突出问题,补充完善有关制度、措施,使之更具针对性和可操作性;二是对长城实行整体保护、分段管理,明确长城所在地地方政府的责任;三是发挥社会力量参与长城保护的积极性,明确长城利用单位的责任,设立长城保护员制度;四是对长城利用行为加以规范,明确将长城段落辟为参观游览区应当坚持的原则和具备的条件。

② 《文物行政处罚程序暂行规定》共7章53条,对文物行政处罚应当遵循的原则、案件的级别管辖、立案、调查取证、处罚决定(简易程序、一般程序、听证程序)等内容作出规定。

和新任务,为统筹和加强全国世界文化遗产的保护和管理,国家文化部(现文化和旅游部)适时出台了《世界文化遗产保护管理办法》(2006)。这是中国第一部,也是目前唯一的一部能普遍适用于全国范围所有世界文化遗产的专门保护法,具有典型性。《世界文化遗产保护管理办法》确定了我国世界文化遗产保护的主要制度:专家咨询制度和检测巡视制度、保护规划制度、不可移动文物保护制度以及警示名单制度。①《世界自然遗产、自然与文化双遗产申报和保护管理办法(试行)》(2015)主要内容有总则、申报、保护和管理等。附件有申报世界遗产时间表和联合国教科文组织世界遗产中心审核时间表。国家文物局《中国文物古迹保护准则》(2015)中文化价值包括其所蕴含的民族、地区、宗教文化的多样性价值。2013 年 9 月 30 日国家文物局《关于开展古村落保护利用综合试点工作的通知》。国务院 2016 年 12 月 24 日颁布并实施的《"十三五"促进民族地区和人口较少民族发展规划》第五章优先保障和改善民生之第五节推进文化繁荣发展,第八章促进人口较少民族加快发展第四节传承弘扬民族文化,第九章加快少数民族特色村镇保护发展第一节保护改造民族特色民居、第四节传承发展特色村镇民族传统文化。

(4)地方性法规。文化遗产地方性法规大致可以分为三类②:①各省及较大的市根据上位法所制定的一般性地方性法规。③ ②针对遗产类别的地方性法规。④ ③为特定遗产制定的专项法规。⑤ 四川省不仅是世界文化与自然遗产大省,也是世界遗产专门保护立法的强省。四川省在依据世界遗产相关上位法、参考全国性专门保护法的基础上,结合了自身实际(包括阿坝藏族羌族自治州保护和都江堰保护管理的需要及特殊性),

① 参见姜敬红编著:《中国世界遗产保护法》,西南交通大学出版社 2015 年版,第 64～65 页。

② 参见王云霞主编:《文化遗产法学:框架与使命》,中国环境出版社 2013 年版,第 56 页。

③ 如《北京市实施〈中华人民共和国文物保护法〉办法》(2004)、《福建省文物保护管理条例》(2020)、《陕西省文物保护条例》(2019)、《邯郸市文物保护管理规定》(2010)等。

④ 如《云南省民族民间传统文化保护条例》(2000)(现已失效)、《河南省历史文化名城保护条例》(2005)、《宁夏回族自治区岩画保护条例》(2011)、《南京市地下文物保护管理规定》(2004)等。

⑤ 如《杭州市良渚遗址保护管理条例》(2013)、《甘肃敦煌莫高窟保护条例》(2002)等。

在省中较早地制定了三部专门保护法[①]。《四川省世界遗产保护条例》(2015年修正)是我国关于世界遗产的第一部综合类地方性法规,给国内其他遗产地做出了良好的示范。

(5)地方政府规章。文化遗产地方政府规章数量较多,对文化遗产保护的多个方面均有涉及,大致分为以下三类:①针对文化遗产保护、使用或管理行为制定的地方政府规章,如《安徽省建设工程文物保护规定》(2003)、《北京市利用文物保护单位拍摄电影、电视管理暂行办法》(2018)、《陕西省重大文物安全事故行政责任追究规定》(2011)等。②针对某一类文化遗产制定的地方政府规章。[②] ③针对某一项特定文化遗产制定的地方政府规章。[③]

(三)参与文化多样性保护的国内法律部门

法律对文化多样性的尊重与保护主要体现在以民法为主的私法领域。例如,当代伊斯兰国家正经历着一种宗教法与世俗法二元化的发展格局。[④] 宗教法的适用范围受到不同程度限制,只保留宗教信仰和伦理规范的内核,沿用于婚姻、家庭、继承等人身法律关系。[⑤]

对文化内容进行保护的法律部门主要有宪法、行政法、民商法、环境法等;政府对公民参与文化生活、进行文化创作、促进文化交流的保障行为由行政法进行规制。以文化权利为例,目前各国对文化权利保护的立法模式,江国华教授认为主要有三种:统一立法模式、融合立法模式、单行

---

① 参见《四川省世界遗产保护条例》(2015)、《四川省都江堰水利工程管理条例》(2019)、《阿坝藏族羌族自治州实施〈四川省世界遗产保护条例〉的条例》(2019)。

② 如《北京市文物保护单位保护范围及建设控制地带管理规定》(2007)、《无锡市历史文化名城保护办法》(2007)、《宜昌市非物质文化遗产保护办法》(2009)、《厦门市闽南文化生态保护区建设办法》(2015)等。

③ 如《周口店遗址保护管理办法》(2009)、《福州市三坊七巷、朱紫坊历史文化街区保护管理办法》(2006)、《西安市丝绸之路历史文化遗产保护管理办法》(2020)等。

④ 中世纪神圣统一、包罗万象、亘古长存的伊斯兰法被打破,伊斯兰法开始朝西方化、世俗化、现代化和多元化发展。

⑤ 宗教法与教义融为一体,旨在调整宗教信仰与私法关系;世俗法由国家发布执行,广泛控制政治事务、经济生活与公共秩序。参见汤唯:《伊斯兰法文化的变革与趋向》,载《法律科学(西北政法学院学报)》1998年第2期。

立法模式。[①] 主要保护的文化权利的内容包括：文化生活参与权、文化成果享受权、文化创造权、成果获益权、文化交流合作权。主要涉及两个方面：一是人权层面的权利，二是产权意义上的权利。人权层面的权利有：使用和保持语言文字权利[②]、宗教信仰自由的权利、保持和改革风俗习惯的权利等。人权方面主要是宪法及行政法予以规定。产权则主要由以保护文化成果知识产权为主的商法进行调整。

也有为文化和文化多样性保护进一步细分法律部门，另外开辟文化领域法的呼声。[③] 美国学者纳夫辛格提出了"文化法"概念[④]。秦前红教授细致地设计了文化法的体系及调整内容。他认为，文化法应调整的文化关系包括[⑤]：物质文化关系——饮食、建筑、古迹、工艺；行为文化关系——风俗习惯、岁时节庆；精神文化关系——语言、文字、文学、艺术、科技、教育、宗教。文化立法权限调整范围应包括文化创作，文化传播，文化产品的生产、经营、贸易，公共文化服务，文化发展规划，市场监管以及政府与社会在文化领域尤其是公共文化服务领域的合作等。文化立法体系由这些法律构成[⑥]：新闻法、出版法、广播电视法、电影法、著作权法、语言文字法、图书馆法、博物馆法、文化馆法、文物保护法、非物质文化遗产法、演出法、文化社团组织法、文化产业促进法、网络文化法等。

---

① 一是统一立法模式，即采用一部统一的法典来调整文化权利的相关问题；二是融合立法模式，即将文化权利保护对象的内容融合到其他私法规范中，而不以统一的法典或分门别类的部门法规范形式对文化权利进行保护；三是单行立法模式，即通过单行的规范性法律文件对不同文化权利所涵盖的对象实施分门别类的保护。参见江国华：《文化权利及其法律保护》，载《中州学刊》2013 年第 7 期。

② 参见联合国《公民权利和政治权利国际公约》(1966) 第 27 条。

③ 中国共产党第十八届四中全会报告提出了"建立健全文化法律制度"的重要目标，"文化法"逐渐成为中国社会各界共同关注的重要话题。

④ "文化信仰在世界各国都是重要的社会基础问题，它支配着底层人民的日常生活。所以，文化法将变得重要而复杂。"

⑤ 参见秦前红：《法律能为文化发展繁荣做什么》，中国政法大学出版社 2015 年版，第 213 页。

⑥ 参见秦前红：《法律能为文化发展繁荣做什么》，中国政法大学出版社 2015 年版，第 216 页。

第二节　文化多样性保护中环境法的角色

一、环境法的调整方式与独特视角

文化多样性的价值已经为国际社会所普遍认同,并以法律手段予以保护。作为部门法的环境法在整个法律体系中,凸显了其新兴、以科学为基础的现代性,使得表面看来环境法不像其他法律部门如宪法、民法、行政法一样,与文化联系紧密。但环境法作为一个具有特殊调整方法与视角的法律部门在文化多样性保护中发挥着自己的作用。从调整的社会关系看,环境法的内容涉及政治、军事、经济、文化、交通、贸易以至国际交往等社会生产、生活各个方面;从调整方法看,环境法是综合型的,包括行政、经济、科学技术、宣传教育和法律等。其中宣传教育作为一种较温和的追求文化认同的模式,体现了对文化及其多样性的尊重。

(一)环境法的定义及调整范围

"环境法"在我国是一种部门法的简称,其全称是环境与资源保护法("环境保护法""环境资源法""环保法"等简称也广为使用)。[①]

现代环境法产生并兴起于20世纪初中期,目前,在"环境法"这一法律部门的名称使用上,各国均有不同,其基本含义也不尽相同;即使名称相同,其定义也可能不完全相同,在很大程度上取决于学者个人对环境法现象的理解。美国所称的"环境法"(Environmental Law or Environmental Legislation)是由大量与环境问题有关的行政法规组成的,也有环境政策(Environmental Policy)。日本因为在20世纪60年代至70年代饱受大气污染、水污染、土壤污染、噪音、地面沉降、恶臭等公害困扰,颁布了以《公害对策基本法》为开端的一系列"公害法"(Law of Public Nuisance);进入90年代以后,日本环境立法理念转变,通过《环境基本法》的出台,在概念

---

① 参见韩德培主编:《环境保护法教程》,法律出版社2005年版,第28页。

上也从“公害法”转向“环境法”。[①] 也有的国家用“自然环境保护法”或“环境与资源保护法”。[②] 俄罗斯及其他东欧国家多用“生态法”，有学者认为该定义更恰当地概括了环境法的本质与独特之处，主张用“生态法”取代“环境法”、“环境保护法”和“环境与资源保护法”。[③] 目前在国际交流中，学者们并不会特别计较名称区别，一般采取“环境法”(Environmental Law)以及“国际环境法”(International Environmental Law)作为国内法与国际法中涉及环境保护领域中的部门法称谓。

环境法的定义就像环境本身的定义一样广泛。“环境”在当代可持续发展的语境背景下涵盖围绕着人类的地理和社会要素，包括土地、水、大气、气候、声音、气味、味觉、能源、废物管理，海岸和海洋污染、动植物的生物因素，以及文化价值观、历史遗迹、纪念物和美学价值。[④] 国内外学者为环境法下了各种定义，共同之处在于：一是说明环境法或生态法是一类法律规范的组合；二是被称作环境法或生态法的法律规范群所适用的特定领域或范围；三是指明环境法的调整对象；四是强调环境法的目的。本书中拟采取王树义教授在《环境法基本理论研究》一书中第一节所给出的定义，即“环境法是调整人们在开发利用自然资源，防治环境污染和管理环境的活动中所产生的社会关系的法律规范的总称”[⑤]。

环境法是一个宽泛的法律领域，它包括环境专门法和直接调整环境

---

① 参见罗丽主编：《环境法教程》，中国法制出版社2014年版，第9页。

② 西欧国家大多称为“污染控制法”；而苏联及东欧一些国家则普遍称为“自然保护法”，其内容包括了环境保护、名胜古迹保护和自然资源保护等。

③ 参见王树义等：《环境法基本理论研究》，科学出版社2012年版，第5页。

④ 国际环境法上通常认为环境法是调整因保护和改善生活环境与生态环境，合理开发、利用、保护和改善自然资源，防治环境污染和其他公害而产生的社会关系的法律规范的总称。See *UNEP Training Manual on International Environmental Law*, 2006, UNESCO Homepage, Nov. 6, 2022, https://wedocs.unep.org/bitstream/handle/20.500.11822/20599/UNEP_Training_Manual_Int_Env_Law.pdf? sequence = 1&isAllowed.

⑤ 其目的是通过规范人的环境行为，协调人的生产和生活活动与保护自然环境之间的关系，保护经济社会可持续发展的资源与环境的支撑能力。其中，协调人的生产和生活活动与保护自然环境之间的关系是环境法的直接目的；保护经济社会可持续发展的资源与环境的支撑能力是环境法的最终目的。参见王树义等：《环境法基本理论研究》，科学出版社2012年版，第13页。

问题的一般法律。[1] 国际环境法中将环境法定义为控制人类活动对地球和公共健康产生影响的法律。[2] 环境法可以划分为两个大类,即国际环境法和国内环境法。划分依据主要是制定法律时的目的以及调整范围。国际环境法是在主权国家之间,制定国际环境标准并规定国家的义务,包括在国际环境关系中规制国家行为的法。国内环境法则适用于国家主权范围之内,调整公民之间的环境关系并在一国境内实施。当一个国家通过制定和实施国内法来承担其国际义务时,国际环境法就能在国内适用。国内环境法包括所有国家层面上保护环境的法律规范,包括一国之内用来控制损害环境行为的法律、环境标准、法规、制度和行政规章,特别是根据一个国家特定文化制定的环境保护基本法、环境保护单行法、附属性环境法和环境法规。环境法调整的领域有:空气污染(污染源:燃料、工业、耗竭臭氧层物质、森林火灾引起的烟雾);噪声污染(居民区噪声污染侵权、城镇规划引起的噪音污染,如机场附近及工业设施/职业健康管理规定的可以接受的噪声水平);淡水污染(生活污水和工业排污,污水处理标准,河流、湖泊、水库、地下水和其他饮用水源);海岸和海洋环境污染(下水道污水,海岸建筑物污染如工业废水,船舶污染和废物倾倒),海岸侵蚀及栖息地和繁衍地的破坏;土地退化和土壤污染(由不良的农业活动、无规划的城市建设和居民区建设造成,其他的污染源,如工业、垃圾场、矿山等);可持续性地利用环境资源(在能保护、保持和存续资源的标准范围内管理和控制使用行为)。

(二)环境法的生态化方法及整体化视角

环境法有其特有的生态化调整方法。俄罗斯学者布·弗·叶罗费耶夫提出,生态化方法是生态法所特有的调整方法,它旨在协调社会与周围环境的关系。生态化方法的基本含义是将每一个与利用自然环境有关的行为生态化。生态化方法的采用是由生态法调整对象的特殊性所决定

---

① 参见罗丽主编:《环境法教程》,中国法制出版社2014年版,第10页。

② See *UNEP Training Manual on International Environmental Law*, 2006, UNESCO Homepage, Nov. 6, 2022, https://wedocs.unep.org/bitstream/handle/20.500.11822/20599/UNEP_Training_Manual_Int_Env_Law.pdf? sequence = 1&isAllowed.

的。生态法调整对象的特殊性表现在,它是在生态利用活动中所形成或产生的,而任何一种生态利用活动又是与其是否符合自然规律的要求联系在一起的。人类为了顺利地进行生态利用活动,就必须遵循自然规律,使每一个生态利用有关的行为生态化。① 他所指的“生态化方法”是一种强调环境利益,适用于在生态利用活动中的“生态利用人”②的特殊调整方法。在他提出生态化方法的原意中是不存在以整体化视角将整个自然环境与文化环境一同看作生态系统整体来保护的意思的。但是由于环境具有不可分割性与普遍联系性,所以环境的共有不能是按份共有,即不能将整体分割成一个个部分来分别所有、占有、使用和收益,也使得环境保护只能采取整体进路,即使在做地方性保护时也得考虑保护措施的整体效应。③ 而生态系统作为环境法中最重要的概念之一,且生态学④作为一门自然科学,与环境法有着显著的亲缘关系,环境法也从生态学中获得了众多科学支持,环境法与生态学也有着共同的研究对象,即生态系统,则生态学的基本研究方法也应为环境法所关注并适用。生态学将“生态”看作“系统”,系统的、整体的视角即是生态学的方法论。整体主义视角要求一种完整、统一、系统、生态性的审视。不仅因为环境生态的一体性,更因为环境法所关注的生态环境不仅是自然生态,而且是与社会生态和人文生态共同生发的多态性的统一体。并且,整体主义视角作为研究方法,也需要我们不孤立、零碎地看待事物和问题,善用环境法独特的调整

---

① 参见[俄]布·弗·叶罗费耶夫:《生态法》(俄文版),新法学家出版社 1998 年版,第 104 页。转引自王树义等:《环境法基本理论研究》,科学出版社 2012 年版,第 65 页。

② 布·弗·叶罗费耶夫所指的“生态利用人”就是广泛意义上的生态化方法的适用对象,其外延极其广泛,比如作为整体的后代。随着人类改造自然、改造社会的实践活动日益广泛和深入,“生态利用人”的概念还可能继续扩张。

③ 参见刘三木:《从环境的公共性看环境法的属性》,载《法学评论》2010 年第 6 期。

④ 生态学(Ecology),是德国生物学家恩斯特·海克尔于 1866 年定义的一个概念:生态学是研究生物体与其周围环境(包括非生物环境和生物环境)相互关系的科学。目前已经发展为“研究生物与其环境之间的相互关系的科学”。是有自己的研究对象、任务和方法的比较完整和独立的学科。它们的研究方法经过描述—实验—物质定量三个过程。系统论、控制论、信息论的概念和方法的引入,促进了生态学理论的发展。作为一门研究生物与环境之间相互关系及其作用机理的科学,生态学将“生态”看作“系统”,系统的、整体的视角即是生态学的方法论。参见叶峻、李梁美:《社会生态学与生态文明论》,上海三联书店 2016 年版,第 55 页。

方法——生态化的方法。生态学给了环境法正当性基础与科学理论支撑,环境法在进行科学理性探寻时,应不吝使用生态化、系统化、整体化的方法,以不同于其他法律部门的独特视角与方式促进与保护文化表现形式的多样性。

二、环境法的文化多样性保护优势

环境法在文化多样性保护中扮演着有别于其他法律部门的特殊角色,以其独特的整体性、生态化视角与调整方法具备文化多样性保护的天然优势,集中表现为文化多样性的要求与环境法的目的、内容、手段等方面均具有一致性:促进文化多样性首要是保障人的各种文化权利,环境法的内容之一则是保障人的健康权、环境权等权利,这些权利渐渐被认为是人之为人所应有的基本权利,实现人的基本权利是人类社会发展的目标,即是人类共同事务;另外保护文化遗产与保护环境也是人类共同体所奋斗的方向,要实现它们的共同发展,最重要的手段之一是确保公众的普遍参与,特别是少数群体、原住民、农民等弱势群体的广泛参与。

(一)目的具有一致性:人的全面发展

1998 年诺贝尔经济学奖获得者阿马蒂亚·森在其著作《以自由看待发展》中论证了人的自由是发展的最终目的,发展是为了提高人们实现自由的能力。[①] 他的观点与社会主义发展目标不谋而合。我国作为一个社会主义国家,其发展的目的是保证最大限度地满足整个社会不断增长的

---

① 阿马蒂亚·森在其著作《以自由看待发展》中,综合他在经济学基础理论、经验研究以及道德——政治哲学领域多年来的卓越成果,改变狭隘发展观的旧范式,阐述人的实质自由是发展的最终目的和重要手段,建立了全新的理论框架。全书论证,发展是涉及经济、政治、社会、价值观念等众多方面的一个综合过程,它意味着消除贫困、人身束缚、各种歧视压迫、缺乏法治权利和社会保障的状况,从而提高人们按照自己的意愿来生活的能力。森根据大量的经验研究资料,分析了发展中国家面临的重大问题,阐明在实践中富有成效的解决途径。在强调市场机制、全球化对提高人们生活水平做出基础性重大贡献的同时,他指出还需要政府和社会在人的生存、保健、教育等领域承担责任,更需要人作为发展的主体在全面的社会交往和变革中发挥主动作用。参见[印]阿马蒂亚·森:《以自由看待发展》,任赜等译,中国人民大学出版社 2012 年版。

物质和文化的需要。按照列宁的说法,“使劳动者过最美好、最幸福的生活”。这种发展的目的,既包括了环境法的目的,也包括了文化多样性的价值在内。二者在人的全面发展目标中,得到了完美的统一。

人类面对的环境问题,主要是由人类自身不当地开发利用自然资源的活动和向环境排放污染物的活动引起的。因此,环境法最直接的目的,就是要通过规范人们开发利用自然资源和向环境排放污染物的行为,使自然资源得到合理的开发、利用,使自然环境不因人类活动的不良影响受到污染或破坏,使人类的生产生活活动、经济建设活动与自然环境、自然环境的有效利用和保护得到双赢的发展。经济社会能否持续发展,取决于两个“支撑”:一是足够的自然资源的支撑,二是良好的自然环境质量的支撑。自然资源是人类经济社会发展不可缺少的物质基础。没有这个基础,人类的经济和社会都不可能发展,人类社会也就不可能继续存在。良好的自然环境也是人类社会存在和发展不可或缺的条件。清洁的空气、洁净的水、没有污染的土壤等都是人类生活应当具备的条件。所以,人类经济社会的可持续发展不能离开自然资源和良好的自然环境的支撑。然而,目前的现实是,这两个支撑正在受到威胁或破坏。而威胁或破坏两个“支撑”的正是人类本身。因此,环境法的最终目的应当是通过规范人们的行为,使这两个“支撑”能摆脱危机,并不断增强,使人类经济社会的可持续发展具有科学保障。

环境法的立法目的①在宪法②、环境基本法、单行法中均有所体现。如《海洋环境保护法》(2017)第1条规定:“……维护生态平衡,保障人体健康,促进经济和社会的可持续发展……”《防沙治沙法》(2018)第1条

① 环境法的立法目的是指国家在制定或认可环境法时希望达到的目的或实现的结果。环境法的立法目的决定着整个环境法的指导思想、法律的调整对象,也决定着环境法的适用效能。它是立法者对环境法所要追求的价值的最直接、最明确的表达,当然它也反映了环境法的发展程度和人类对于自然的态度。各国的环境立法都对此予以了较高的重视,并多数在立法中以法规的形式予以表示。

② 我国《宪法》第26条第1款规定:“国家保护和改善生活环境和生态环境,防治污染和其他公害。”第9条第2款第1句规定:“国家保障自然资源的合理利用,保护珍贵的动物和植物。”

规定:“为预防土地沙化,治理沙化土地,维护生态安全……”总结来说,环境法的目的有这几种:保障人体健康;防治污染和其他公害;经济社会可持续发展;协调人与环境的关系;保护和改善环境。① 美国《1969 年国家环境政策法》(National Environmental Policy Act,1969)第 2 条第 2 款更为直接地点出环境法亦具有文化性目标,“保证为全体国人创造安全、健康、富有生产力并在美学和文化上优美多姿的环境”。上文说到文化多样性具有如下目的:保存文化遗产、保护弱势文化主体权利、保证平等表达文化的自由、保护多彩的文化世界。可以看出文化多样性的目的与环境法的目的存在重合:首先,文化多样性保护弱者权利,保证所有人平等、自由的表达权利,这些均符合环境法的价值;其次,环境法所保护的环境包括文化环境,即也有保存文化遗产的目的和宗旨;最后,环境法所追求的经济社会可持续发展、人与环境的和谐状态,与文化多样性保护多彩多样的世界不谋而合。

(二)内容具有一致性:人的基本权利

“人权”,即人之为人所应该享有的基本权利。人权的内容随着我们认知的变化而不断被扩充,现在被国际社会普遍认可的权利有生命权、健康权、人格尊严权、平等权、自由权、财产权、文化权利等。② 一些新兴的权利,如发展权、环境权也逐渐被接受,在某些国家的宪法中明确规定发展权、环境权作为一项基本人权,并且国家有义务实现这些权利。例如,公民享有获得生态平衡的环境的权利在《巴西宪法》中被确认为是一项基本权利:《巴西宪法》第 225 条与第 5 条第Ⅱ项赋予环境权一种个人和集体基础权利的地位,并且将环境保护列为巴西的基本目标之一。个人有权利“……获得生态平衡的环境,这种环境是一种公共资源而且是健康的生活质量所必须的”,而国家和集体有义务使权利产生实效。除了在“宪法的社会秩序”一章中实现了巴西法律体系中环境保护的宪法化以外,《巴西宪法》(1967)还将环境保护与其他宪法权利联系了起来,包括

---

① 参见秦天宝主编:《环境法:制度·学说·案例》,武汉大学出版社 2013 年版,第 20 页。
② 参见何秉松、张平吾:《人权防卫论刑事政策新思潮》,载《海峡两岸应急管理学会》2016 年第 2 期。

第216条第Ⅴ项(文化权利)。①

1948年12月10日联合国大会通过和宣布了《世界人权宣言》。宣言以清楚和简单的术语宣称平等适用于所有人类的基本权利。后于1966年通过两个人权公约。《公民权利和政治权利国际公约》(1966)详细阐述了个人和组织的基本民事和政治权利。联合国人权委员会指出国家保护生存权的义务即要求减少婴儿死亡率、免于营养不良和地方病所安排的积极措施,这些措施很清楚地关涉环境保护。如果某国接受了《公民权利和政治权利国际公约》(1966)的第一个可选择性议定书,则人权委员会可以听取个人对缔约国的诉求。据此委员会发现加拿大市民宣称在他们居住地附近储藏的放射性废物威胁到现在和将来一代人的生存权,产生出"涉及缔约国保护人类生存权的严重事宜",即便该案件被宣称不能作为正式理由被承认。《经济、社会和文化权利国际公约》(1966)规定了个人和组织的基本经济、社会和文化的权利,经济、社会和文化的权利委员会监督这个公约的实施。乌克兰据此公约于1995年报告了切尔诺贝利核反应堆爆炸后的环境后果。委员会成员还可以要求缔约国提供威胁人权的环境损害的特殊信息。例如,要求波兰在1989年提供防治污染的措施,特别是西里西亚上游的情况。

1994年,联合国人权和环境保护国际专家小组在日内瓦召开会议起草了第一个关于人权和环境原则宣言——《关于人权和环境的原则宣言草案》(以下简称《宣言草案》)。《宣言草案》(1994)包括在关于人权和环境防止歧视和保护少数民族分会的最终的报告,该报告由特别起草人科桑提尼夫人在同一年发表。《宣言草案》(1994)是第一个综合地解决人权和环境之间联系的国际文件。《宣言草案》(1994)确认人权和环境原则体现在每个人有关安全、健康和生态友好环境的权利之中。由非洲统一组织(Organization of African Unity,OAU)通过并于1986年生效的

① 有关将环境与其他主题和基本权利相联系的宪法条款,参见以下范例:第7条第Ⅹ、Ⅻ项和第200条第Ⅷ项(劳动权);第170条第Ⅵ项(经济秩序及行动自治);第186条第Ⅱ项(财产权);第200条第Ⅷ项(健康权);第216条第Ⅴ项(文化权利);第220条第(3)款第Ⅱ项(社交);第225条第(1)款第Ⅵ项(受教育权);第231条第(1)款(原住民权利)。

《非洲人权和民族权宪章》(African Charter on Human and Peoples' Rights,1981)列出传统的民事和政治权利目录,包括经济、社会和文化的权利,也是第一个包含环境权利的文件。

人权可以划分为实体性权利和程序性权利。以下实体性权利可能受到环境退化的影响:(1)生存权,是人权中最为重要和基本的权利。生存权作扩大解释可以涉及健康和福利权。每年超过200万人死亡和数以亿计的疾病归因于污染环境问题。约500万人主要是贫困农村地区的妇女和儿童。每年约5亿人的早亡可以归因于城市中高污染水平。据估计臭氧层的破坏将导致30万例的皮肤癌和170万例白内障。(2)在欧洲人权制度中,尊重隐私和家庭生活的权利被成功地援引对抗严重污染。(3)使用和享受财产的权利。(4)体面环境的权利在两个地区人权条约中明确确认,即《非洲人权和民族权宪章》(African Charter on Human and Peoples' Rights,1981)和《美洲人权公约补充议定书》(1988)。(5)自我决定权。(6)文化表达权和宗教权。1948年《美洲人的权利和义务宣言》中提到,因为文化是精神发展的最高社会和历史表述,这是人类的职责在其能力范围内保护、实践和促进文化发展。程序性权利是实体性权利的关键补充,程序性权利可以使得人们能够积极地保护他们的权利成为可能。促进环境保护程序性权利包括:(1)知情权,(2)参与权,(3)平等保护和免于歧视的权利,(4)获得司法救济请求权。

环境法所保障的基本人权有生命权、健康权、人格尊严权、平等权,国际环境法中也认为环境法还具有保护文化权利的作用,如知情权、参与治理权和求得补偿权;文化多样性的内容涉及对文化权利、平等权的保护,可能还涉及人格尊严权。首先,对基本人权的保护范围,二者有重合交叉;其次,环境法与文化多样性所保护的权利内容同属基本人权,均是国家应为其国民所保障的权益。

(三)性质具有一致性:人类公共事务

文化多样性与环境保护同样作为人类公共事务。"common heritage of mankind"可以翻译为"人类共同遗产"。"人类共同遗产"一词第一次在国际法上的使用是在联合国大会上，用来保护海床及深海资源。① “人类共同遗产”和“人类共同关注”的观念反映了我们不断意识到，生物圈和在此基础上产生的环境问题、全球环境问题的本质以及这些问题重要性的互相依赖性。环境问题是全人类共同面对的问题，如气候变化等具有全球性，国际社会在环境事务上具有共同利益。保护、维持和提高自然环境，特别是合理地管理气候系统、生态多样性和地球上的动植物普遍被认为是人类共同关注的事务，隐含在共同关注观念中的基本假设包括这样的意思，即国家和其他参与者不应该对国内关注的事宜产生危害，国家和其他参与者享有解决共同关注事宜的责任。外层空间和天体、海床、海底和底土因此超越国家司法管辖的范围一般地被作为人类共同遗产。

塞内加尔的戈雷岛是奴隶制度的见证。海地的古城堡是自由的象征，它是由获得自由的奴隶建造的。这些文化遗产各不相同，但是，它们具有一个共同点，即它们与许多其他遗迹一起构成独一无二的历史见证，是珍贵的人类共同遗产。它们的消失对于全人类来说是无法弥补的损失。文化遗产和自然遗迹是无价之宝、不可替代的财产，不仅属于其所在国家，更属于人类整体。这些珍贵财产的退化或消失，将造成全人类遗产的枯竭。这中间有部分遗产因为其独特品质，被认为具有“突出的普遍价值”而应给予特殊的保护免于面对日渐增加的威胁。位于不同国家的文化遗产和自然遗迹中有部分具有普遍的重要意义，因此需要作为全人类世界遗产加以保护。联合国教科文组织《文化多样性宣言》(2001)和《文化多样性公约》(2005)强调文化多样性是人类珍贵的共同遗产。② 正因如此，《世界遗产公约》积极与其他生物多样性相关环境多边协定合作。

---

① See Baslar and Kemal, *The Concept of the Common Heritage of Mankind in International Law*, M. Nijhoff Publishers, 1998, p. 12.

② 《文化多样性宣言》(2005)第1条承认，文化在不同的时代和不同的地方具有各种不同的表现形式。这种多样性的具体表现是构成人类的各群体和各社会的特性所具有的独特性和多样化。文化多样性是交流、革新和创作的源泉，对人类来讲就像生物多样性对维持生物平衡那样必不可少。从这个意义上讲，文化多样性是人类的共同遗产，应当从当代人和子孙后代的利益考虑予以承认和肯定。

世界遗产中心和拉姆萨尔管理局于 1999 年签订了一个谅解备忘录。由世界遗产中心官员领导拉姆萨尔管理局自然遗迹处密切合作处理以下事宜:根据《世界遗产公约》(1972)和《国际湿地公约》(1971)的规定促进对湿地遗产的提名;审查报告形式和协调关于两个公约共享遗迹的报告;协助两个公约的培训工作;协调关于共享遗迹的筹款行动;鼓励建立国家合作委员会。

(四)手段具有一致性:公众普遍参与

公众参与对文化多样性与环境法至关重要是由其人类共同事务的性质决定的。文化生活的参与、文化成果的创造、文化形式的表达、文化交流的参与均以人为载体,公众参与对文化多样性的保护与促进是至关重要的实现手段。根据《文化多样性公约》(2005),文化多样性所鼓励的公众参与主体十分广泛,有少数民族、原住民、妇女、艺术家及其他参与文化创作的人员及社会群体。①

公众参与是环境法中一项重要的基本原则,国际环境条约及各国国内环境法均规定了公众参与的实施及促进措施。由于公众是环境公害的直接受害者,对环境状况最了解、最敏感,是完善和实施环境法制的根本动力来源,因此无论在理论上还是在实践中,国际社会与世界各国都十分重视社会公众在环境法实施过程中的重要作用,强调维护公众正当的环境权益,特别是知情权、参与权和获得救济权等程序意义上的环境权,使行政机关、司法机关等的公力实施与公民私力实施密切配合,以求收到良好的实施效果。②《里约环境与发展宣言》(1992)规定了环境治理的公众

① 联合国教科文组织《文化多样性公约》(2005)在第 7 条规定了促进和保护文化表现多样性的具体措施:"促进文化表现形式的措施有,缔约方应努力在其境内创造环境,鼓励个人和社会群体创作、生产、传播、销售和获取他们自己的文化表现形式,同时对妇女及不同社会群体,包括少数民族和原住民的特殊情况和需求给予应有的重视;获取本国境内及世界其他国家的各种不同的文化表现形式。缔约方还应努力承认艺术家、参与创作活动的其他人员、文化界以及支持他们工作的有关组织的重要贡献,以及他们在培育文化表现形式多样性方面的核心作用。"

② 参见曲向荣主编:《环境保护与可持续发展》(第 2 版),清华大学出版社 2014 年版,第 234 页。

参与①,原则10支持个人在国家法院和仲裁之前发挥实施国家环境法律的角色。《21世纪议程》(1992)第23~32、36章强调所有群体参与的重要性,在具有法律约束力的国际环境文件中,确保这些被认为在政治处于不利地位族群参与决策过程。而且,必须鼓励妇女和其他易受损害和处于不利地位的族群参与关于他们环境开发的决策。我国的公众参与权主要规定在《环境保护法》(2015)第五章中②。环境法作为公法性质很强的法律部门,其法律规范主要通过国家强制力自上而下推行。但在公共管理中,越来越注重公众的意见。公众参与作为一种新的民主形式,标志着一个国家的民主化程度,现在被广泛地应用于公共事务的管理实践中。实践表明,实行公众参与,是强化环境法实施的重要手段,各有关部门要提供群众参与环境保护的途径,尊重和采纳群众的合理要求;广大群众要学会运用环境保护法来保护自身的环境权益。

---

① 《里约环境与发展宣言》(1992)原则10强调:"环境问题最好是在有关市民的参与下,在有关级别上加以处理。在国家一级,每个人都应有权适当地获得公共当局所持有的关于环境的资料,包括在其社区内的危险物质和活动的资料,并有机会参与各项决策进程。各国应通过广泛提供资料来便于和鼓励公众的认识和参与,应让人人都能有效地使用司法和行政程序,包括补偿和补救程序。"

② 我国《环境保护法》(2015)第五章"信息公开和公众参与"包括第53~58条,规定了公民、法人和其他组织的环境信息获取权、环境保护参与权,对环境污染、破坏行为的监督权及诉权。

第三章　环境法中文化多样性保护的规范形式展现

尊重与保护文化多样性是环境法的目的之一;文化多样性的繁荣能促进环境法使命的实现,在大多数时候二者关系和谐。在环境法律规范与环境法律制度中,文化多样性同时以被保护者与促进者的姿态存在着,化为环境法的指导思想,融入环境法的原则,并构成环境法的制度。

第一节　环境法理念中的文化多样性尊重

一、可持续发展理念

如今,可持续发展理念已为国际社会及大部分国家所普遍接受,并被写入了国际环境法律文件及国内法中。《我们共同的未来》(1987)提出了"可持续发展"概念[①];《里约环境与发展宣言》(1992)提出了"可持续发展基本原则27条";《21世纪议程》(1992)是在

---

① 可持续发展,是指满足当代人的需要,又不损害子孙后代满足其自身需求的能力的经济、社会与环境的可持续发展道路。

全球、区域和国家层面实现可持续发展的行动纲领[①]。可持续发展理念旨在将环境与发展统一在国家政策和实践中,实行建立在合理的社会、生态、经济和科学的原则之上的,综合的、可执行的、有效的管理。

可持续发展原则的特征在《21 世纪议程》(1992)和《里约环境与发展宣言》(1992)进一步得到澄清,《里约环境与发展宣言》(1992)原则 25 声明:"和平、发展和环境保护互相联系、不可分离。"原则 4 和原则 25 在不同领域的政策和行为,包括环境保护必须整合以实现可持续发展,它们还清楚地说明改进社会的努力,包括保护环境、取得和平和获得经济发展是互相联系的。整合和互相联系的观念在 2002 年《约翰内斯堡可持续发展宣言》第 5 段被确认,其宣称:"我们承担集体责任提高和加强互相联系,在当地、国家、地区和全球层次上相互支持加强可持续发展(经济发展、社会发展和环境保护)。"在约翰内斯堡世界可持续发展峰会上,整合或综合是讨论的主要题目,特别强调根除贫穷,千年发展目标(MDGs)承诺之七("确保可持续发展"),是"将可持续发展原则整合进入国家政策和计划中……"《千年宣言》(2000)第 30 段认为,需要更大的政策一致性和不断增加的多边国际组织合作,诸如联合国、世界银行和世界贸易组织等机构。在国家层面上,综合环境问题通常与其他政策领域的观念形成程序性规则而由立法和行政部门适用,该观念还是很多国家可持续发展战略的基本出发点,未来将见证持续增加的对"可持续发展法"的注意,"可持续发展法"将考虑所有范围的行为适当地综合到环境、经济和社会考虑之中。这还是考虑长期战略所必须的,包括环境的适用和社会影响评价、风险分析、成本效益分析和自然资源会计。

可持续发展相关法律文件中明确提到文化多样性的价值与作用。可持续发展理念要求综合考虑环境、社会、经济发展,社会的效益包括了人类文化权利的实现,《哥本哈根社会发展宣言》(1995)第 6 段进行了更加清楚的表述,序言部分声明:"经济发展、社会发展和环境保护互相联系、

---

① 《21 世纪议程》(1992)指出:"确保在各级决策和所有部门之中将经济、社会和环境考虑结合起来","总目标是根据国家的具体条件,通过适当的法律法规政策、文件和执行机制,来促进国家、州(省)和地办各级的环境与发展政策结合"。

互相促进构成可持续发展,这是我们为全人类努力取得更高生活质量的基本工作方针……”可持续发展包括了民主的要求,特别是对少数族群、原住民等文化弱势群体的知情权、参与权与决策权的保障,如“可持续发展影响评价”,它将环境、社会和经济方面考虑进去,综合环境、社会、经济政策还要求在政府决策过程中透明和广泛的公众参与。

在1992年以前,我国环境保护法的一些原则、制度和措施就体现了可持续发展的思想[①],但明确提出和较充分体现这一特点的,要在1992年联合国环境与发展大会之后。经修订后颁布的《大气污染防治法》(2018)[②]、《防沙治沙法》(2018)、《清洁生产促进法》(2012)、《海洋环境保护法》(2017)等,都明确规定了可持续发展的思想。从法律原则看,有环境保护与经济、社会发展相协调原则和预防为主原则等。从法律制度看,有环境影响评价、征收生态补偿费、污染物排放总量控制、淘汰落后设备工艺和实行清洁生产等。从保护和防治措施看,有鼓励开采和使用清洁能源、推广清洁生产工艺,禁止生产、使用有毒建筑、装修材料,在长江与黄河上、中游全面停止砍伐树木、保护湿地,退耕还林还草还湖,把生态恢复和建设列为开发大西北的首要措施等。从法律责任看,普遍规定了责令限期改正、责令补种、责令限期治理、停业、关闭污染严重的企业事业单位等。

二、环境善治思想

善治(good governance)是国际环境法上的一个基本原则,善治是法治(rule of law)的内在要求之一,要求建立在法治基础之上依良法而善治。法治,字面上来说是依法而治,即依据法律的国家治理模式。英国哲学家洛克(John Locke)说:“法无禁止即自由;法无授权不可为。法治,是

---

① 我国从《环境保护法(试行)》(1979)至现行的环境保护法律、法规中,都规定有环境保护与经济、社会协调发展原则和环境影响评价制度等,其中的“协调发展”就含有“可持续发展”的思想,而环境影响评价制度等则是其具体化。

② 如《大气污染防治法》(2018)第1条规定:“为保护和改善环境,防治大气污染,保障公众健康,推进生态文明建设,促进经济社会可持续发展,制定本法。”

给公民以最充分的自由,是给政府以尽可能小的权力。法治社会的真谛在于:公民的权利必须保护,政府的权力必须限制,与此背离的就不是法治社会。"[①]法治概念包含多重内涵。[②] 环境法治,是指将环境保护纳入法治轨道,环境保护应严格依法进行。环境法治要求较为完善的环境法体系,环境法能得到严格执行与遵守,严格追究环境法责任。[③] 也就是说,依良法而善治是环境法治的本质要求。

首先,环境法体系完善且具有正当性,正当性来自形式与内容的合法性,即环境良法应具有合规律性与合理性。其次,要实施环境善治。善治的观念是一个相对新的观念,反映了不断增长的透明、负责、诚实治理、可持续发展的重要性,这个观念意味着,国家和国际组织应该:(1)采用民族和透明的决策程序和金融责任;(2)采取实际措施减少政府和其他方面的腐败;(3)在他们处理事务时遵守正当程序和服从法治原则;(4)保护人权。善治不仅意味着市民有权获得由政府和国际组织实施的善治,而且非政府参加者,包括商业企业、非政府组织应该服从国际民主治理和实际责任,此外,善治号召社会合作责任和有责任的社会投资作为全球市场持续性存在的前提,因为全球市场将在全社会达到充分地公平分配。善治要求充分尊重1992年《里约环境与发展宣言》,包括妇女参与各个层面的决策。善治的取得本质上是不断提高的发展、与可持续发展相关的国际国内法律编纂和实施。千年发展目标将全球发展伙伴关系作为目标

---

① [英]洛克:《政府论两篇》,赵伯英译,陕西人民出版社2004年版,第16页。

② 首先,法治是一种观念,一种意识,一种视法为最高权威的理念和文化。这种观念、意识、理念和文化尊崇以社会集体成员的意志为内容而形成的规则体系。它重视个人在社会中的价值和尊严,但排斥个人在社会运行机制中的权威地位。其次,法治是一种价值的体现。法治不但要求一个社会的成员遵从具有普遍性特征的法,而且还要求这种被普遍遵从的法必须是好法、良法、善法。也即法治之法包含着民主、自由、人权、平等、公平、正义等等人类价值要素。因此,法治使人类对法律提出了更高的要求,它使立法者在法律制定之后必须接受价值的评判和检验。最后,法治是一种以"法的统治"为特征的社会统治方式和治理方式,它并不排斥社会道德等对人们内心的影响和外在行为的约束,但它排斥以个人为轴心的统治方式。它奉行"人变道不变"的政治哲学原则。法治社会中评判人们外在行为的标准是法律。表面看它似乎低于道德标准,但它更有利于社会文明的发展,从最终目标上看是向道德准则的接近和迈进。

③ 参见王树义、周迪:《生态文明建设与环境法治》,载《中国高校社会科学》2014年第2期。

之一,“更加发展公开的、基于规则的、可预测的、非歧视贸易和财政体系,包括在国内和国际的善治、发展、消减贫困的承诺”。这就确保了尊重广大人民的尊严和维护公民的不可分割的权利。民主还体现在“法律干预”与“法律参与”两个基本指标之上:法律是否过于干预公共领域与公民私人生活领域;法律对公众参与程度的规定,公民是否具有参与法律生活的能动性或主动性。

可以看出,环境法治思想中表现出来对文化多样性的保护与尊重主要是:实施符合正义价值的环境法来进行社会资源的分配,保护推行惠及所有人(特别是弱势文化群体)的公平政策和制度,维护大众的普遍利益(包括环境的与文化的);环境治理要避免强势利益团体对弱势文化群体的蚕食。同时,根据斐迪南·腾尼斯(Ferdinand Tonnies)的理论①,在现代多元化社会里,善治要求国家、社会、公民相互合作、协同治理,实现多元共治。

三、生态文明观

我国于2006年批准了《文化多样性公约》②,给国家与政府设置了尊重和保护文化多样性的义务。同时,我国正在全面进行生态文明建设。文化多样性保护与生态文明建设二者的内涵及要求存在一致性与耦合性,使我们能兼顾国际义务与国内建设,实现协同管理、协调发展。

(一)生态文明概念之内涵

“生态文明”概念首次出现在正式法律规范性文件中是1999年11月1日国家环境保护总局(现生态环境部)发布的《关于加强农村生态环境

---

① 在个体的原子化存在、阶层和特殊利益集团存在的现代社会,要促进社会公共利益最大化,必须要有反映和代表社会公共利益的法律给予强力保障。因为在现代市场经济社会,个体的原子存在方式使“社会”成为分离个体的机械,聚集社会成员因职业、收入、社会地位等形成的各个阶层、利益集团,利益诉求不仅具有多样性,而且具有特殊性,因而,要避免特殊利益集团或强势利益集团对其他阶层或弱势群体利益的蚕食,必须要制定和实行代表广大人民群众共同利益的法律、法规,唯有如此,才能实现法治的善治目的。[德]费迪南·滕尼斯:《社区与社会》,顾海萍译,载《都市文化研究》2007年第2期。

② 由第十届全国人民代表大会常务委员会第二十五次会议决定:批准于2005年10月20日在第33届联合国教科文组织大会上通过的《文化多样性公约》。

保护工作的若干意见》,意见要求“开展环境综合整治,创建生态文明村镇”。2007 年中国共产党第十七次与 2012 年第十八次全国代表大会报告均提出建设生态文明的要求。①

所谓生态文明(Ecological Civilization),是指人类在利用客观物质世界以满足自己日益增长的物质和文化需要的同时,尊重自然规律,尽量避免或克服其活动对自然界所造成的不良影响,在保护生态环境的良好品质,保障可更新自然资源的再生条件以及维护环境正义等方面所取得的物质、精神和制度成果的总和。② 不难看出,文明是其本质属性。“文明”与“野蛮”“落后”相对应,指进步的文化形态和价值选择。③ 文明是经过价值选择后的文化,文明相比文化,具有一种导向性。文化如果从广义上被理解为生活方式,则文明是一种为价值观所倡导的生活方式。

生态文明可以理解为生态环境友好型的生活方式。党的十八大以来,习近平总书记针对新时期的生态文明建设提出许多新思想、新观点、新论断,并将其提升至治国理政的战略高度,强调要把生态文明建设的价值理念方法贯彻到中国特色社会主义建设的全过程和各个方面。根据习近平新时代中国特色社会主义生态文明思想的主旨,生态文明并不能简单等同于环境保护,更是人与自然、人与人、人与社会和谐共生、良性循环、全面发展、持续繁荣为基本宗旨的文化伦理形态。生态文明所导向的是一种“生产发展、生活富裕、生态良好的生活方式”④。生态文明观是指

① 2007 年中国共产党第十七次全国代表大会报告提出:“建设生态文明,基本形成节约能源资源和保护生态环境的产业结构、增长方式、消费模式。循环经济形成较大规模,可再生能源比重显著上升。主要污染物排放得到有效控制,生态环境质量明显改善。生态文明观念在全社会牢固树立。”参见胡锦涛:《高举中国特色社会主义伟大旗帜 为争取全面建设小康社会新胜利而奋斗》,人民出版社 2009 年版,第 20 页。2012 年党的十八大报告提出:“建设生态文明,是关系人民福祉、关乎民族未来的长远大计。面对资源约束趋紧、环境污染严重、生态系统退化的严峻形势,必须树立尊重自然、顺应自然、保护自然的生态文明理念,把生态文明建设放在突出地位,融入经济建设、政治建设、文化建设、社会建设各方面和全过程,努力建设美丽中国,实现中华民族永续发展。”参见胡锦涛:《坚定不移沿着中国特色社会主义道路前进 为全面建成小康社会而奋斗》,人民出版社 2012 年版,第 39 页。

② 参见宋林飞:《生态文明理论与实践》,载《南京社会科学》2007 年第 12 期。

③ 参见[法]基佐:《欧洲文明史》,程洪逵、沅芷译,商务印书馆 2005 年版,第 10 ~ 12 页。

④ 王灿发:《论生态文明建设法律保障体系的构建》,载《中国法学》2014 年第 3 期。

人类遵循人、自然、社会和谐发展这一客观规律而取得的物质与精神成果的总和,是一种可持续的文明观。

（二）生态文明建设的指导思想、原则及措施

生态文明建设的指导思想包括:(1)尊重、顺应、保护自然;(2)发展和保护相统一;(3)绿水青山为人类生存所必需;(4)自然生态价值就是资本;(5)把握人口、经济、资源环境的平衡点;(6)按照生态系统的整体性、系统性统筹考虑自然生态各要素。①

贯穿生态文明建设的原则有:(1)保障人民的自然资源资产收益权;(2)城乡环境统一治理;(3)激励和约束并举;(4)深化国际交流,充分借鉴先进技术和体制机制建设有益经验,积极参与全球环境治理,承担相应的国际责任。②

《生态文明体制改革总体方案》(2015)(以下简称《方案》)还为生态文明建设制定了一系列具体的目标及措施,其中比较关键的一项是加强公众参与以及公众参与的前提条件——信息公开制度。《方案》还把培育生态文化提到一个重要的位置:“应加强舆论引导……培育普及生态文化,提高生态文明意识……形成崇尚生态文明……的良好氛围。”③

（三）文化多样性保护与生态文明建设的协作与统一

1. 文化多样性保护协助生态文明建设目标的实现

传统文化(Traditional culture)中的“传统”意味着历史上形成,沿用至今,传统文化可以被理解为文化遗产。这些文化遗产产生于工业革命之前,人的生产生活对自然具有巨大的依赖性,是人与自然天生和谐的时期。文化多样性中各文化的传统文化,具有与当地生态相依存、相和谐的先天优势。《文化多样性公约》序言第 8 条承认传统知识(特别是原住民知识)对可持续发展的重要性及其保护和促进的必要。很多国家与地区

① 参见 2015 年 9 月 21 日中共中央、国务院《生态文明体制改革总体方案》第一部分生态文明体制改革的总体要求,第(二)项生态文明体制改革的理念。

② 参见 2015 年 9 月 21 日中共中央、国务院《生态文明体制改革总体方案》第一部分生态文明体制改革的总体要求,第(三)项生态文明体制改革的原则。

③ 参见 2015 年 9 月 21 日中共中央、国务院《生态文明体制改革总体方案》第十部分生态文明体制改革的实施保障。

的传统文化(特别是少数民族、原住民的文化)饱含生态智慧,诸如此类生态友好型的文化,正是生态文明建设的内容,保护文化多样性的要求在此与生态文明建设内容实现了一致。

此外,生态文明建设的目的是实现人与自然和谐的可持续发展,而文化多样性能给予巨大的助力。[①] 不少学者注意到文化多样性与生物多样性息息相关,如罗康隆研究员所著《论文化多样性与生态维护》、胡鸿保与黄娟所著《文化多样性与可持续发展——理解环境问题的人类学视角》等文章均从各自的领域及视角阐述了文化多样性与生态多样性的密切联系。人类文化最初的多样性是在不同自然环境中形成的;而且,文化依然持续对自然生态影响。人类文化多样性导致资源利用的多样化,有利于分散人类社会对地球资源的压力,实现对生态环境的维护,提高人类社会发展的可持续能力[②],从而协助完成生态文明建设的生态环境保护目标。

2. 生态文明建设指导文化多样性保护

文化多样性是一个事实,即现实存在的状态,其本身并不带有任何价值判断也无人为干预,但文化多样性的保护是有倾向性的。《文化多样性公约》明确了保护文化多样性要受到国际人权法限制的态度。即文化多样性的保护对象其实是剔除了文化中为国际社会所不认同的、野蛮的因素之后的多种文化。我国的核心价值观与态度也是如此,中国与俄罗斯于2015年5月25日在俄罗斯发表的联合声明指出:中俄将继续尊重文明和文化多样性。[③] 我们国家尊重的不仅仅是一般事实意义上的文化多样性,而是"尊重文明和文化多样性",可以理解为在尊重文明基础上的

---

① 参见王树义、周迪:《生态文明建设与环境法治》,载《中国高校社会科学》2014年第2期。

② 参见罗康隆:《论文化多样性与生态维护》,载《吉首大学学报(社会科学版)》2007年第2期。

③ 中国与俄罗斯于2015年5月25日在俄罗斯进行第十一轮战略安全磋商发表的《关于第二次世界大战胜利及联合国成立70周年的联合声明》指出:"……中国和俄罗斯愿将继续在集体协商、尊重文明和文化多样性原则上推动国际关系和国际秩序朝着公正合理的方向发展,维护国际和平与安全,促进可持续发展。"

文化多样性,并且,“推动国际关系和国际秩序朝着公正合理的方向发展”,带有着明显的公正的价值指向。

生态文明内涵带有着价值判断与导向性,对文化进行人为的筛选,对文化多样性保护进行指导的工具正是生态文明建设。中共中央、国务院《关于加快推进生态文明建设的意见》(2015)包括这样一项基本原则:“将生态文明纳入社会主义核心价值体系……倡导绿色低碳、文明健康的生活方式……”

3. 文化多样性保护与生态文明建设的趋向一致

文化多样性保护要求促进文化交流,保障个人文化权利与自由,并将文化发展纳入国家、国际发展战略。① 2006 年 9 月 14 日文化部(现文化和旅游部)印发的《文化建设“十一五”规划》中指出:“‘十一五’是文化建设的重要时期……经济全球化趋势的深入发展和科技的不断进步,既凸显了维护文化多样性和文化安全的重要性,也为吸收、借鉴外国优秀文化创造了更好的条件。”该规划在第 6 部分“扩大文化交流与合作中,提高文化交流质量和水平”中指出:应加强与联合国教科文组织及其他国际文化组织的联系与合作。积极参与各种国际文化活动。可以看出,在我国文化多样性保护属于文化建设范畴,是文化建设的一个重要内容。此外,根据党的十八大报告②,文化建设与生态文明建设同为“五位一体”③总体布局的组成部分。依“五位一体”总体布局的要求,生态文明建设与经济建设、政治建设、文化建设、社会建设这四大建设是辩证统一、相互支撑的关系。文化多样性保护与生态文明建设在“五位一体”的发展模式

① 《文化多样性公约》序言第 6 条强调需要把文化作为一个战略要素纳入国家和国际发展政策,以及国际发展合作之中。

② 党的十八大报告提出要把“生态文明建设放在突出地位,融入经济建设、政治建设、文化建设、社会建设各方面和全过程”。

③ 中国共产党第十八次全国代表大会报告提出:“建设中国特色社会主义,总依据是社会主义初级阶段,总布局是五位一体,总任务是实现社会主义现代化和中华民族伟大复兴……必须更加自觉地把全面协调可持续作为深入贯彻落实科学发展观的基本要求,全面落实经济建设、政治建设、文化建设、社会建设、生态文明建设五位一体总体布局,促进现代化建设各方面相协调,促进生产关系与生产力、上层建筑与经济基础相协调,不断开拓生产发展、生活富裕、生态良好的文明发展道路。”

中实现了和谐统一。

第二节　环境法律原则中的文化多样性体现

一、协调发展原则

联合国《人类环境宣言》(1972)正式提出协调发展原则,该原则越来越广泛地为国际社会所接受。[①] 协调发展原则,又称“协调平衡原则”,[②]是可持续发展理念在我国环境法律原则上的体现。协调发展原则具有整体性要求。[③] 1994 年 3 月通过的《中国 21 世纪议程》从中国的具体国情出发,提出了协调发展的总体方案。我国《风景名胜区条例》(2016)从法律层面肯定了协调发展的理念。[④]

协调发展原则的贯彻实施情况可以通过环境影响评价制度进行预测。环境影响评价可以为确定某一地区的发展方向和规模提供科学依据,以取得最大的经济效益、社会效益和最小的环境影响。要考虑该地区的社会、经济和自然条件。社会条件包含当地的文化及文化多样性特征,如自然保护区、风景名胜区、名胜古迹、疗养区以及重要的文化设施状态及影响;生活居住区分布和人口情况及影响等。

阿根廷也有类似的协调发展原则。在原住民团体诉环境与可持续

---

① 《人类环境宣言》(1972)提出:“为这一代和将来的世世代代保护和改善人类环境……这个目标将同争取世界和平和全世界的经济社会发展这两个既定的目标共同和协调地实现。”

② 协调发展原则,又称“协调平衡原则”,是指环境保护与经济建设和社会发展统筹规划、同步实施、协调发展,实现经济效益、社会效益和环境效益的统一。参见韩德培主编:《环境保护法教程》(第 4 版),法律出版社 2005 年版,第 67 页。

③ 协调发展原则要求对发展过程中所涉及的各项利益都应均衡地加以考虑,以实现与人类生存和发展息息相关的经济、社会和环境三大利益的共生共赢、和谐发展。协调发展原则包括三个政策定向:一是问题定向,要求从整体上来看待发展中所涉及的各种共生利益关系问题,并策略性地加以解决;二是过程定向,以并重、协同、兼顾、调整以及共赢等手段和方法,科学地协调发展中的各种利益关系;三是目标定向,通过协调发展,实现互惠共赢。这三个定向,集中体现了协调发展原则的整体性要求。

④ 我国《风景名胜区条例》(2016)第 13 条第 1 款规定:“风景名胜区总体规划的编制,应当体现人与自然和谐相处、区域协调发展和经济社会全面进步的要求,坚持保护优先、开发服从保护的原则,突出风景名胜资源的自然特性、文化内涵和地方特色。”

发展部长[①]一案中,联邦最高法院必须作出决定:为命令停止在萨尔塔省(Salta)一个原住民团体(Wichi Hoktek T'Oi)居住的某些地区砍伐森林活动而适用安巴罗程序(Amparo)[②]是不是合适的救济手段。而省环境与可持续发展秘书处(the Provincial Environmental and Sustainable Development Secretary)已对该地区的森林采伐颁布了许可证。萨尔塔省最高法院(Supreme Court of Salta)因此认为:安巴罗程序并非适当的机制和救济手段,因为它只是即时的简易程序,只适用于证据与辩论存在某些限制的场合。[③] 然而,联邦最高法院不同意萨尔塔省最高法院的裁判。联邦最高法院裁定:当前存在争议的环境风险是现实的,且可能导致不可逆转的后果,其中包括生物多样性减少、气候变化、沙漠化以及可能进一步在社会—经济权利诸领域(如水资源获取、教育以及文化多样性保护)产生的负面影响。因此,联邦最高法院判令下级法院在本案中接受安巴罗作为合适的救济手段。联邦最高法院也认为依据"辩论与证据"的空间不足而否决该禁令,是对程序规则的过度遵从。[④] 判决指出:保持程序规则的适度灵活性非常必要,特别是在可能因砍伐森林而导致严重的环境后果时更为必要。司法机关利用这个裁判向其他政府部门和国家机构传递了一种明确的信息,即对于环境的考量可以超越严苛的程序规则的限制;环境保护不仅对保护自然环境十分重要,而且对保护社会和文化利益也很重要。而且,该判决反映了环境、社会和文化考量如何影响司法部

---

① See Comunidad indigena del pueblo Wichi Hoktek T'Oi v. Secretaria de medio ambiente y desarrollo sustentable (2002. 7. 11), (SC de la Nacion).

② 安巴罗(Amparo)是一个快捷的简易法律程序,起初由阿根廷联邦最高法院在 Kot, Samuel SRL s/Accion de amparo(1958 年 9 月 5 日)SC de la Nacion 以及 Siri, Angel, s./interpone recurso de habeas corpus(1957 年 12 月 27 日)SC de la Nacion 中适用。阿根廷《宪法》(1994)第 43 条作出了与此相关规定:在有关宪法保障方面,如果没有其他救济对抗政府当局或个人滥用权力或者违法作为或不作为,以至于对宪法、条约或法律认可的权利及其保障造成或者即将造成损害、限制、更改或者威胁,则任何人有权提起一个快捷的简易诉讼程序。

③ 在阿根廷司法体制中,安巴罗(Amparo)通常被认为是对证据(如任何一方当事人可申请的大量证据)以及辩论(在每个诉讼阶段讨论争议焦点的术语)做出某些限制的例外程序。这是一些法庭认为案件争议焦点很复杂时安巴罗并非解决争议的合适机制的原因所在。

④ See Comunidad indigena del pueblo Wichi Hoktek T'Oi v. Secretaria de medio ambiente y desrrollo sustentable (2002. 7. 11), (SC de la Nacion).

门理解并执行其程序与职责。

二、整体保护原则

整体保护原则强调一种整体主义的视角和方法论。因为整体并不是各部分的简单相加,整体还有整体的性质。以整体视角出发来认识部分,是可行且有成果的。甚至有些研究对象只能从整体来研究。于是,许多学科都产生了整体主义革命,要求打破“原子论式”的研究。协调发展原则/可持续发展原则其实也是一种整体保护的原则,它要求在一种宏观层面(全球范围、区域内、国家)经济、社会、环境各个方面全面的发展,更像是一种政策性的倡导,其政策意义大于法律意义①;而在具体法律条文中体现出来的整体保护原则,则更侧重于从生态学、环境科学的角度维护生态系统的整体性。整体保护理论可以追溯至可持续发展的理念。可持续发展理念的内在要求是保持生态环境、社会、经济的协调、平衡并共同发展。环境法对环境因素(如森林、草原及生活于其中的野生动植物)的保护一方面着眼于经济、社会、环境的整体发展;另一方面着重于因素之间与各因素内部的互动与联系,这种关联性使其能发挥生态效益以维护生态平衡。这种系统性、整体性视角在文化多样性保护中得到淋漓尽致的体现,将生态环境与文化看作一个整体,对传统文化本身、相关环境以及人进行的综合、立体、系统性保护,即综合生态管理。

“综合生态管理”(ecosystem management),意指在充分知晓生态系统的结构、功能和规律的基础之上,兼顾生态、经济、社会和文化的需要,采用多学科的知识和方法,对自然资源的利用、环境和生态系统的保护综合地采取行政、经济和社会的手段进行管理的策略和方式。② 综合生态管理始于对传统资源管理的反思与改进,自20年代40年代概念

① 关于协调发展原则的政策性,完整的论述可参见王继恒:《环境法协调发展原则新论》,载《暨南学报(哲学社会科学版)》2010年第1期。

② 综合生态管理的目的是保护和利用自然资源可持续性、生物多样性和生态系统的功能性和整体性,实现人与自然的和谐共处。参见杜群:《法治生态化转型与生态文明法律制度研究(专题讨论)》,载《哈尔滨工业大学学报(社会科学版)》2015年第4期。

被提出,[①]直至90年代理论壮大。[②] 到21世纪综合生态管理的理念被广为接受,《生物多样性公约》(1992)将其作为土地、水、生物资源管理的一项原则向世界推广。2002年全球环境基金(Global Environment Facility,GEF)将其作为一项业务规划,并于中国开展干旱生态系统土壤退化防治项目与长江上游生态系统项目[③],综合生态管理已进入实施阶段并初具成效。

综合生态管理关注生态、经济、社会、文化等多元化的对象,特别是少数民族、原住民等特殊群体的独特地位及作用;承认文化多样性是生态系统的核心构成要素。[④] 生态系统管理是一个社会进程,每个利益相关者都有获取信息并平等有效地参与决策过程的权利。要特别注意维护边缘化的群体(如少数民族、原住民等)不受歧视、压制或排挤,并应确保他们具备相应的参与能力。《生物多样性公约》(UNEP/CBD/COP/7/21,VII/11 生态系统方式)中,提出了12项基本原则,原则1确认了原住民的重要地位、权利和利益。原则11确认了传统知识的价值。重视乡土知识,群众的技术和技能。社区群众在长期的生产实践中,积累了丰富的传统可持续的土地利用方式,如有机农业、农林间作和管理技术。有些乡土知识还是地方文化的一个重要组成部分。生态系统方式应当考虑所有相关信息(如科学数据[⑤]、原住民地方性知识、技术和经验),并对来自不同知识体系和世界观的信息进行预先评估。应遵循《生物多样性公约》

---

① 综合生态管理思想萌芽于生态整体主义的哲学家如奥尔多·利奥波德(Aldo Leopold)、霍尔姆斯·罗尔斯顿(Holmes Rolston Ⅲ)。

② See Agee J. K. & Johnson D. R., *Ecosystem Management for Parks and Wilderness*, Environmental History Review, 1988; Grumbine R. E., *What Is Ecosystem Management?*, Conservation Biology, 2010, p. 27.

③ 参见蔡守秋、张百灵:《论综合生态系统管理与石漠化防治》,载《海峡法学》2009年第11期。

④ 2004年召开的《生物多样性公约》缔约方第七次会议,通过了关于生态系统方式(UNEP/CBD/COP/7/21,VII/11 生态系统方式)的决定;《生物多样性公约》第五次缔约方大会提出的"生态系统方式"的概念说明中提到,生物组织不仅包括有机体之间的基本结构、程序、功能、相互作用,还包括有机体之间的环境空间。

⑤ 科学数据、知识包括:"开发适宜的机制记录和普及各相关学科(包括自然科学和社会科学)和相关知识体系的信息,特别是基于当地情况和传统经验的信息。"

(1992)有关原住民传统知识的规定,将这些信息以适当的方式有效地提供给利益相关者及参与者。

另外,我国的文化遗产保护也需要遵守整体性保护的基本原则,风景名胜区的建筑、古园林、文物、遗址等人文景观与文化遗产要同其周围环境一并保护。①

三、因地制宜原则

"因地制宜",出自东汉赵晔撰《吴越春秋·阖闾内传》:"夫筑城郭,立仓库,因地制宜,岂有天气之数以威邻国者乎?"意思是根据各地的具体情况,制定适宜的办法。《清史稿·朱嶟传》中说:"惟各省情形不一,因地制宜,随时变通。""因地制宜"在我国的环境法律中经常出现②,既体现在依靠当地的文化多样性(传统知识、传统手段)进行环境治理,又体现在尊重当地的文化多样性实施环境法。土地资源因其位置的固定性③,只能就地利用,所以也必须坚持因地制宜的原则,确定合理的土地利用结构。

我国环境法学界普遍认为,我国的环境污染和生态破坏,主要是由于不合理开发利用自然资源造成的。什么是"合理"呢?合乎当地的地理、情理,大概就是因地制宜的意思了。环境标准即是因地制宜原则的突出表现,它是具有明显的阶段性和区域性特征的规划指标。但因地制宜原则在文化方面的体现则是在制定与实施环境法时要尊重当地的文化多样性,依照当地风俗习惯来进行环境治理。我国环境法中有依照当地文化要素来合理布局的规定,如《城市绿化条例》第10、12条规定,城市绿化规划要从实际出发,利用原有的地形、水体、植被和文化遗址等自然、人文条

① 国务院《关于加强文化遗产保护的通知》(2005)中要求"对文化遗产丰富且传统文化生态保持较完整的区域,要有计划地进行动态的整体性保护"。

② 例如,《水土保持法》(2010)第3条规定,水土保持工作实行预防为主、保护优先、全面规划、综合治理、因地制宜、突出重点、科学管理、注重效益的方针。《矿产资源法》(2009)第32条第2款第2句规定:"耕地、草原、林地因采矿受到破坏的,矿山企业应当因地制宜地采取复垦利用、植树种草或者其他利用措施。"

③ 即土地空间位置和形态特征的确定性,每块土地所处的经纬度、海拔高度、气象带等都是固定的。

件合理设置。城市绿化设计应体现民族风格和地方特色。《风景名胜区条例》(2016)第32条规定:风景名胜区管理机构应当根据风景名胜区的特点,保护民族民间传统文化,开展健康有益的游览观光和文化娱乐活动,普及历史文化和科学知识。

四、公众参与原则

公众参与原则①是一个为国际社会和各国立法、司法实践广为接受的普遍性原则,国际环境法上公众参与通常与信息公开联系在一起。公众参与原则是1992年《里约环境与发展宣言》的第10项原则:"环境事务应在所有利害关系人的参与下解决。国家的每个公民都应具有获取环境信息的权利及参与决策的机会。政府应该通过可得到的规范信息的方式帮助和鼓励公众意识和参与,使其能有效地启动并参与司法和行政程序,获得救济。"

公众参与原则要求信息公开(保障公众的知情权)、集体决策(保证公众的自主权)以及获得救济(保证公众的求偿权)。在文化多样性方面的具体体现主要是确保承载文化多样性的主体(文化弱势群体)的以上权利。《在环境问题上获得信息、公众参与决策和诉诸法律的公约》(也称《奥胡斯公约》)在联合国欧洲经济委员会(the United Nations Economic Commission for Europe,UNECE)帮助下于1998年通过,第一次缔约方会议于2002年举行。《奥胡斯公约》(1998)规定了环境决策的公众参与的综合性权利和获得环境信息的权利,包括要求和获得环境信息的权利和要求政府收集和传播信息的义务。《奥胡斯公约》(1998)还规定了公众和非政府组织在环境问题上获得司法救助的权利,非政府组织被赋予参与决策、要求信息披露和提起诉讼的权利。南非《2000年信息促进法》(Promotion of Access to Information Act,2000)详细地勾画出可得到什么样的信息和如何要求来自政府和私人企业的信息,并应根据《1989年环境法》的规定要

---

① 公众参与原则在我国叫作依靠群众保护环境的原则,是指各级人民政府应当发动和组织广大群众参与环境管理,并对污染、破坏环境的行为依法进行监督、检举和控告。它要求环境的国家管理和群众监督相结合,依法保护环境和人民群众的自觉维护相结合。

求对特定行为的环境影响评价。在我国,《环境质量报告》为了提高及时性和针对性,制作了公众版、简本和祥本三种。地方各级环境保护局、环境监测站和中国环境监测总站,需要向外单位提供环境监测报告、环境监测数据和其他有关资料时,应按规定履行审批手续,并适当收取成本费用。《大气污染防治法》(2018)第23条规定了定期发布大气环境质量状况公报和逐步开展大气环境质量预报工作两项制度。[①]

公众参与的主体范围有两个层次:一是当地人参与,二是全社会的参与。当地人参与更接近自治,所以参与的程度和范围一般高于全社会参与。典型如少数民族自治区的公众参与以及乡村村民自治。我国《村庄和集镇规划建设管理条例》(1993)规定了依靠群众、自力更生、因地制宜、量力而行、逐步建设等若干要点。民众参与决策过程,让他们对涉及自身利益的事务享有话语权;民众将是文化展示的主要力量,政府在这方面可以尽量配合,给予他们相应的便利;培训村民从事保护区的具体管理事务,尽可能地减少外来人员的干预,达到一种村人自治的状态。环境保护涉及各个地区和各个部门,关系到千家万户。它不仅是各级人民政府及其有关部门的重要任务,而且是企业、事业单位、社会团体和每个公民应尽的义务,是一项全民的事业。我国《环境保护法》(2014)第五章"信息公开和公众参与"的规则,就是这一原则的体现。此外还有,《水污染防治法》(2017)、《环境噪声污染防治法》(2018)和《建设项目环境保护管理条例》(2017)中"环境影响报告书中应有当地单位和居民的意见",以及国务院《关于环境保护若干问题的决定》(1996)中"建立公众参与机制,鼓励公众参与环境保护工作"。森林保护是一项社会性很强的工作,需要调动社会各方面的力量进行。《森林法》(2019)鼓励订立护林公约;组织群众护林;规定发生森林火灾时,要组织当地军民和有关部门扑救。

为贯彻此原则,各国纷纷在实践中建立了公众参与机制和程序,如群众举报制度、信访制度、听证制度、新闻舆论监督等,使广大群众和社会团

---

① 《大气污染防治法》(2018)第23条要求大、中城市环境保护行政主管部门应当定期发布大气环境质量状况公报,并逐步开展大气环境质量预报工作,为全国各地及时采取改善大气环境质量和预防大气污染事故危害的对策提供科学的情报。

体能够通过稳定的渠道表达各自的认识和意见。在制定环境保护政策和法律法规过程中,要广泛征求公众意见,保证决策的科学性和民主性,并通过立法来确立公众参与制度,使其得到法律保障。

五、惠益共享原则

惠益共享原则(access and benefit sharing regarding natural resources),是国际环境法上的一项基本原则。原则承认了原住民与当地社区文化的重要价值,鼓励他们对环境管理的广泛介入与参与并承诺利益的公平分享。许多原住民和当地社区依靠自然资源如森林、沙漠、湿地、水流和渔业维持他们的生活和生存。此外,原住民和当地社区通常具有与自然资源相结合的独特文化。特别是这些社区与当地资源形成可持续发展的方式,离开了这些资源,原住民的生活将消失或他们的文化将受到危害。就实践而言,原住民和当地社区的知识、他们的参与决策和他们的介入管理通常对于保护当地生态系统至关重要,为了合理的资源管理和为了更加广泛努力取得可持续发展,将原住民、当地社区传统文化和文化环境考虑进去,他们参与环境影响评价程序就是实现可持续发展的决策过程的有价值的范例。原住民和当地社区具有参加、参与管理、开发和保护他们赖以生存资源的权利。

《生物多样性公约》(1992)序言表明了缔约的目标和依据之一是“原住民和当地社群的传统生活方式同生物资源紧密相依,所以应与其公平分享利用与保护生物资源所得之惠益”。第 8 条(j)项规定,缔约方应该“根据国内立法,尊重、保存和维护原住民和地方社区体现传统生活方式而与生物多样性的保护和持久使用相关的知识、创新和做法并促进其广泛应用,由此等知识、创新和做法的拥有者认可和参与其事并鼓励公平地分享因利用此等知识、创新和做法而获得的惠益”。《里约环境与发展宣言》(1992)原则 22 承认了原住民传统知识与实践的价值,“原住民……的知识和传统习惯,在环境管理中起着重要的作用。各国应认同并支持其文化利益……”《21 世纪议程》(1992)的第 26 章对《里约环境与发展宣言》原则 22 进行进一步的明确规定。联合国《渔业资源议定书》(1995)第 24 条第(2)款(b)项要求各成员在建立保护和管理资源时考虑到确保发展中国家的原住民获得渔业资源的需要，特别是发展中的小岛国家，在国内层面里，除了标准立法为每一个人而保护财产权，几个国家宪法、立法或习惯法认可财产权，原住民和当地社区可以在他们的土地上行使权利，或使得原住民和当地社区参加决策程序。

第三节　环境法律规范要素中的文化多样性关注

文化多样性作为环境法保护的对象，主要体现在对象的多样性、主体的多样性及主体生产及生活行为的多样性。环境法的客体及保护对象为环境，这里环境是个广义概念，包含了很多要素。

一、环境法所保护的文化客体

（一）文化环境

环境法所涉及的文化环境有两种：一是指人类环境中含有文化因素的部分——文化的环境；二是文化遗产所赖以生存的环境——围绕文化的环境。直接在法条中明确写明保护文化环境的国家不多，阿根廷《环境基本法》第 2 条规定，国家环境政策目标包括保护环境资源（包括自然的和文化的）。根据巴西《宪法》（1969）的规定，环境保护的客体存在于四个不同层面。它们是：（1）自然或物理环境，主要是指自然资源，一般包括土地、水、大气、植物和动物等；（2）文化环境，包括历史、艺术、景观、建筑和旅游遗产等；（3）人工或人造环境，如人类修建的城市空间，包括楼房及公共设施等；（4）工作环境，指工作场所的环境。[①] 我国《环境保护法》（2014）第 2 条中所列举的"环境"要素包括人文遗迹、自然保护区、风景名胜区[②]、城市和乡村等。其中所列举的风景名胜区、城市和乡村均包

---

① 参见巴西《宪法》（1969）第 7 条第 XXII 款、第 XXIII 款和第 XXXIII 款，第 200 条第 II 款和第 VIII 款。

② 风景名胜区，是指具有观赏、文化或者科学价值，自然景观、人文景观比较集中，环境优美，可供人们游览或者进行科学、文化活动的区域。

含着文化环境。城市和乡村,是两种基本的人类聚居地,是经过人工改造的社会环境。[①]

间接保护文化环境的条文,一是对文化遗产、文化景观的保护,还有对构成文化遗产和景观的要素的保护。《世界遗产公约》(1972)中将文化景观作为世界遗产的一个类别进行保护;挪威《环境法》中规定"保护土地和文化景观是人类、动植物生存、健康、幸福的基础";我国《风景名胜区条例》(2016)规定,风景名胜区应保持原有的自然和历史风貌。[②]《野生植物保护条例》(2017)保护原生地天然生长并具有重要文化价值的濒危、稀有植物。[③] 二是对整体环境的保护,整体环境中有人工改造的成分(文化因素)。如我国《环境保护法》保护的城市环境,是指城市区域内各种天然的和经过人工改造的自然因素的总体(包括城市的交通、道路、设施、建筑物等),可以说是一种高度人工化的生态系统。《城乡规划法》(2019)第14条规定,城市环境保护的目标包括保护历史文化遗产、城市传统风貌及地方特色。

(二)文化遗产

环境法对文化遗产的保护方式可以大致分为两种:一种是直接保护文化遗产,如1972年《世界遗产公约》中,将人类遗产分为自然遗产、文化遗产及自然与文化混合遗产。另一种则是人为因素与自然因素更大程度地混合,以至于需要在环境法律中同时关注自然与文化两种遗产,从整体上进行考虑。许多遗迹属于文化和自然相结合的场所,即"文化景观"。比如世界遗产、风景名胜区及国家公园中的人文因素(如文物古迹、革命纪念地、历史遗址、园林、古建筑、古代工程、古树名木等)。从世界遗产清单看来,混合遗产的数量非常多,因为多数自然遗产通常也或多或少有人为因素的改变,所以对遗产的保护很难区分人为因素。

---

① 中国法制出版社编:《中华人民共和国环境保护法(案例注释版)》(第3版),中国法制出版社2016年版,第3页。

② 我国《风景名胜区条例》(2016)第24条规定,"风景名胜区内的景观和自然环境,应当根据可持续发展的原则,严格保护,不得破坏或者随意改变。"

③ 我国《野生植物保护条例》第2条规定:"本条例所保护的野生植物,是指原生地天然生长的珍贵植物和原生地天然生长并具有重要经济、科学研究、文化价值的濒危、稀有植物。"

保护文化环境与文化遗产之间有重要联系，“波纳佩文化遗产代表了现代波纳佩社会的生长基础以及波纳佩人的身份。波纳佩文化定性于波纳佩语言以及其特别的无形文化传统。这种传统与当地自然地理条件，风景、大型珊瑚礁、地形起伏等息息相关”。[①]

1994 年《阿根廷宪法》第 41 条规定的健康环境权(the right to a healthy environment)中同时包括了保护文化遗产的要求。“所有居民有权享有一个适合于人类发展的健康的、平衡的环境权，生产活动应满足其当代需要但又不危害子孙后代；同时也负有保护的义务。作为第一要务，环境破坏应产生依法修复环境的义务。国家机关不仅应规定保护健康环境权，合理使用自然资源，保护自然文化遗产及生物多样性，而且也应规定环境信息及环境教育。国家应当规定最低限度的环境保护标准，并在必要时，在不改变地方管辖权的前提下规制地方政府。禁止现实的或有潜在危险的废弃物以及放射性物质进入本国领土。”澳大利亚基于对文化多样性的尊重，不仅保护原住民遗产，同时也保护移民的遗产。针对文化遗产的司法保护，澳大利亚昆士兰州还有一个土地法院(Land Court)，同时审理文化遗产、资源开发等其他案件。[②]

我国不可移动文物保护方式包括自然、文化遗产地，重点文物保护单位体系，历史文化名城/村/镇，风景名胜区，生态文化保护(实验)区，国家考古遗址公园[③]，古村落/传统村落[④]，传统文化传承(创新)示范区等。[⑤]

---

① Elizabeth Harding, *Federated States of Micronesia*, Review of Environmental Law, 1993, p. 106.

② See Australian Homepage of Queensland Courts and the Department of Justice and Attorney-General, (Oct. 15, 2021), http://www.courts.qld.gov.au/courts/land-court.

③ 国家考古遗址公园，是指以重要考古遗址及其背景环境为主体，具有科研、教育、游憩等功能，在考古遗址保护和展示方面具有全国性示范意义的特定公共空间

④ 传统村落，又称古村落，指村落形成较早，拥有较丰富的文化与自然资源，具有一定历史、文化、科学、艺术、经济、社会价值，应予以保护的村落。2012 年 9 月，经传统村落保护和发展专家委员会第一次会议决定，将习惯称谓“古村落”改为“传统村落”，以突出其文明价值及传承的意义。

⑤ 参考自国家发展和改革委员会、国土资源部、环境保护部、住房和城乡建设部、文化部、国家林业局、国家文物局《关于印发国家“十二五”文化和自然遗产保护设施建设规划的通知》(2012)，前言。

《大气污染防治法》(2018)规定在风景名胜区、文物保护区等依法需要特殊保护的区域内禁止焚烧如沥青、油毡、橡胶、塑料、皮革、垃圾等会产生有毒有害气体的物质。《水污染防治法》(2017)规定,在风景名胜区水体和其他有特殊经济文化价值的水体的保护区不得新建排污口。《海洋环境保护法》(2017)规定,凡具有重大科学文化价值的海洋自然历史遗迹所在区域和其他需要予以特殊保护的区域,都应当建立海洋自然保护区。在海洋自然保护区、海滨风景名胜区及其他需要特别保护的区域,不得从事污染环境、破坏景观的海岸工程建设项目或者其他活动。《防止拆船污染环境管理条例》(2017)第5条第2款规定,在风景名胜区不得设置拆船厂。

(三)文化生态

"生态"一词源于希腊语"oikos",含有"住所""区位""环境"诸意。生态学中所谓"生态",指生物界众生万物共生之状态。"文化生态"借用了"生态"的象征意义,将文化看作内部各要素在外部环境之中协调互动的状态(类似构成的词汇还有最近常说的"政治生态""学术生态"等)。以"文化生态"为保护对象意味着,不仅保护文化本身及其内容、构成要素,也保护产生并持续影响文化的外界环境,以及环境与文化之间的良性互动关系。文化生态理论产生于美国文化人类学家斯图尔德(Julian Steward)。他以"文化生态学"作为一种方法论来理解人类如何适应各种各样的环境,是借用生态科学的概念、理论、观点和方法研究文化现象的理论。文化生态学认识到生态环境在塑造一个地区的文化中起着重要的作用。斯图尔德认为,"文化生态"就是文化历史(演进或变迁)与(自然)环境适应之间存在的关联,不管是说社会文化的不同层次整合,还是文化的各种组构乃至文化的变迁,都要在此前提下展开。此时文化生态的词语意涵与我们现在所使用的略有不同。[①] 我国政府法律文件中有保护"非物质文化遗产及其文化空间"的内容,此处的

① 国内学者普遍接受的另一个更为清晰的定义认为,所谓文化生态,是指就某一区域范围中,受某种文化特质(这种文化特质是在特定的地理环境和历史传统及其发展进程中形成)的影响,文化的诸要素之间相互关联、相互作用所呈现出的具有明显地域性特征的现实人文状况。

"文化空间"[①]也包含着保护文化生态系统整体的意涵。文化空间,参照ICOMOS的解释,系指文化路径(cultural routes)的诠释与呈现,指集中开展民众传统文化活动的地点,或定期展现特定事件的时间,即常民与传统文化活动集中产生的场所,如说书、仪式、市集、节庆产生的空间,或是经常性活动发生的空间,如信仰祭仪或每年固定巡狩绕境的场所等。[②]

环境法中不乏保护生态系统整体的规定,如保护野生动物同时要保护其生存环境。文化生态概念,是将文化类比生态系统。在从生态学中借鉴概念的同时,生态学中最独具特色的研究方式,即系统论,也为文化生态保护所借用,继而发展出文化生态保护区制度。生态学中的核心物种概念也在文化生态保护区制度中得到体现。在闽南文化生态保护实验区的建设中,将非物质文化遗产项目、文物保护单位、历史文化名城名镇名村等文化遗产视为"核心文化物种",仿效自然保护区的管理模式对它们进行区域性整体保护。涉及文化生态保护的主要有这么几个形式:生态博物馆[③]、民族文化生态村[④]、文化生态保护区、历史文化名城名镇名

① 许多文化遗产本身是一个文化空间,是传统的文化活动的载体,它们与所承载的文化生活构成了不可分割的整体,这类文化遗产在近年的实践中被人们称为"活态遗产"(living heritage)。所谓活态遗产,意味着它们仍处在生命延续的过程当中,它们的遗产价值和遗产形态也都还处在形成、发展和变化的过程中。

② 与上述表现形式相关的文化空间/文化场所(cultural space)可以定义为一个集中流行和传统文化活动的场所,也可以定义为通常定期举行特定活动的时间。这一时间和自然空间是因为空间中传统文化表现形式的存在而存在。与文化空间联系在一起的也有物质空间,比如阿里山邹族举行部落宗教仪式、联络祖先的主要场所的男子会所(库巴 kuba)就是文化空间。

③ "生态博物馆"源于法国,是在特定区域内一种多学科的、以社区为核心的关于生态、环境、自然与人的博物馆,是一个致力于社区发展的博物馆化的机构。它融合了对该社区所拥有的文化和自然遗产的保存、展现和诠释功能,并反映某特定区域内一种活态的核运转之中的(人文和自然)环境,同时从事与之相关的研究。根据保守估计,各国以生态博物馆名称注册的机构在300座以上。生态博物馆的思想在中国的土地上生根、发展将近二十年了,除了贵州、广西、内蒙古等地以少数民族文化生态为保护对象的生态博物馆外,我国还有北京乾面胡同街区历史记忆工程与沈阳铁西老工业区居民旧址博物馆等城市生态博物馆。

④ "民族文化生态村"的构想是1998年云南大学尹绍亭教授根据云南的实际情况提出并建设的项目,是在全球化的背景下,在中国进行现代化建设的场景中,力求全面保护和传承优秀的地域文化和民族文化,并努力实现文化与生态环境、社会、经济的协调和可持续发展的中国乡村建设的一种新模式。目前有文山壮族苗族自治州丘北县普者黑乡仙人洞村、腾冲市和顺乡、昆明市石林彝族自治县北大村乡月湖村、西双版纳傣族自治州景洪市基诺乡巴卡小寨等4个试点;云南省16个地州市的30余个村寨或乡镇的民族文化生态村的摸底调研工作已全面完成,并取得了丰富的实地考察成果。

村、风景名胜区、国家公园[1]。

二、环境法所关注的文化主体

文化多样性包括参与文化生活的主体的多样性,主体多样性是指以独立意志参与到文化生活中的文化权利主体的身份特征与文化偏好的彼此差异性。[2] 法律的目的之一是保护弱势群体而向其倾斜,从而矫正失衡的利益。环境法所保护的是普通主体,全体国民的权利,但有一些特殊的族群,因为其在环境问题的应对中具有弱势地位而特别受到环境法律的关照。许多国家运用其立法权,来保护这些穷人和被边缘化的社会群体,尊重他们的文化、生活方式、自决权/自治权以及那些他们赖以生存的自然资源。

(一)少数民族

在阿富汗喀布尔博物馆大门上,写着这样一句话:"当一个民族的文化存在,这个民族就存在着。"[3]文化具有民族性,是指文化是特定社会群体的大部分成员所共有的,具有鲜明的民族特点。社会学家和人类文化学家普遍承认人类文化的民族差异性。就民族文化而言,每个民族在其繁衍和发展的过程中都会形成自己独特的语言、文字、仪式、风俗、习惯、民族性格、民族传统与生活方式。例如,英国文化的典型特征是经验的、现实主义的,由此导致英国人重视经验、保守、讲求实际的民族性格。所以英国人的时装往往给人以庄重、大方、实用、简练的鲜明印象。法国文化则是崇尚理性的,法国人更喜欢能够象征人的个性、性格,反映人精神意念的东西,所以法国人的时装则潇洒、飘逸、抽象,具有更高的艺术性。文化差异不仅体现在国家、民族之间,也体现在不同种族、地域、宗教、机构以及家庭等不同群体之间。

---

① 民族自治地方的划分,基本是按照民族文化覆盖区域为主要标准,在自治范围内,文化、经济等事务均为自治地方政府自行管理,相当于一个在文化生态之外的更多要素参与的更大的生态系统,其复杂性和变化与更为单纯的文化生态保护地不可同日而语。

② 参见秦前红:《法律能为文化发展繁荣做什么》,中国政法大学出版社 2015 年版,第 10 页。

③ 司马俊莲:《少数民族文化权利的法理研究》,中国社会科学出版社 2014 年版,第 16 页。

1. 民族与少数民族定义

"民族"的定义见于如《科学共产主义辞典》[①]、《苏联百科辞典》[②]等各类书籍,均认同民族是具有历史性人类共同体。[③] 少数民族是指多民族国家中除主体民族以外的民族。Minority 在英文中具有未成年,少数人、少数团体、少数民族、少数族群等含义,其指代任何少数团体,不仅仅是少数民族。中国"少数民族"指人数少;国际上"少数人"指政治上非主宰地位的共同体。[④] 欧洲有"民族国家"概念,与18世纪欧洲的帝国或封建王国不同,民族国家成员是有认同感的同胞,认同感的来源可以是传统的历史、文化、语言或新创的政体。[⑤] 欧洲由各民族各自形成的小国组成,少数民族现象比较少。现代国家中,俄罗斯[⑥]、美国与中国这样统一的多民族杂居的大国家会比较多的需要面对少数民族问题。

2. 我国的少数民族保护

在我国,除汉族外的其余55个法定民族均是少数民族(占总人口的8.89%)[⑦]。中华人民共和国成立后,党和政府为制定和实施民族政策实现各民族平等权利,组织力量对民族成分进行辨别。这项工作,就是民族识别。经过努力,科学地厘清了我国民族大家庭的基本

---

① 《科学共产主义辞典》提出的民族定义是:"民族是稳定的历史性人们共同体,是在统一经济生活与统一语言、统一地域及文化、意识和心理的特点相结合基础上形成的一种社会发展形态。"

② 《苏联百科辞典》对民族下的定义是:"民族是在形成人们的统一地域、统一经济联系、统一文字语言及文化和性格的某些统一特点过程中形成的历史性人们共同体。"

③ "民族是在一定的历史发展阶段形成的稳定的人们共同体。一般来说,民族在历史、渊源、生产方式、语言、文化、风俗习惯以及心理认同等方面具有共同特征。"参见《中央民族工作会议精神学习辅导读本》,民族出版社2005年版,第29页。

④ 参见司马俊莲:《少数民族文化权利的法理研究》,中国社会科学出版社2014年版,第1页。

⑤ 参见古丽阿扎提·吐尔逊等:《少数民族权利法律保障机制的国际比较研究》,中央民族大学出版社2012年版,第17页。

⑥ 俄罗斯的主体民族是俄罗斯族,约占总人口的3/4,其他少数民族有上百个,且分布极不均衡,西部发达地区密集,东北部稀疏,其中高加索地区的民族成分最为复杂,有大约40个民族。

⑦ 根据2021年5月11日中国第七次全国人口普查结果,少数民族总人口为12,547万人,占全国人口8.89%。参见国家统计局:《第七次全国人口普查公报(第二号)》,载国家统计局官方网站:http://www.stats.gov.cn/tjsj/tjgb/rkpcgb/qgrkpcgb/202106/t20210628_1818821.html,最后访问日期:2022年11月6日。

构成,确认了56个民族成分。我国民族政策最基本的是民族区域自治制度①,少数民族在环境、社会、文化等领域都享有广泛的决定权。民族区域自治制度并不是一项严格的环境法制度,但是真实、有效的民族自治通常代表着环境事务上的广泛自主,这其实也一并给予了少数民族对选择自己生活方式(文化)的高度自由。自治通常还代表着良好的公众参与度。我国少数民族"自治权"的内容规定在《民族区域自治法》(2001)第三章"自治机关的自治权"内的各项文化自治权利条款中。主要有以下内容:(1)政府、企事业单位均优先使用少数民族人员②;(2)自主管理自然资源③;(3)尊重少数民族语言④;(4)扶植民族文化、保护民族遗产⑤。

---

① 我国的民族区域自治,是在中华人民共和国领土内,在最高国家机关的统一领导下,各少数民族按照《宪法》和《民族区域自治法》的规定,在其聚居的区域内建立民族自治地方,设立自治机关,并通过自治机关行使《宪法》和《民族区域自治法》所规定的各项自治权利,自主地管理本民族内部的地方性事务,行使当家作主的权利的一种政治制度。民族区域自治是民族自治与区域自治的结合,是在以一个或几个少数民族聚居的区域,通过组建自治机关行使自治权而实现的民族自治。中国的民族区域自治理论反映了中国的国情,很好地解决了中国的民族问题,使中国得以保持"多元一体格局"。

② 参见《民族区域自治法》(2001)第22条第1、2款,民族自治地方的自治机关根据社会主义建设的需要,采取各种措施从当地民族中大量培养各级干部、各种科学技术、经营管理等专业人才和技术工人,充分发挥他们的作用,并且注意在少数民族妇女中培养各级干部和各种专业技术人才。民族自治地方的自治机关录用工作人员的时候,对实行区域自治的民族和其他少数民族的人员应当给予适当的照顾。第23条,民族自治地方的企业、事业单位依照国家规定招收人员时,优先招收少数民族人员,并且可以从农村和牧区少数民族人口中招收。

③ 参见《民族区域自治法》(2001)第28条,民族自治地方的自治机关依照法律规定,管理和保护本地方的自然资源。民族自治地方的自治机关根据法律规定和国家的统一规划,对可以由本地方开发的自然资源,优先合理开发利用。

④ 参见《民族区域自治法》(2001)第21条,民族自治地方的自治机关在执行职务的时候,依照本民族自治地方自治条例的规定,使用当地通用的一种或者几种语言文字;同时使用几种通用的语言文字执行职务的,可以以实行区域自治的民族的语言文字为主。第37条第3款,招收少数民族学生为主的学校(班级)和其他教育机构,有条件的应当采用少数民族文字的课本,并用少数民族语言讲课;根据情况从小学低年级或者高年级起开设汉语文课程,推广全国通用的普通话和规范汉字。

⑤ 参见《民族区域自治法》(2001)第38条,民族自治地方的自治机关自主地发展具有民族形式和民族特点的文学、艺术、新闻、出版、广播、电影、电视等民族文化事业,加大对文化事业的投入,加强文化设施建设,加快各项文化事业的发展。民族自治地方的自治机关组织、支持有关单位和部门收集、整理、翻译和出版民族历史文化书籍,保护民族的名胜古迹、珍贵文物和其他重要历史文化遗产,继承和发展优秀的民族传统文化。

此外,少数民族在司法诉讼中还享有特殊的权利,如少数民族当事人需要使用自己的语言,则司法机构应提供免费的翻译服务。对少数民族自然资源的特别保护。我国矿产资源为国家所有,采矿权人为补偿国家矿产资源的消耗需要按照矿产品销售收入的一定比例向国家缴纳矿产资源补偿费。征收的补偿费应当及时全额就地上缴中央国库。中央与省、直辖市矿产资源补偿费的分配比例为5∶5;与自治区(少数民族聚居区)的分配比例则为4∶6,体现出一定的倾向性。

3.其他国家、地区的情况

世界其他多民族统一国家也分别创造和发展了一些对各国有效的或可行的政治形式来保护少数民族文化,如联邦制、民族同化政策、政治权力按民族比例分享政策、民族文化自治和多元文化政策①、民族整合政策等。② 1969年《美洲人权公约》保护少数族群和禁止歧视他们。《匈牙利宪法》(2012)明确了少数民族的主权人民地位。③ 为了保护挪威少数民族萨米人,挪威、瑞典、芬兰三国签订了《萨米人公约》;挪威颁布了《驯鹿畜养协定》(1976)、《萨米民族法》(1987),专门调整萨米人及其特有的驯鹿放牧生产方式。挪威政府还专门设立了萨米议会、挪威萨米权利委员会、萨米文化委员会及挪威萨米发展基金。联合国《少数民族权利宣言》(1992)规定,少数民族的文化权利主要有使用和保持语言文字权利④、文化成果收益权、宗教信仰自由的权利、保持和改革风俗习惯的

---

① 俄罗斯实行民族区域自治与民族文化自治相结合的民族政策。近年来,俄联邦通过强化民族成员对本民族文化的认同感,弱化关于民族的政治含义,使民族政策朝着多元的方向发展。为此,俄罗斯在沿承苏联民族区域自治政策的同时,大力发展民族文化自治,保护民族文化、语言特质。1996年,俄罗斯联邦通过《俄联邦民族文化自治法》明确了"民族文化自治"权利。截至2002年,俄罗斯已经建立了14个联邦"民族文化自治区",并划拨专门经费支持,同时政府还设有专门的"民族文化自治区"事务管理协商委员会来管理相关事务。对于身居边远地带的土著民族,俄罗斯制定了其他补偿性政策,如为过去错误决策导致受到迫害的弱小民族创造条件重返家园,恢复以前哥萨克人组织,承认他们的民族地位等。

② 参见司马俊莲:《少数民族文化权利的法理研究》,中国社会科学出版社2014年版,第62~63页。

③ 参见《匈牙利宪法》(2012)第48条第1款规定:"匈牙利共和国居住的少数民族是人民主权的组成部分、立国因素。"

④ 参见联合国《公民权利和政治权利国际公约》(1966)第27条。

权利等。其中语言文字权又可以分为民族语言文字自由权、语言文字自治权、语言文字平等权、语言文字发展权、尊重语言文字和互相学习语言文字权①;宗教信仰自由包括:宗教信仰自由、宗教行为自由、宗教结社自由、宗教财产自由②。

(二)原住民/土著居民

原住民,也称为土著,英文中有土著含义的形容词有 indigenous, native, aboriginal,是指某地方较早定居的族群,在近代民族国家统治之前,已经存在与国家主流多数民族文化与认同相异的少数民族,其后虽受多数民族统治,但未失去其历史连续性的独特文化的社会集团。也有学者认为"先住民"为合适的称呼。各大殖民地区均存在原住民现象,如澳大利亚原住民、新西兰原住民、加拿大原住民、美国原住民。原住民的生存依靠他们完整的环境。环境退化侵犯原住民权利的途径是通过直接和间接损害原住民和维持他们生存的资源。环境破坏不仅影响原住民的生存、健康和幸福的权利,还影响他们的自我决定权、文化表述权和宗教权。因此环境法在解决环境问题的同时,也注重保护和尊重原住民的自我决定权、文化表述权和宗教权。

1. 原住民文化权利的环境立法承认

原住民权利在许多国际性环境法律文件中都得到确认。国际劳工组织(International Labor Organization, ILO)1989 年《原住民和部落人民公约》,包含很多涉及原住民土地、资源和环境的内容,号召采取特殊措施保护和维持原住民和部落环境。《森林原则》(1992)第 2 条(d)项、第 5 条(a)项和第 12 条(d)项认可传统和原住民的权利。《世界人权宣言》(1948)第 27 条和其他文件诸如《美洲人的权利和义务宣言》(1948)第 13 条均包含原住民文化权与环境权的内容。各国也均在其本国颁布法律确认原住民权利,如澳大利亚在国家层面有《1976 年原住民土地权利法》(Aboriginal Land Rights Act, 1976)、《1984 年托雷斯海峡原住民遗产保护

---

① 参见吴宗金、张晓辉主编:《中国民族法学》,法律出版社 2004 年版,第 40~42 页。

② 参见司马俊莲:《少数民族文化权利的法理研究》,中国社会科学出版社 2014 年版,第 43 页。

法》(Australia-Aboriginal & Torres Strait Islander Heritage Protection Act, 1984)、《1993 年土著权利法》(Native Title Act, 1993)。新西兰非常重视对当地土著毛利人的环境利益及文化遗产的保护，毛利人权利在众多法律文件中都得以体现。国际、国内环境法律文件中对原住民文化多样性的保护具体呈现在这几个方面内容：

(1)承认原住民传统知识的价值。《21 世纪宣言》及《森林原则》(1992)均承认了土著居民传统知识的利用权。《里约环境与发展宣言》(1992)原则 22 承认了原住民传统知识与实践的价值，“原住民……的知识和传统习惯，在环境管理中起着重要的作用。各国应认同并支持其文化利益……”联合国《世界原住民权利宣言草案》(1994)第Ⅵ部分规定，原住民有权采取特殊措施控制、开发和保护其遗传资源与传统知识，包括关于种子、草药、动植物特性的知识。《生物多样性公约》(1992)特别强调原住民传统知识和习惯法的价值，因为“原住民和当地社群的传统生活方式同生物资源紧密相依，所以应与其公平分享利用与保护生物资源所得之惠益。”

(2)原住民的自然资源所有权。新西兰《1840 年怀唐伊条约》(Treaty of Waitangi, 1840)规定了英国王室对原住民毛利人所负有的宪法性义务，“保证毛利人酋长对他们土地、村庄和其他财宝的处置权作为他们将完整的统治权赠与英女王的回报”。美国《1997 年圣荷西宣言》(Declaration of San Jose, 1997)中阐述道：“印第安人对其所有的土地有天然而不可让与的权利，他们有权要求取回之前放弃的土地。他们合法拥有并自由支配领土内的自然与文化遗产。这些文化遗产包括他们的生活方式、生活经验，以及在文化、社会、政治、司法、科学、技术领域的传统知识与历史成就。确保他们权利的关键因素是尊重他们的自治权。”①南非《暂时保护非正式土地权法》(1996)保护原住民土地上的权利和利益。非正式土地权意味着遵循部落或原住民法律的实践使用、占有或获得土

---

① Donna Craig and Diana Ponce Nava, *Indigenous Peoples' Rights and Environmental Law in UNEP's New Way Forward*, Environmental Law and Sustainable Development, 1995, p. 119 – 120.

地。人或社区未经同意不得被剥夺土地权。如果人或社区被剥夺土地,必须获得适当的补偿。联合国《原住民与部落人民公约》(1989)第2条规定,涉及原住民的开发行为应有利益相关者的参与。第6条和第7条规定,制定涉及原住民的国家和区域发展计划时,缔约国必须参考原住民的意见并规定相关参与程序,计划开发项目的环境影响评价应有利益相关者的参与。第12条规定了获得救济权。第Ⅱ部分规定与土地自然资源有关的人民权利。第30条要求政府确保相关者就其权利和职责的知情权。《21世纪议程》(1992)中有关于原住民的专门章节,规定原住民及其社群"……可以根据国内立法要求更大程度上控制他们的土地、自我管理他们的资源、参与影响他们的开发决策,可能的话包括参与或管理保护区……"第Ⅵ部分包括原住民"保持和加强与土地、领土、水资源、沿海和其他资源相联系的,具有他们自己显著特点的精神和物质关系,这些资源传统上由他们拥有或被占用或使用"的权利①。原住民被赋予其传统上拥有或被其他占用或使用拥有、开发、控制和使用土地、空气、水、沿海地区、海冰、动植物和其他资源的权利。第28条规定:"原住民有权维持、恢复和保护他们土地、地区和资源的整个环境和生产能力……"第Ⅴ部分包含程序性权利,包括原住民充分参与可能影响他们环境问题的各个层面上的决策。

(3)尊重原住民文化。《公民权利和政治权利国际公约》(1966)第27条规定:"在这些存在种族、宗教或语言的少数民族国家,属于少数民族的人们不应该被拒绝这些权利,与他们族群的其他成员一道享受他们自己的文化、加入和信奉他们自己的宗教或使用他们自己的语言。"《世界原住民权利宣言草案》(1994)第12条规定:"原住民有权从事和复兴他们文化和习惯。这包括保持、保护和开发过去、现在和将来的显示他们文化的权利,这些文化包括诸如考古和历史遗迹、手工艺品、设计、仪式、技术、视觉和行为艺术以及文学,和恢复获得的文化、智力成果、宗教和精神财产的权利。"

① 参见联合国《世界原住民权利宣言草案》(1994)第25条。

(4)保护原住民文化遗产。澳大利亚的文化多样性保护主要体现在对原住民文化遗产的保护。澳大利亚遗产名录中的大部分遗产属于原住民,政府尊重他们的意见,并与其共同进行遗产的管理。《1984 年托雷斯海峡原住民遗产保护法》是保护原住民遗产的专门法,《1999 年环境和生物多样性保护法》(Australia-Environment Protection and Biodiversity Conservation Act,1999)中也有保护原住民遗产的条款。同时,作为一个移民国家,澳大利亚也十分重视对移民遗产及不同民族之间文化交流及其成果的保护。

(5)原住民的充分自治权。不少存在原住民的国家(如美国、加拿大、新西兰与澳大利亚)都建立了原住民保留地制度。原住民保留地制度有利于保存原住民文化,促进文化多样性的发展。制度中对原住民文化的尊重表现在自然资源的所有权与高度自治,要求政府将原住民的自决和自治落到实处,同时给予他们发展自身文化必要的切实的政治和经济帮助和指导。美国的印第安人保留地制度(Indian Reservation)设立的目的并不积极①,但保留地内的印第安人确实因此而拥有程度很大的自然资源所有权以及环境与文化事务的自治权②。法律③允许和鼓励印第安人进行自决与自治,印第安人因此可以在保留地内维持自己原有的生活方式与文化而不受美国环境法的约束,并且联邦政府负有防止印第安人

---

① 美国印第安保留地制度的建立并非出于美国政府明确的政策设计,它是 19 世纪 30 年代美国政府为了将东部印第安人迁至西部,并将白人社会与印第安人这两个文化类型截然不同的群体隔离开来所采取的措施而形成的。

② 印第安部落的独立地位不是绝对的,国会拥有管理和调整部落地位的权力,所有的印第安财产都处于联邦政府的托管范围,其中既包括印第安人的部落和私人土地,也包括印第安人领地的所有自然资源。

③ “美国印第安人法”(American Indian Laws)是一个未明确界定的、概括性的术语,既包括美国联邦政府与印第安人在 1871 年前所签订的上百个条约,也包括国会在 1871 年后所颁布的有关印第安人事务的大量法令和美国各级法院在 1871 年前后所作出的各项裁决。根据美国最高法院对“美国政府诉马祖尼”部落一案的司法判决中,印第安人被描述为“半主权”和“半独立的”、对其部落成员及领地行使主权的实体。联邦法院在对印第安人条约进行司法解释时所遵循的“条约解释三原则”,客观上有利于维护印第安人的合理权利。这三个原则是:由条约含混引起的争议必须按照有利于印第安人的方式加以解决;对这些条约的解释必须使印第安人能够很好地理解之;在对条约进行解释时必须使其字面意义有利于印第安人。

的部落和财产权免受州政府及其他公民侵犯的责任。①

2. 原住民文化尊重的环境司法优待

环境司法对于原住民文化的尊重与保护在程序方面主要体现在:对原住民使用自己语言进行诉讼的宽容,国家一般会为其准备免费的翻译服务;为原住民设立特别的司法机构或沿用原住民原有的纠纷处理机构,在案例中确认原住民的自然资源所有权与诉权。

(1)针对原住民的程序性优待。新西兰政府设立了毛利土地法院(Māori Land Court)和怀唐伊法庭(The Waitangi Tribunal),怀唐伊法庭审理与调查的方式也与普通法院不同,审问更加严格并且经常是在毛利会堂(Orakei Marae)进行。在法庭上,两种版本的条约的法律约束力一致,法官在适用时应根据《1999 年释义法》(the Interpretation Act,1999)进行符合法律原意的解释。怀唐伊法庭由毛利土地法院(Māori Land Court)的首席大法官任庭长。关于毛利土地的问题由 1993 年《毛利土地法》调整,毛利人之间就毛利土地引发的争议、主张和调查归毛利土地法院管辖。毛利土地法院负责审理自 1865 年起与毛利土地有关的案件,涉及毛利土地的所有权及继承的事务一般通过传统且适当的方式解决。法院开庭以毛利语进行,并且在审理的开始和结束都要进行祷告。②

泛美人权制度的判例法很大程度上促进了原住民文化、环境和资源权利的确认。在阿瓦斯·汀尼·玛雅格纳(Awas Tingni Mayagna Sumo)

① 1824 年,美国政府设立了一个专司印第安事务的机构——印第安事务办公室(Office of Indian Affairs,OIF),1947 年更名为印第安事务署(Bureau of Indian Affairs,BIA),其主要职责是协调美国政府与印第安人之间的关系,具体从事的工作包括对保留地事务、土地的管理及向印第安人提供各种服务。根据《印第安人照顾法》所确立的优先聘用印第安人的原则,在这一机构的雇员中印第安人超过90%。印第安事务署除了监督和管理由美利坚合众国托管的 5570 万英亩美国印第安人土地及其部落外,还负责管理阿拉斯加原住民土地。印第安事务署囊括了印第安包罗万象的日常活动,如规范和管理印第安人土地的出售和转让,在印第安人保留地上开展社会福利项目、控制印第安人灌溉地上水资源的使用、管理和批准印第安人组建企业的工作、运营印第安人学校、为印第安人或其部落购买所需土地、监管印第安人的捕鱼和狩猎活动、根据《印第安人博彩管理法》管理印第安人在保留地开设赌场的活动、管理和向印第安事务发放国会为印第安事务所拨的专款、管理印第安人个人金融账户等。

② See New Zealand Homepage of Māori Land Court(Dec. 20, 2020), https://maorilandcourt.govt.nz.

原住民社群诉尼加拉瓜一案中[1],涉及传统上属于阿瓦斯·汀尼土地上森林的保护。韩国公司 Kumkyung 的分支机构获得尼加拉瓜政府授予的伐木许可,许可的范围处于原住民土地之上,而政府在授予许可之前未征询阿瓦斯·汀尼社区的意见,原住民社群因此向泛美委员会(the Inter-American Commission)申诉,声称政府侵犯了他们文化完整性、宗教、平等保护和参与政府决策的权利。委员会认为政府侵犯了阿瓦斯·汀尼原住民社群的人权,并将案件提交到法院。在诉讼中原住民抗议以西班牙语进行诉讼程序不利于原住民的理解与参与,且法庭没有为他们提供本土语言的翻译。泛美委员会表示,在原住民的区域应确保在每个案件满足原住民语言的翻译需求,此举成功地引导了宪法的修正。2001 年 8 月 31 日法院宣称政府违反了 1969 年《美洲人权公约》的司法保护权(第 25 条)和财产权(第 21 条)的规定,政府必须采取国内法律、行政规章和其他必要的措施调查并确认原住民根据其当地习惯法及其价值观所享有的土地等资源的权利。政府必须投资 5 万美元发展原住民社区的基础设施作为赔偿其非物质损害和法律费用。

(2)原住民文化及环境的实体权利确认与保护。加拿大英属哥伦比亚省(林业部部长)诉欧卡纳市甘印第安人帮会一案(B. C. Minister of Forests v. Okanagan Indian Band)[2]涉及一块土地上的伐木争议,帮会宣称自己对这片土地上享有原住民的权利。法院同意授予临时费用给原住民被告。[3] 法院裁定,正义应该优先于公益案件中的补偿目标。[4] 在原住民社区发展理事会诉里奥内格罗省(Consejo de Desarrollo de las Comunidades

---

① See *UNEP Training Manual on International Environmental Law*, 2006, UNESCO Homepage (Nov. 6, 2002), https://wedocs. unep. org/bitstream/handle/20. 500. 11822/20599/UNEP_Training_Manual_Int_Env_Law. pdf? sequence = 1&isAllowed.

② See [2003]3SCR371, aff'g(2001), 95BCLR (3d)273(BCCA), VARYING 2000 BCSC 1135.

③ See C. Tollefson, D. Gilliland & J. V. DeMacro, *Towards a Public Interest Costs Jurisprudence*, CBR 83, 2004, p. 477.

④ See C. Tollefson, *The Implications of Okanagan Indian Band for Public Interest Litigations: A Strategic Discussion Paper*, Court Challenges Program of Canada Sep. 19, 2005, www. law. uvic. ca/ctollef/documents/Okanagan-paperp-myNov17final_000. doc.

Indigenas v. Provincia de Rio Negro 2005）一案[①]中，里奥内格罗（Rio Negro）省高级法院确认环境与当地居民之间联系密切。本案起源于采矿场在当地开采金银沉积物。当地居民主张该采矿场及其作业危及了当地居民文化风俗并影响了当地居民自主决定权，其导致的水和空气污染影响了他们的健康环境权。当地社区发展理事会（CODECI）通过安巴罗（Amparo）程序提起了该诉讼。该诉讼主张的主要根据是：保护生物及文化多样性的需要（《加拿大宪法》第41条）；确保当地社团参与可能影响其所居住的土地和生活方式的决策的需要（《加拿大宪法》第75（17）条）[②]。上述宪法条款在《环境基本法》中得到了重申，包括生物和文化多样性原则、参与环境事务原则。[③] 法院认可了该安巴罗程序，并判令政府行政部门的不同机构要确保尊重环境权利，包括尊重迈普半岛（the Peni Mapu）、Npung Curra、Putren Trulli等原住民的文化和社会生活的权利。此外，法院也认可了这些群体参与与其生活土地相关的决策程序的权利。

澳大利亚高等法院在马博诉昆士兰州（Mabo v. Queensland）一案[④]中确认了原住民土地所有权，随后制定了《1993年土著权利法》（Native Title Act，1993）。原住民土地所有权的确认引发了有关确定获取资源权利和原住民土地权利的法定计划之间协调的复杂问题。在亚纳尔诉伊顿案[⑤]中，高等法院考虑了土著成员行使普通法土著权利进行的动物捕猎行为，和州赋予的对动物的所有权之间的冲突。在西澳大利亚诉华德（Western Australia v. Ward）案[⑥]中，高等法院对土著权利和矿产租赁许可之间的关系进行了细致的审查。在澳大利亚北领地诉阿纳姆地原住民

---

① See Consejo de Desarrollo de las Comunidades Indigenas v. Provincia de Rio Negro (2005.8.16), (Sup. Trib. Just. Rio Negro).

② 参见加拿大《宪法》第75（17）条规定："国会被授权……认可阿根廷土著居民种族及文化的现在权。为规范土地许可从而足以保障人类发展，以及群众对其习惯上占有的土地的所有权；为规范人类发展，对其他土地授予充分而足够的许可；这些权利不能被买卖、让渡或抵押或作为权利附属。为保障他们参与自然资源相关事务及利益受影响之事项。各省有权联合实施这些权力。"

③ 参见《环境基本法》（25.675）第4条。

④ See Mabo v. Queensland (NO 2) (1992) 175 CLR 1.

⑤ See (1999) 201 CLR 351.

⑥ See (2002) 213 CLR 1.

土地信托(Northern Territory of Australia v. Arnhem Land Aboriginal Land Trust)案①中,高等法院认为土地的许可包括受潮汐影响的地域,《1976 年原住民土地权利法》赋予了土著人禁止人们在其水域钓鱼的权利,包括在北部领地立法下得到钓鱼许可的人。澳大利亚高等法院就马博诉昆士兰州一案作出判决承认原住民对土地以土地所有权(native title)的形式继续享有权利,拒绝关于澳大利亚法律"无主地"(terra nullius)原则的适用。②

第四节 环境法律制度中的文化多样性宽容

一、国家公园制度

国家公园(National Park)概念源自美国③,黄石国家公园是世界上第一个国家公园。许多国家将国家公园制度移植到本国的保护地体系内。国家公园与国家公园系统在美国是相互联系的两个概念。国家公园系统,又被称为广义的国家公园,是指由美国内政部国家公园管理局(National Park Service,NPS)管理的公园的陆地或水域,包括国家公园、纪念地、历史地段、风景路、休闲地等类别。例如,国家地标(National Monuments)、国家保护区(National Preserves)、国家历史公园(National Historic Parks)、国家历史遗迹(National Historic Sites)、国家军事公园(National Military Parks)、国家古战场[National Battlefields (Parks/Sites)]、国家纪念园(National Memorials)、国家户外休息娱乐区(National Recreation Areas)、国家湖滨(National Lakeshores)、国家海岸线

① See (2008) HCA 29.

② See Coe v. Commonwealth (1978) 18 ALR 592, (1979) 24 ALR 118; Coe v. Commonwealth (NO 2)(1993) 118 ALR 193. (1978) 18 ALR 592, (1979) 24 ALR 118; (1993) 118 ALR 193.

③ 1832 年,美国艺术家乔治·卡特林(George Catlin)对于美国西部大开发对印第安文明、野生动植物和荒野的影响深感忧虑。他写道:"它们可以被保护起来,只要政府通过一些保护政策设立一个大公园,一个国家公园,其中有人也有野兽,所有的一切都处于原生状态,体现着自然之美。"

(National Seashores)、国家河流风景区[National (Wild and Scenic) Rivers]、国家人文保留区(National Reserves)、国家景观公路(National Parkways)、国家徒步观光小径(National Wild and Scenic Trails)、国家遗产区(National Heritage Areas)、国家首都地标和纪念馆(National Capital Parks,包括白宫)。它们保护着特别的自然、地理、地质、湿地、湖滨、河滨、海岸线、动植物、历史遗迹、古战场、建筑、纪念馆、原住民文化等。

国家公园制度中对文化多样性的尊重包括:文化遗产、文化环境的保护,原住民权利的保护(原住民的广泛参与和传统利用权)。国家公园是以整体性的方式对整个文化遗产所处地区一并进行系统的保护。英国将国家公园与乡村环境[①]的保护融为一体,英国《1949年国家公园和乡村法》(the National Parks and Access to the Countryside Act,1949)包含景观保护、野生生物、具有国家利益的指定区域文化、培养公众意识、在这些区域内提供娱乐机会等方面的条款。

国家公园的保护模式一般是政府主导、多方参与,在原住民聚居的国家,原住民参与程度相对更高。如新西兰《国家公园法》(National Parks Act,1980)的立法宗旨包括:尽量维持国家公园原有自然状态,保存历史文化遗迹。国家公园规划制定或修订的过程中,保护部门会咨询保护委员会、当地土著以及其他民众、组织的意见。新西兰《保护法》(Conservation Act,1987)、《国家公园法》等国家法律都明确了原住民参与的要求。毛利人的有效参与能加强自然与历史遗产的保护,因为他们的传统文化认为大自然是非常神圣的,作为自然的守护者、管理者,应尊重自然,只进行必要的利用,尽量不打扰自然过程。新西兰民众民主意识、环境保护意识及受教育程度普遍较高,有很好的民意决策基础。公众参与渗透到了国家公园建设的各个环节中——规划、保护和委托经营等过程,都有社区居民全程参与并监督。新西兰的公众参与是非常具有实质意义的,管理者充分尊重民众的想法,比如在保护管理策略的制定过程

① 乡村环境是指以农村居民为中心的乡村区域范围内各种天然的和经过人工改造的自然因素的总体。其中文化因素包括该区域范围内的交通、道路、设施、构筑物等。

中,起决定作用的往往是当地社区居民的意愿。社区居民、原住民主人翁意识强烈,积极地参与具体的工作,在公园管理中紧密合作。

国家公园制度对原住民自然资源所有权的尊重表现在两方面:一是确认原住民所有权。根据新西兰宪法性文件毛利人认为他们只赋予女王统治新西兰的权力,而保留管理自己资源的权力。正因如此,在国家公园内涉及自然资源利用与管理时,必须咨询毛利人的意见。条约也赋予英国王室从毛利人手中购买土地的排他权利,毛利人可自愿出售土地给英国王室。二是准许原住民对公园内的自然资源在原有范围内进行传统利用。在新西兰《国家公园法》(1980)中,毛利人对园内自然资源进行传统利用的合法性可以根据《国家公园法》(1980)第5条部长批准或者第49条的特许授权两种方式取得,依利用的性质选择适用。传统利用必须符合法律、策略、规划的规定,且不能对园内物种产生严重的不利影响。

国家公园制度尊重原住民的语言、文化。新西兰国家公园不遗余力地推动毛利文化的保存、继承与发扬,从形象定位、产品设计、公园的历史价值构建等方面突出毛利因素。而涉及毛利人文化遗产的项目,法律均强制要求管理者引入毛利人的意见,与毛利人有利益相关性的决策文件会配有毛利文的版本。根据《怀唐伊条约》(1840)义务,在涉及对毛利人具有重要精神、历史、文化意义的地方或资源时,应咨询他们的意见。并且在信息公开时,应同时公布所涉及对象的毛利语地名或物种名。这些做法获得了当地毛利人社区的大力支持,减少了开发对社区所带来的负面影响。

二、风景名胜区制度

风景名胜区,是指具有观赏、文化或者科学价值,自然景观、人文景观比较集中,环境优美,可供人们游览或者进行科学、文化活动的区域。[①] 1982年,我国正式建立风景名胜区制度。根据《全国风景名胜区事业发

① 参见《风景名胜区条例》(2016)第2条第2款。

展“十三五”规划》,截至2015年年底,全国已建立风景名胜区962处,其中国家级风景名胜区225处、省级风景名胜区737处;风景名胜区面积约占国土总面积的2.02%;现有48项世界遗产中,有30处分布在国家级风景名胜区和省级风景名胜区之中,共包含自然遗产10项、文化与自然双遗产4项、文化景观遗产4项。风景名胜区为国家保存了大量珍贵的自然文化遗产,成为我国生态文明和美丽中国建设、促进国民经济和社会发展的重要载体。①

风景名胜区分为国家级、省级、县市级三个层次的管理级别。② 风景名胜区制度的法律框架由行政法规《风景名胜区条例》(2016),国务院办公厅《关于加强风景名胜区保护管理工作的通知》(1995)、《风景名胜区建设管理规定》(1993)、《国家级风景名胜区规划编制审批办法》(2015)等部门规章,以及部门规范性文件《国家级风景名胜区管理评估和监督检查办法》(2015)、《风景名胜区环境卫生管理标准》(1992)、《风景名胜区规划规范》(1999)、《国家级风景名胜区总体规划文本大纲(暂行)》(2015)、《总体规划2020年前到期的国家级风景名胜区名单》(2016)、《风景名胜区分类标准》(2009)等构成。

风景名胜区是我国对自然遗产和文化遗产以及自然文化双重遗产的独特称谓,在风景名胜区的保护范围内自然与人文融为一体、兼容并包,是其独特魅力之所在。风景名胜区制度十分重视突出文化内涵与地方特色③,《风景名胜区条例》规定,风景名胜区应保持原有的自然和历史风貌。《风景名胜区条例》(2016)第32条规定:风景名胜区管理机构应当

---

① 参见《全国风景名胜区事业发展“十三五”规划》(2016),载中华人民共和国住房和城乡建设部官方网站,http://www.mohurd.gov.cn/wjfb/201611/t20161122_229592.html。

② 参见《风景名胜区条例》(2016)第8条规定:“风景名胜区划分为国家级风景名胜区和省级风景名胜区。自然景观和人文景观能够反映重要自然变化过程和重大历史文化发展过程,基本处于自然状态或者保持历史原貌,具有国家代表性的,可以申请设立国家级风景名胜区;具有区域代表性的,可以申请设立省级风景名胜区。”《江苏省风景名胜区管理条例》(2009)第4条第1款规定:“本省行政区域内的风景名胜区按其景物的观赏、文化、科学价值和环境质量、规模大小、游览条件等,分为国家级风景名胜区、省级风景名胜区和市县级风景名胜区。”

③ 《风景名胜区条例》(2016)第13条规定:“风景名胜区总体规划的编制,应当体现人与自然和谐相处、区域协调发展和经济社会全面进步的要求,坚持保护优先、开发服从保护的原则,突出风景名胜资源的自然特性、文化内涵和地方特色。”

根据风景名胜区的特点，保护民族民间传统文化，开展健康有益的游览观光和文化娱乐活动，普及历史文化和科学知识。风景名胜区的管理要求尊重风景名胜区范围内居民自然资源所有权及其他财产权。[①]

三、文化生态保护区制度

为响应国家号召[②]，我国从2007年至今共建立了23个国家级文化生态保护（实验）区。[③] 文化生态保护区是为了保护文化生态空间而设立的保护地，其核心对象是非物质文化遗产，它本质上是一种文化遗产地。[④] 文化生态保护区迈开了保护非物质文化遗产的第一步，更建立了一个前所未有的文化生态整体性保护体系。[⑤] 目前我国现有的文化生态保护区分为国家级[⑥]、省级、市县级[⑦]三个层级（实验区不是一个单独的类别，而

---

① 《风景名胜区条例》（2016）第11条规定："风景名胜区内的土地、森林等自然资源和房屋等财产的所有权人、使用权人的合法权益受法律保护。申请设立风景名胜区的人民政府应当在报请审批前，与风景名胜区内的土地、森林等自然资源和房屋等财产的所有权人、使用权人充分协商。因设立风景名胜区对风景名胜区内的土地、森林等自然资源和房屋等财产的所有权人、使用权人造成损失的，应当依法给予补偿。"

② 《国家"十一五"时期文化发展规划纲要》（2006）中提出："十一五"期间，我国将确定10个国家级民族民间文化生态保护区，对非物质文化遗产内容丰富、较集中的区域实施整体性保护。

③ 数据更新至2021年4月18日。

④ 文化生态保护区是以保护非物质文化遗产为核心，对历史文化积淀丰厚、存续状态基本良好、具有特殊价值和鲜明特色的文化形态进行整体性保护，以促进经济社会全面协调发展的特定区域。

⑤ 设立国家级文化生态保护区，标志着我国文化遗产保护和利用进入了一个整体、活态保护的新阶段，为探索民族文化的保护和发展、继承与创新开辟了新的道路。

⑥ 国家级文化生态保护区应满足以下条件：传统文化历史积淀丰厚、存续状态良好，并为社会广泛认同；非物质文化遗产资源丰富，分布较为集中，且具有较高的历史、文化、科学价值和鲜明的区域特色、民族特色；非物质文化遗产所依存的自然生态环境和人文生态环境良好；当地群众的文化认同与参与保护的自觉性较高；当地人民政府重视文化生态保护区建设工作，保护措施有力。

⑦ 目前北大法宝数据库内可以搜索到的市级文化生态保护区法律文件有两个，分别是抚州市人民政府办公室《关于成立抚州市临川文化生态保护区申报与建设工作领导小组的通知》（2014）及宁德市人民政府《关于公布第一批闽东畲族文化生态保护实验区示范点的通知》（2014）。其中抚州市临川区在互联网上查不到任何其他规范性文件及有效信息。宁德市人大常委会倒是出台了《宁德市畲族文化保护条例》（2017），第14条大致规定了所在地县（市、区）人民政府设立畲族文化生态保护实验区示范点的条件、程序及利用限制。

是保护区发展的阶段,省级保护区甚至不以实验区为必经阶段①)。文化生态保护区独具特色的区划标准是以文化类型②确定保护范围而非行政区划。文化多样性在文化生态保护区制度中的体现有:文化生态整体保护,活态文化保护,非物质文化遗产原地保护,保护区公众参与(少数民族区域还涉及对民族文化的尊重)等方面。

(一)文化生态整体保护

整体保护是文化生态保护区的精髓和特色,可以说是文化生态保护区制度中最重要的原则。整体保护体现在两个层面上:一是空间维度上的整体性,即共时性整体保护,注重文化遗产与自然、人文环境间的关联,实现对文化整体及生态整体的综合性保护;二是时间向度上的整体性,即历时性整体保护——建设生态文化保护区不冻结生活、不冻结文化,它支持古老文化向现代文化发展,在传承传统文化核心价值的同时发展文化,使其具有现代化新特征。

整体保护原则要求保护范围从遗产本体扩展至周边环境;保护对象囊括物质和非物质遗产,以及遗产的文化内涵。③ 原则的落实从保护区建设初始,整体规划、科学设计,协调统筹并建章立制,将整体保护原则从源头、从高处渗透,力求对整个保护区的文化、生态进行更系统和立体的保护。具体来说就是要把保护区建设与当地国民经济和社会发展、社会主义新农村建设、城镇化建设、公共文化服务体系建设相协调;保护区总体规划与生态保护、环境治理、土地利用、旅游发展、文化产业等各类专项

---

① 根据湖北省文化厅(现文化和旅游厅)《关于开展省级文化生态保护区建设试点工作的通知》(2010),文化厅直接批准设立省级文化生态保护区,并未规定需要经历实验区的考验。

② 我国民族学家宋蜀华先生提出中华民族的多生态文化区概念,将我国的多民族文化划分为八大生态文化区:北方和西北游牧兼事渔猎文化区;黄河中下游旱地农业区;长江下游水田农业文化区;南方山地耕猎文化区;康藏高原农作与畜牧文化区;西北自河西走廊至准噶尔和塔里木盆地边缘的绿洲人工灌溉农业文化区;西南山地火耕旱地农作兼事狩猎的文化区;海南岛黎族和台湾岛高山族的岛屿文化区。参见宋蜀华、陈克进主编:《中国民族概论》,中央民族大学出版社2001年版,第159~160页。

③ 参见赵艳喜:《整体性保护、区域性整体保护与文化生态保护区的建设》,载《河南教育学院学报(哲学社会科学版)》2012年第4期。

规划相衔接。[①]

(二)活态文化保护

除此之外,文化的“活态性”也决定了它不能被静态地保存。与物质遗产不同,文化遗产是流动的、发展的,它根植于民间的活态文化,永远处于不断更新与创造之中。换句话说,文化的演进是在与之相依的环境中逐渐形成的,对它的保护不能是单纯的“圈养”,将其“化石化”。原地保护原则是文化生态保护区建设应遵守的最基本原则,生态博物馆思想诞生之初衷即是要将民族文化真实的状态留存于其产生的生态环境中进行保护,使之成为“活文化”。

(三)文化遗产原地保护

原地保护原则移植到自然遗产和物质文化遗产的保护,是为了保持遗产融入当地环境的全貌,以更好地展现一种遗产与遗产地所呈现的整体状态而将遗产就地保存于其被发现的场所。文化是人类创造的产物,文化的诞生便是伴随着人类适应自然环境的过程,文化的内容包括人改造自然,文化的形式特别针对当地自然环境。因此对文化的完整理解需要结合当地环境,对文化的完整保护也应该将其还原到起源的环境中。

(四)公众参与

公众参与的主体可以分为两部分:一是保护区当地居民。居民是自己文化的主人,是文化的创造者、享有者,也应是最直接的保护者;政府和专家只是暂时的代理人。实现居民从名义上的主人到实际上主人的角色转变才是文化生态保护区的真正价值所在。此外,特定文化形态只有在文化的载体(广大民众)中才能呈现兴旺繁茂的生命。所以,保护区建设需要政府主导,更要尊重民众对自己文化的解释权、利用权和发展权。二是全社会参与。广泛调动社会力量(学术研究机构、高校、企事业单位、社会组织、个人等)参与保护区建设。专家研究文化遗产的历史和发展状况,提供科学的理论和建议,为政府制定政策法规提供科学依据,指导群

---

① 参见周小璞:《关于文化生态保护区建设的几个问题》,载《中国文化报》2014 年 11 月 21 日,第 7 版。

众进行文化活动，在政府和群众之间起桥梁的沟通作用。社会参与可以主导理论开拓、提升，指导遗产保护工作并引导群众参与。①

公众参与原则可以体现在最初的法律与规划制定中，亦能作用于保护区建设与维护的每个环节。在设计与维护生态文化保护区时，一是尊重当地民众的利益诉求和精神追求，关注他们的生活需要，满足他们的文化需求，解决好发展与保持文化传统之间的矛盾，让他们分享惠益。二是鼓励健康有益的民俗活动，提高民众积极性，激发文化活力。三是提高民众的文化认同感和自豪感，增进他们对文化遗产价值的了解和认识。②具体做法包括：指引民众参与决策过程，让他们对涉及自身利益的事务享有话语权；将民众作为文化展示的主要力量，政府尽量配合，给予相应的便利；培训村民从事保护区的具体管理事务，尽可能地减少外来人员的干预，达到一种村人自治的状态。在当地政府和有关媒体的努力下，保护区民众自主举办了诸如泉州南安洪籁"迎天香"、厦门"送王船"等民俗活动。

（五）培育当地文化

培育的主要手段是宣传、科普教育与科研。培育对象可以分为对外与对内，对外主要包括游客、研究员、学者等，对内有保护区内的居民、保护机构工作人员、非物质文化遗产传承人等。闽南文化生态保护实验区将闽南文化纳入当地教育体系：编写出版了闽南文化系列读本，组织代表性传承人在中小学开设选修课，在职业学校和高等院校设立非物质文化遗产相关专业。博物馆、图书馆、表演展示中心主要针对外来者；各大中小学校、讲习班则主要负责教育保护区内的青少年，以培养主人翁精神以及潜在的传承人。

---

① 参见马建华：《文化生态保护的理念与方法》，载《福建艺术》2011年第5期。

② 参见周小璞：《关于文化生态保护区建设的几个问题》，载《中国文化报》2014年11月21日，第7版。

第四章　环境法中文化多样性保护的隐遁与消失

具有多样性特征的文化与强调普适性的法律之间可能注定存在不和谐之处。现实中,以习惯法、风俗观念等方式呈现的多元文化与环境制定法常常产生冲突,此时制定法可能由于具备国家强制力而压制文化多样性,导致文化多样性保护环境法因应的失灵。比如,在进行环境法律移植的过程中全盘照搬、不考虑本土实际文化和社会现状的行为,导致本土习惯法、风俗、思想实际被压制;制定法中弱势文化群体的意见得不到体现,很多地方环境立法呈现文化差异性不足的现象;环境立法中还普遍存在轻视传统文化、地方性知识、民间生态智慧与环保经验的态度。总而言之,目前我国的环境立法对文化多样性的尊重与保护程度尚未足够。

第一节　文化多样性保护环境法因应失灵的表现

一、环境法中对弱势文化群体的关注不足

“创造法律的不是利益,而是诉求;每个诉求背后

都有具体的利益和文化倾向。人们可能有类似的需求和利益,但由于文化差别或制度差别,他们提出不同的要求。”①抽象的权利也好,利益也罢,并不能直接体现在制定法中,需要权利主体提出要求,关键在信息的传达。现代社会大多数能有效传达并收到积极效果的信息是从掌权者传到各普通对象的。政府、大企业和其他机构都会发给群众和其雇员大量命令和规则。而流向上面的公众舆论是分散的。

在人类社会进入现代以前,很多国家以个人的身体或地位来决定对其适用的法律规范,从而导致有些法律领域,富人、贵族和穷人的正式权利可能不同。如中国古代的“刑不上大夫,礼不下庶人”。雅克布斯·坦布罗克把美国加利福尼亚州的家庭法形容为“双重制度”,富人有一套规则,穷人有苛刻的贫民法典。② 在英国,居住在大庄园中的农民和工人由庄园法统治。骑士和贵族使用皇家法庭和普通法。商人有其自己的规则和法庭。身份集团多元主义的痕迹仍然残留在如给“商人”的特别规则和欧洲大陆的特别商法典中。在这样的制度下,某些弱势群体的意见更难在官方法律中得到体现。现在法律制度也并未完全消除这种现象,在一些地方在某种程度上偷偷地存在着。法律制度忠实地反映了财产、权利和威望上的不平等。典型如少数民族、原住民、农民等弱势文化群体,仍然难以表达其法律意愿。而弱势群体中的大多数人在条件许可时也不愿意表达观点,他们保持沉默,不引人注意,这就是“沉默的大多数”。

造成弱势文化群体无法在立法中表达立场的原因主要是体制与制度设计,即一个国家是否给予他们参与的空间、方式及程序。法律制度是一种配给制度,法律的每个职能都是分派性的,它反映了社会权力的分配:谁在上层,谁在底层。法律还确保这种社会结构不被改变或只按某些人同意的方式改变。法律的本质决定了弱势群体必然不能在立法中占据有

---

① [美]劳伦斯·M.弗里德曼:《法律制度:从社会科学角度观察》,李琼英等译,中国政法大学出版社2004年版,第219、261页。

② See Ten Broek J., Handler J. F., *Family Law and the Poor: Essays by Jacobus TenBroek*, Greenwood Pub. Corp., 1971, p. 160-172.

利地形，取得应得的法律资源。按照马克思主义法律观，法律是权力斗争的产物，是占统治地位的意见形成的，阶级结构、权力和影响是法律的核心。美国移民法把华人排除在外，公共土地法无情地剥削印第安土著，福利法对穷人很苛刻，管理法、税法、经济法都是适合财产所有者的需要和利益的，以至于许多学者怀疑法律是否真能像它所声称的保护弱者。而且，文化背景也会影响法律意愿的传达。主体的利益并不能直接转化为法律，必须通过个人积极的表达、要求、诉求的行为。因此，大部分普通人的意见并不能自动成为法律。人们可能选择在一些事情上施加影响，而不是另一些事情。所以，即使在民主制度下，公众舆论也不一定能体现影响法律的真实社会势力。法律在民主社会中也不过是少数人意志的表达而已。[①] 人们会把他们的影响（在一定限度内）施加在他们认为合适的问题上。文化和思想是重要的干预可变因素，决定利益何时变为诉求，此时文化起着媒介的作用。

行政效率也是少数人意志有效传达的固有阻碍，国家环境治理职责需要被及时地完成，但因为每个人的意志存在个体差异，全体公民达成完全一致几乎不可能，国家无法同时满足所有人的意志。人类最初为了互利互助、增加生存概率而选择了群居，这样的人类联合体除了自然人成员外，还有很多非实体的内容。当代的人类联合体小至家庭，大至联合国，用地图来类比，把比例尺调整到适当时，所看到的那个大小的人类联合体就是国家。与其他人类群体的作用一样，国家的建立，也是为了人类生存的大格局。国家的根本任务就是实现人类社会的延续，为此，国家的成员对国家提出了一些公共服务的要求，并让渡了自己的一部分自由给国家使其具有完成任务的能力。故国家的力量应以人们的授权为限，并跟随全体公民的意愿行事。在不同意志产生冲突时，国家需要进行平衡、协调。更多的时候，国家会体现多数人的意志。

此外，科学对传统知识的轻视，也造成了弱势群体文化、意见和利益

---

① See Ripert G., *Aspector Jurídicos Del Capitalismo Modern*, Editorial Comares, S. L., 2001, p. 45; Planiol M. & Ripert G., *Treatise on the Civil Law*, West Pub. Co., 2005, p. 38.

不被尊重,使环境法律规则体现出“大城市”“大企业”利益中心的特点。环境法律规则的建构与运行是建立在对一定地方环境问题考察的基础上,环境问题的现状考察与研究、应对政策及法律规则的制定,一般是由相应的专家来进行。大多数专家来自外地,如经济发达地区或发达国家。调查研究的范围、研究对象的筛选、研究方法的确定等关键要素很少参考当地人(特别是少数人、弱势群体)的意见。例如,根据科学家对加拿大大西洋鳕鱼渔场的调查数据,立法者所颁布的渔业管理规范脱离实际,未产生应有效果,致使加拿大政府无奈之下于1992年6月宣布了针对此海域渔场的禁渔令。[①] 导致法规失效最主要的原因是科学家的数据采集自科研用船,并不符合渔业实际,而立法者与科学家极少考虑有多年捕鱼经验的当地渔民的意见。之后渔民设立了“纽芬兰沿岸渔场联合会”,负责对鳕鱼存量科学评估的正确性和有效性提出质疑。[②] 另外,调查问卷可能因为不符合当地文化实际而难以为当地人所理解,翻译的质量也可能导致当地人的意见无法正确地传达。虽然环境法的调整对象决定了环境法制定依据的科学性[③],但是正如德国历史学家斯宾格勒所说,法学家进行法律思考而使用的材料应该来自实际生活中的习俗,而不是像语言学家一样埋头在拉丁著作中作抽象研究,进行纯逻辑的分类和排列。[④]

二、环境利益对文化利益的制约

(一)国际环境义务与文化多样性保护之间的冲突

挪威特殊的农业传统是文化多样性的集中体现:北部少数民族萨米人采用密集型放养半驯化麋鹿的生产方式;小规模、多样化“无地界牧

---

① 参见[加]布鲁斯·米切尔:《资源与环境管理》,蔡运龙等译,商务印书馆2004年版,第358~361页。

② 参见[加]安-路易斯·马丁:《鳕鱼枯竭:无知与贪图暴利的结果》,载《科技潮》1998年第7期。

③ 参见[加]布鲁斯·米切尔:《资源与环境管理》,蔡运龙等译,商务印书馆2004年版,第360页。

④ 参见[德]奥斯瓦尔德·斯宾格勒:《西方的没落》,张兰平译,安徽人民出版社2012年版,第245页。

羊”与宁静农牧文化遍布挪威大部分地区。因此根据挪威的文化传统,以绵羊和驯鹿为食的狼一直是人类的敌人。同时,出于一定的经济目的(政府必须赔偿农民因狼而造成的损失,也不愿放弃长期以来形成的富有价值的农业传统,将农民和羊群迁出野狼活动区域而让野狼自由自在地漫游),政府采取了灵活的政策:一般性地保护狼,当其达到一定数量时有选择地杀掉一些。①

杀狼是政府权衡农业传统的损失(文化多样性)与部分狼的生存(生物多样性)之后的理性选择。对狼的猎杀并不违反挪威国内的野生动物保护法律法规及政策,挪威环境部自然保护局有权依法在职权范围内作出杀狼决定。挪威《野生动物法》(2000)第12条规定:“为避免驯鹿等牲畜的损失,环境部可按需猎杀或颁发许可证猎杀一定数量的熊、狼等肉食动物。对熊、狼獾、狼和猞猁的管理应尽量减少损害,应规定更严格的地区猎杀标准,猎杀决定只能在一定地区、期限内有效,决定的作出要从保护肉食物种的长期生存和农业传统的保存两方面进行权衡。”

挪威同时是1979年《保护迁徙野生动物物种公约》(Convention on Migratory Species,1979)(又称《波恩公约》)的签约国,根据《波恩公约》中的规定,挪威森林狼是一个受到严格保护的濒危野生物种。根据《波恩公约》的规定,认为有效管理迁徙物种需要由所有迁徙范围的国家采取协调行动,相关国家应以单独或合作的方式保护陆地、海洋和鸟类的迁徙种群以及栖息地。② 分布区域国③有义务禁止(狩猎、捕捞、捕获或故意杀

---

① 2001年,挪威连续有组织地采取了几次杀狼行动。2001年2月5日,挪威环境部自然管理局发布了《关于在赫德马克县沃斯特达伦山谷的杀狼和其他保护家养动物措施的决定》。

② 《波恩公约》(1979)第Ⅰ条第(1)款给出了关键定义,如“濒危灭绝的”表示“……迁徙物种面临全部灭绝的危险或栖息地大比例的丧失。”“保护状况”是指“……针对迁徙物种采取的,可以影响其长期扩散需要和丰富程度的保护行为造成的影响总和”。当一个迁徙物种能维持其自身长期的延续;并且其栖息地规模既没有削减,在较长的一段时期内也没有削减的可能;或者即使存在削减的危险,也能在可预测的一段时间内,以科学的野生生物管理制度保持充足适宜的栖息地时,保护状况被认为是“良好的”。如果以上任何一条不满足,保护状况就会被认为是“不佳的”。“迁徙物种”被定义为具有周期性跨越一国或多国领土范围习惯的任何野生动物全部的种群或地理上分隔的各分支。

③ “分布区域”是指某迁徙物种在其正常的迁徙路线上的随时可能长期栖息、临时停留、跨越或飞越的所有地面和水域。

害)附录Ⅰ中的物种,保护和恢复这些物种的主要栖息地,消除妨碍它们迁徙的障碍,并且控制其他潜在的威胁因素。缔约国也应进行合作研究和联合监测行动。[①] 为了强化由公约发展出来的实施机制的实际效果,缔约方应该特别强调以下几个方面:鼓励多边环境协定的缔约国发展和适用有效的机制来实施和遵守条约;完善经济、法律和其他刺激机制的发展和有效利用以促进缔约方履行和遵守其国际义务;在国内范围更好地应用民事责任手段提高环境法律的实施。对于国际环境条约与挪威国内法的关系,挪威所持的态度是:国际义务需要被归入国内法以在国内生效,而实际上挪威签署的大量环境条约并未以立法形式转化为国内法。另外,国际法只是挪威国内法的法律渊源之一,只有挪威有权解释其签署或同意的国际条约并根据实际情况选择适用。但国际条约的义务不能以此为理由而不履行。《维也纳条约法公约》第27条规定,"当事国不能以其内国法与条约规定不同而不遵守条约"。因此挪威的做法引起了来自国际的指责。[②]

同样的情形也发生在阿根廷 Kattan v. Poder ejecutivo(1983)一案中[③],原告反对政府当局对阿根廷沿海的14个特殊海豚授予垂钓许可。原告认为该授权违反了《濒危野生动植物种国际贸易公约》(1973)。法院支持了原告保护环境的起诉资格,并撤销了国家渔业管理局(the National Fishing Agency)已经颁发的垂钓许可决定。

(二)公民环境权与文化权的背离

通常认为环境保护对经济活动有一定程度的冲击,其实环境权也经

---

① 《波恩公约》(1979)鼓励缔约国缔结条约以保持和管理列在附件Ⅱ的迁徙物种,根据第Ⅳ条规定,这些物种是"……保护状况不佳,需要签订国际协定加强保护和管理的;以及保护状况可以极大受益于国际合作的"。

② 世界自然基金会副主席尤尔根·冉德尔斯认为挪威政府对《波恩公约》(1979)第9条允许在"穷尽解决方案且不影响该物种生存"的情况下猎杀受保护野生动物的规定作了狭义的解释,指出"每个国家都应保持适当的本地物种数量并鼓励濒危物种的人工饲养。濒危肉食物种和人的冲突不能简单通过捕杀的办法解决"。参见周训芳、黄豫湘:《文化多样性与野生动物保护的冲突:挪威野狼管理述评》,载《林业经济问题》2002年第1期。

③ See Kattan v. Poder ejecutivo (1983. 5. 10) 1 Instancia, Cont. Adm. Fed. Juzg. 2, Buenos Aires.

常对其他权利造成限制，比如财产权或个人行动自由权，文化权利也与环境保护之间常有冲突。环境立法中对环境权益与文化权益的分配有明显倾向性。环境法常常对保护地内或附近的原住民传统生活方式进行一定程度的限制，如我国法律对自然保护区内的多样生产方式进行了严格的限制。[①] 禁止在自然保护区的缓冲区开展生产经营活动；在自然保护区的核心区和缓冲区内，不得建设任何生产设施。部分国家公园法规中禁用小水电；《大气污染防治法》(2018)规定禁止燃放烟花爆竹，禁止烧纸、燃放孔明灯等环境措施，限制了文化习俗。《里约环境与发展宣言》(1992)提出，为了实现可持续发展，各国应采取适当的政策和措施，如减少和消除不可持续的生产和消费方式。《关于持久性有机污染物的斯德哥尔摩公约》(2001)意旨开发和利用对环境无害化的替代工艺和化学品，减少或者消除持久性有机污染物的排放和释放，使人类健康和环境免受其害。

我国有淘汰落后工艺、设备的制度。[②] 该项法律制度最先在《固体废物污染环境防治法》(1995)中设置，后来，在新颁布的《环境噪声污染防治法》(2018)和经修正后颁布施行的《水污染防治法》(2017)、《大气污染防治法》(2018)和《海洋环境保护法》(2017)中，也都设置了该项制度。《大气污染防治法》(2018)限制高硫分、高灰分煤炭的开采；大中城市的民用炉灶实现燃用固硫型煤或者其他清洁燃料，逐步代替直接燃烧散煤；对严重污染大气环境的落后工艺和落后生产设备实行淘汰制度。凡是列入淘汰名录的工艺和设备，任何单位和个人没有选择适用与否的权利，必须无条件地去遵守这一制度，受这一制度的约束。对于列入淘汰名录的工艺和设备，任何单位和个人不得继续采用，不得继续生产、销售、进口或者使用。也就是说，此类工艺、设备要彻底退出生产领域。对于发达地

---

① 我国自然资源保护相关法律禁止在自然保护区内进行砍伐、放牧、狩猎、捕捞、采药、开垦、烧荒、开矿、采石、挖沙等活动；禁止任何单位或个人进入自然保护区的核心区。

② 淘汰落后工艺、设备制度是指国家定期公布严重污染环境的工艺、设备的名目和期限，限期禁止生产、销售、进口、使用和转让的法律制度，目的是减少环境污染，改善环境质量。参见孙明烈、肖彦山主编：《污染防治法基本制度研究》，中国海洋大学出版社2016年版，第335页。

区、欠发达地区,城市、农村的单位和个人将统一执行这一制度,杜绝所有相关工艺、设备的生产、销售、进口或者使用。同时,国家在制定严重污染的工艺、设备淘汰目录时,往往会针对国内外市场变化和产业发展情况,充分考虑名目中工艺、设备的科技含量,将科技标准作为判定工艺、设施是否应当淘汰的首要依据。当一项工艺、设施明显落后于当代的科技水平时,该项工艺、设施就存在被淘汰的必要性。

在环境司法中遭遇少数人的文化自主权与更为广泛人群所享有的环境权相冲突时,法官会倾向于环境权而压制其他权利。根据《巴西宪法》(1969)第225(1)条第Ⅶ项的规定,巴西司法机关(具体来说是联邦最高法院)通过宣告圣卡塔琳娜州的公牛狂欢节(farra do boi)①习惯和里约热内卢的斗鸡活动(briga do galo)②违宪,禁止了残酷对待动物的行为。此条宪法规定国家有如下义务,即"通过法律规定的方式保护动植物,禁止威胁它们生态功能、导致物种灭绝或使动物遭受暴虐的行为"。该条款的内在含义是:所有形式的生命(包括动物)都具有其价值并且需要加以保护。可以看出,《巴西宪法》(1969)中的环境条款并不仅仅保护环境的工具价值(the instrumental value),即为了人类的使用和消费而保护自然物种。当冲突发生时,巴西司法机关会谨慎地适用比例原则去解决争议。

---

① Farra do boi(或者称公牛马戏,bullock antics),起源于亚速尔群岛(the Azores islands)。一头小公牛被放逐到城市街道中,被人们追赶直到死去。联邦最高法院被要求评判圣卡塔琳娜州(the Santa Catarina State)的这种传统的合宪性。法院应用了比例原则,权衡了当地社区对文化表达的权利(right to cultural manifestations)与这项传统中包含的对待动物的残酷,最终禁止了这种行为以保护动物身体的健全与福利。法院认为:这项传统是对动物的公开暴力及残酷对待,有悖《巴西宪法》。法院进一步指出:国家其他地区的文化活动,例如让小公牛打扮成人类小丑(用布料、木料和纸板组成的装束)进行滑稽表演,这种活动没有伤害生物,因此为宪法所接受。联邦最高法院,第153.531-8号上诉案件(圣卡塔琳娜州),由Francisco Resek法官作出法庭意见,于1997年6月3日作出判决。See SFC, Appeal No. 153.531 - 8 (Santa Catarina), opinion by Min. Francisco Resek, decided on 3 June 1997.

② 联邦最高法院,全体法官列席,第1.856-6号直接违宪审查案件,初步法院命令,由院长Carlos Veloso作出法庭意见,全体一致决定,司法记录,第1节,2000年9月22日,第69页。See SFC Full Bench, Direct Action of Unconstitutionality No. 1. 856 - 6 (Rio de Janeiro), preliminary court order, opinion by Min. Carlos Veloso, unanimous decision, Justice Diary, Section I, 09. 22. 2000, 69. 联邦最高法院在第2.514-7号(圣卡塔琳娜州)和第3776号(北里约格朗德州)直接违宪诉讼案中再次审理了此类事项。

当任何行为对旨在保护人类尊严及环境的宪法上的“保护伞”规定构成严重危险时,后者将居优先地位。相应地,比例原则与合理原则只有在其必要之时才会被考虑适用:当涉及基本环境资源时,停止或禁止过度的国家干预;禁止由国家引起的不充分的保护措施。在这两种情况下,司法机关都必须受在基本权利领域优化环境保护这个目标的引导。① 通过这种方式适用比例原则和合理原则,能够按照可持续性理念所要求的,后代人利益得以实现。

加拿大原住民对土地和其他资源的权利有时会与环境法相冲突。虽然《加拿大权利和自由宪章》(Canadian Charter of Rightsand Freedoms, 1982)②第35条明确规定:“承认并确认加拿大原住民既有的原住民权利和条约权利。”但在若干环境诉讼案件中③,以从事渔业或其他传统资源活动为生的原住民因其生产活动违反了环境保护法而被控告。著名的德格姆卡诉不列颠哥伦比亚省一案(Delgamuukw v. British Columbia)④肯定了受宪法保护的原住民权利可以受限于环境保护法律。在马歇尔诉加拿大一案(Maeshall v. Canada)⑤中,最高法院认为源自条约的原住民权利可以由立法予以排除,但必须建立在一种有法律效力的立法目的之上,且需具备一些必需的程序要件包括与受影响的原住民进行适当的协商⑥,并只

---

① 在衡量过度禁止和不充分、不完备的保护禁止时,关于比例原则的重要性可特别参见:I. W. Sarlet, *Constitution and Proportionality: Criminal Law and Fundamental Rights-Prohibition of Excess and Insufficiency*, RBCC 47, 2004, p. 60 – 122; L. L. Streck, *The Double Face of Proportionality in Criminal Matters: Overcoming the Liberal-Individualistic-Classical Paradigm*, RMPERGS 53, 2004, p. 223 – 251; L. Feldens, *The Penal Constitution: The Double Face of the Proportionality on the Control of Criminal Legal Standard*, Porto Alegre: LdA, 2005; J. Freitas, *The Precautionary Principle: Excess Prohibition and Insufficiency Prohibition*, Separata Especial de DARIP 35, 2006, p. 33 – 48.

② *Canadian Charter of Rightsand Freedoms*/LaChartecanadiennedesdroitsetlibertés, See the Official Website of the Government of Canada, http://www. publications. gc. ca/collections/Collection/CH37 – 4 – 3 – 2002E. pdf.

③ See R. v. Sparrow[1990]1 SCR 1075; R v. Gladstone [1996] 2 SCR 723.

④ See [1997]3 SCR 1010.

⑤ See [1999]3 SCR 533(Marshall No. 2).

⑥ 在 Delgamuukw 提出的咨询义务是海达族诉不列颠哥伦比亚省([2004]3SCR511),适用于关于土地的发展,这正是不断发展的土地索赔谈判的对象,但是其权利最终并没有得到确认。See Haida Nation v British Columbia [2004]3 SCR 511.

能最低限度地侵害原住民权利。这些案件均说明了法院在权衡环境问题与其他基本利益和价值(甚至是宪法上受保护的利益和价值)中所遇到的困难和挑战。

第二节 文化多样性保护环境法因应失灵的原因分析

文化多样性环境法保护因应失灵的原因可能来自环境法公益性、公法性、现代性、技术性与文化多样性保护之间的天然矛盾。第一,公益性决定了将以多数人利益为重,继而造成少数群体利益被忽视。因此当环境权利与文化权利发生冲突时,利益衡量的主体会倾向于压制文化权利。并且环境问题所造成的权益损害可能是生命权和健康权,在权利的位阶及紧要程度均超过文化权。第二,自上而下制定的公法较私法难体现公众意志与文化特征。环境法制定过程、实施过程以及在守法、违法、适用法律的过程中,普通民众特别是弱势群体及弱势文化群体(少数民族、原住民等)均难以、有时也不习惯于表达自己的意见。第三,环境法的现代性要素消解文化多样性——生于现代的环境法过于重视客观性而忽略了社会性;过于强调普适性而忽略了多样性;过于关注科学而忽略了人文精神。现代法倾向统一、一致、普适及便利,于是通过法律移植来努力控制和剔除本土法律体系中的多元化要素。环境问题的跨国性、各国国内环境问题的相似性、环境法的科学理性均使得环境法比起其他传统法律部门更容易跨越国界,被借鉴、移植到其他土地上。环境法作为可移植性较强的法律部门可能面临时空上的双重否定:在时间上对历史传统的否定;在空间上对本土规则的否定。第四,环境制定法对技术理性的标榜和彰显使现代环境法治排斥人文关怀与价值倡导。科学所使用的方法与传统文化中关于生态知识的积累方式所迥异,环境科学无法论证出某些文化对环境保护的益处因而否定了一些生活方式的价值,从而造成了环境法规定对文化多样性的抑制。

一、环境法的公益性造成对少数群体利益的忽视

"公益"是"公共利益"的简称,指代有关社会公众福祉的公共利益。"公益"一词直至近代才在中国出现并被使用。20 世纪初,有一些以"公益"为名(如禁烟公益会)的社团。清光绪三十四年(1908 年)《城镇乡地方自治章程》中出现过此词。鲁迅先生在《准风月谈·外国也有》中说道:"只有外国人说我们不问公益,只知自利,爱金钱,却还是没法辩解。""公益性"指事物所具有的公益特质,公共性是公益性的标准之一——通常公益事项由公共组织来承担;公共事务通常也意味着公益性。

法律通常带有一定的公益性,如刑法所保护的法益除了个人的生命权、健康权等,还包括了整个社会的秩序与安全;经济法的目的比起保护个人权利,更多的是维持经济秩序与市场公平的交易环境。公法中的公益性强于私法,由于其公共性质所致。而政府,特别是行政机关的公共性也强于其他私主体,它们不以营利为目的,主要是为了社会公众的福祉而被设计出来并依法行使公共管理职能。

环境法的公益性体现在环境法所指向的对象、客体、主体的公共性之中。环境法的对象是环境,包括自然资源、自然环境与文化环境、自然与文化遗产等均具有公共性,这种公共性体现在环境的共有性、不可分割性、普惠性、无排他性。① 环境问题具有广泛性与公害性,一方面,环境污染源可能是流动的,一旦产生污染将影响很大范围的空间;另一方面,环境问题可能导致生态破坏,生态破坏一般是大范围的。这两种情形之下,环境问题都会影响到公共安全及广大民众的环境权利。环境法的客体包括个体或不特定人群的健康权、生命权、生存权,享受优美环境的权利,等等,环境法所保护的法益还有在环境保护关系中的公共秩序等利益。环境法所关注的主体经常是具有巨大范围的群体,如良好环境的受益人为社会全体人员。正因如此,参与环境保护、遵守或违反环境法规定的群体更是广泛及不特定。环境法的公益性还来自其综合性、整体性特质。环

① 参见刘三木:《从环境的公共性看环境法的属性》,载《法学评论》2010 年第 6 期。

境法需要同时顾及社会效益、经济效益、生态效益三者的统一，牵涉经济、生产、建设、科教文卫等众多的部门和机构。环境法也是职能、学科交叉的产物。①

公益性决定了将以多数人的利益为重。几乎每次环境权利与文化权利发生冲突时，利益衡量的主体会作出环境权利所涉及更广泛主体的利益，于是倾向于抑制文化权利的决定。并且，环境问题所造成的权益损害可能是生命权和健康权，其权利的位阶及紧要程度均超过文化权。文化权利作为一种基本人权一直是人权领域里的“不发达部门”，挪威人权学家阿斯布佐恩·艾德说，文化权利常被当作人权里的“剩余范畴”来对待。② 其实，根据马斯洛需求层次理论③，对文化自由的需求属于更高级别的需求；与其他基础权利相比，文化权是更高层次的权利，具有重要而不可替代的价值，是迈向更高程度自由的必然结果。④

二、环境法的公法性阻碍弱势文化群体意见的体现

公法与私法的划分是动态的、历史的。⑤ 不少学者认为在当代法律

---

① 在环境法体系内，社会管理部门与生产管理部门相交叉、社会科学与自然科学相交叉。参见凌相权、蔡秋守：《论环境法的公益性》，载《法学评论》1983 年第 1 期。

② 参见司马俊莲：《少数民族文化权利的法理研究》，中国社会科学出版社 2014 年版，第 13、15 ~ 16页。

③ 马斯洛需求层次理论是人本主义科学的理论之一，由美国心理学家亚伯拉罕·马斯洛在 1943 年在《人类激励理论》论文中所提出。书中将人类需求像阶梯一样从低到高按层次分为五种，分别是生理需求、安全需求、社交需求、尊重需求和自我实现需求。

④ 从经济、政治、文化权利三者的关系来看，经济权利是基础，政治权利是保证，文化权利是目标。参见司马俊莲：《少数民族文化权利的法理研究》，中国社会科学出版社 2014 年版，第 13 ~ 16 页。

⑤ 公法与私法的划分，最早由古罗马法学家乌尔比安提出。他认为，公法是以保护国家（公共）利益为目的的法律，私法是以保护私人利益为目的的法律。公法调整国家或公共利益，它的一方主体应当是国家，与另一方主体一般是不平等的隶属或服从关系，公法否定私法自治，以强制性规范为主。大陆法系国家普遍认为，公法调整国家或公共利益，它的一方主体应当是国家，与另一方主体一般是不平等的隶属或服从关系，公法否定私法自治，以强制性规范为主。而私法则是强调私人利益关系的法律规范，以任意性规范居多，弘扬私法自治，以自治为其最高原则和精髓所在。公法与私法在调整范围、调整机制与其所维护的利益上存在本质区别。公法与私法的最大区别在于其立法理念不同：公法强令服从，注重权力运作；而私法关注意思自治，平等等价，注重权利的形式和保护。

部门体系中公法与私法的简单划分并不周延,例如,环境法中既有涉及公共利益、限制公权力的公法关系调整规范,亦有调整平等主体之间法律关系的规则,并不能简单地认为环境法是公法。① 但学界并未在环境法具有公法的属性这一点发生分歧。②

自上而下制定的公法较私法难体现公众意志与文化特征。制定过程、实施过程以及在守法、违法、适用法律的过程中,普通民众,特别是弱势群体及弱势文化群体(少数民族、原住民等)均难以、有时也不习惯于表达自己的意见。环境立法一般是由国家组织专家制定,具有较强的专业性、科学性,其立法目的之一是授权并指导政府进行环境治理,这也就决定了一方面民众的意见可能并不受重视,另一方面普通民众也不善于提出具有专业建设性的意见和建议。在进行环境行政执法时,环境行政机构面对违法企业或民众也是处于双方主体地位差距较大的场合,此时只有行政机构处于一种和善、耐心的态度之下民众才可能表达出自己的真实意见。各国文化中拥有地位、权威的主体往往认为良好的态度是一种施舍,而并不认为自己有必须的义务;而地位较低的主体则可能因为畏惧、不得罪的心情避免表达反感或反对的情绪。一些促进公众参与的条款,若没有其他保障实施的条款及措施辅助,对弱势群体表达意见的帮助并不大。另外,公法中强制性的意味更浓厚,很少摆出与民众平等协商的姿态,倾向使用命令与控制的手段,也较少顾及对民众的文化尊重。例如,环境立法中有相当一部分强制性措施限制非现代化的生产、生活方式,这些被认为是低效率的生产工具为一些少数族群、原住民或人为选择较原始、简朴生活方式的人所日常使用。

---

① 在环境法和资源法的执法当中,既要贯彻国家意志,又要体现当事人意志,因此环境法、资源法被认为是公法与私法相融合的产物。

② 环境法的公法属性体现在环境法包括调配公权力之间关系的规范和调配公权力与私权利关系的规范。环境法中涉及公主体、公利益、公权力、公权利等范畴,主要有环境治理公权力的分类(包括国家权力和社会公权力)、公权力的配置(国家权力的分工及相互关系、横向配置、纵向配置、国家权力与社会公权力的配置、公权力与私权利的配置与关系)、公法关系(公权力在调整社会关系过程中形成的权利义务关系)、公法责任(危害公权力的正当行使,违反公法应受处罚的行为)等内容。

这些强制性条款的合理性依据是科学数据，很少考虑到利害关系人的意愿，法律强制禁止了人们的文化自由，毫无余地，在这里与法所应具有的人文精神产生了断裂与背离。

三、环境法的现代性[①]要素消解文化多样性

一些学者认为环境问题在于现代性。[②] 詹姆斯·斯科特也在《国家的视角》一书中对持极端现代主义[③]的政府科学粗暴干预自然规律及当地社群生活的行为进行了批判。国家对于传统文化与实践知识产生非科学轻视。[④] 国家为了便于公共管理，将社群结构简单化。社群结构的简

---

① 现代性是指现代社会整体结构(或广义的秩序)的性质和特征。社会整体结构可以从各个方面进行考察和描述，可以区分为外在的社会制度结构和内在的文化心理结构两个方面。现代性概念所指称的社会实存要素也因此可以区分为两个方面：外在社会制度结构的现代性质和内在文化心理结构的现代性质。参见李佑新：《现代性问题与中国现代性的建构》，载《北京大学学报(哲学社会科学版)》2005 年第 2 期。

② 查伦·斯普瑞特奈克在《真实之复兴：极度现代的世界中的身体、自然和地方》一书中指出，生态环境问题是现代文明危机的一种表现，要解决环境问题就要突破现代文明的藩篱，集中对现代性进行批判。认为现代性的经济人的利己性，工业主义的社会秩序，父权制的等级安排，中心化的思维格局以及绝对人类中心主义形态汇聚起来形成了一股强大的反自然的文化力量，从而造成了严重的环境污染和生态破坏。基于此，薇尔·普鲁姆德深入到现代性深处，找到了“四大压迫”的聚合点：二元论。贯穿于西方文化和哲学史中的二元论通过背景化和对依赖性的否认、极端排斥和极度区分、吸纳和关系型定义、工具主义和对象化以及同质化和刻板化的手段彻底地把人与自然分割来，二者没有任何的延续性和重叠性。这造成了道德观、价值观、发展观的二元论，自然不是道德关怀的对象，没有价值。隐蔽在文化深处不易被察觉的二元论为工业化的经济发展模式奠定了内在支撑，并造成了对自然的掠夺性开发和过度消费，从而超越了生态环境自净的极限，造成了重大的环境污染和生态破坏。参见[澳]薇尔·普鲁姆德：《女性主义与对自然的主宰》，马天杰等译，重庆出版社 2007 年版，第 45 ~ 50 页。

③ “极端现代主义”是一种对科学和技术进步的强烈(甚至是僵化的)信念。其中心是对持续的线性进步、科学技术知识的发展、生产的扩大、社会秩序的理性设计、不断满足人类需要以及与随时对自然规律的科学理解相应的不断增长的对控制自然(包括人类本性)的超强自信。极端现代主义是一个关于将科技进步应用于(往往通过国家)人类活动各领域的全盘幻想。极端现代主义的困境主要来自它用科学知识的权威讨论改善人们的生存状态并排斥其他不同的看法，它意味着与历史和传统的真正决裂。参见[美]詹姆斯·C. 斯科特：《国家的视角》，王晓毅译，社会科学文献出版社 2011 年版，第 111 ~ 112 页。

④ 国家对传统文化与实践知识产生非科学轻视的原因有：一是“职业化”原因，农民知道得越多，专家及其机构的作用越低；二是极端现代主义的单纯体现，也就是对历史和过去知识的轻蔑；三是实践知识是以与科学农业不同的方式表现和编纂的。参见[美]詹姆斯·C. 斯科特：《国家的视角》，王晓毅译，社会科学文献出版社 2011 年版，第 392 页。

单化，包括制作地图、统一度量单位、人口普查、地籍制度等。这种被格式化的事实是一种强有力的国家知识，使国家可以尽早地干预社会，了解影响公共福利的经济走向，观测他们的政策是否可以产生预期的影响，并在掌握很多事实的基础上作出决策。促使社会清晰呈现的技术越来越复杂，然后其政治动机却基本相同。征收赋税、控制和操纵仍然是最重要的。国家简单化有这样一些特征：只关注社会生活中官方感兴趣的事实；这些事实通常是成文的、静态的事实；将格式化的事实汇总；将国民类型化，从而进行集体的评估。[①]

现代环境法产生于19世纪中叶，在此之前并没有真正意义上的环境法律部门。因为生于斯，长于斯，所以环境法具有现代性的特质。[②] 现代法[③]可能面临时空上的双重否定：在时间上对历史传统的否定；在空间上对本土法律的否定。[④] 现代法倾向于统一、一致、普适及便利。现代统一的民族国家需要单一的国家法，逻辑上来讲，一个统一的法律制度有助于国家团结，像共同的语言或旗帜一样，能把许多阶级或部落铸在一起。除去自然发生的多样性衰退以外，中央政府也在努力控制和减少各种文化与法律的多元化。现代化还促使了移植法的兴旺，环境法随着全球化发展也产生了国际化的趋势。法律移植是推动本土法律文化或者说传统法律文化向现代法律文化转型的一个重要过程。因此，移植他国法律的民族，每一次移植的过程，都是一次迈向“现代”的过程。因为近现代的环境问题具有同一性，且国际领域内的环境法影响力大，所以环境法可移植

---

① 参见［美］詹姆斯·C. 斯科特：《国家的视角》，王晓毅译，社会科学文献出版社2011年版，第98页。

② 也有学者认为环境法是处于现代和后现代之间的学科，既不能说完全是现代的——它产生于现代，但是它里面相当多的理念具有后现代的色彩，它对于传统法律的已经有的系统语言的解构，对于传统已经形成定论的认知的肢解，对于一些定式的进攻性的、侵略性的侵入，这些方面已经颇有后现代的色彩。

③ 法的现代性是一个价值关涉的概念，它是相对于“法的非现代性”或“法的传统性”而言的，法的现代性就是现代法所具有的属性。现代法是韦伯所构想的理想类型的法概念。葛洪义教授将法的现代性特质归纳为8点：公开性、自治性、普遍性、层次性或称道德性、确定性、可诉性、合理性、权威性。参见葛洪义：《法律与理性——法的现代性问题解读》，法律出版社2001年版，第5页。

④ 参见周永坤：《论中国法的现代性十大困境》，载《法学》2006年第6期。

性强于其他部门法及领域法。环境问题的跨国性、各国国内环境问题的相似性、环境法的科学理性均使得环境法比起其他传统法律部门更容易跨越国界,被借鉴、移植到其他土地上。结果是现代法席卷全球,非西方国家本地的法律制度在衰亡,广泛移植西方法,全世界的法律趋向统一。

环境法的现代性包括环境法所依赖的科学背景。环境法具有科学性特征,体现在以环境科学为基础,反映生态规律的要求。环境法的基本原则、制度都体现了科学的客观规律。[①] 环境制定法对技术理性的标榜和彰显使现代环境法治在排斥人文关怀与价值倡导。科学所使用的方法与传统文化中关于生态知识的积累方式所迥异,环境科学无法论证出某些文化对环境保护的益处因而否定了一些生活方式的价值,从而造成了环境法规定对文化多样性的抑制。在李瑞亚等800人诉总检察长等2人一案[②](Lereya & 800 Others v. Attorney General & 2 Others)中,原告声称他们受到了 Marigat Division 的影响,请求法院发布一个命令来对抗总检察长、环境与自然资源部部长和国家环境管理局,要求他们清理其土地上的杂草——牧豆树(Prosopis Juliflora)。这种杂草由联合国粮食及农业组织引进,目的在于控制沙漠化。但是,这种杂草也入侵到大片土地,并对当地植被、牲畜、民众与环境造成了危害。国家环境管理局基于环境科学决策引进这种物种,以生物手段进行沙漠化治理,但客观上却造成了环境经济和文化的破坏。

另外,一般来说,法律的特征是具有滞后性的。而文化是一种具有历史性、本土性、自发性的事物,文化的产生和发展过程一般是缓慢进行的,偶尔会因为自然环境或/和人类社会的剧烈变动(战争、天灾等)在短时间内发生巨大的改变。国家通过环境法律的实施实现环境保护的职能,环境法以科学为基础,自上而下设立,往往会稍微领先于国民环保意识和环保需求,超前设置,具有一定的先进性,作为先导引领环境保护事业的发展。以至于有学者认为环境法可能存在“超前立法”的问题。环境法律制度是现

---

① 许多措施,如土地复垦、植树种草、物种保护、清洁生产、污染物总量控制等,以及大量的环境标准,都是从环境科学的研究成果和环境保护实践中,由技术规范上升而来。

② High court, *Kenya Law Report* (*Environment and Land*), (11 July 2006), p. 761.

代化的,人们的法律意识则是传统的或更近似于传统的。国家环境制定法在理性主义大旗下沦为现代环境治理的技术与工具,忽视、割断了与传统法文化之间的联系,缺乏法律所应秉承的人文精神,具有先天的缺陷。一个较为现代的制度性法律文化缺少与之相协调的观念性法律文化的配合,使其法律制度常常不能得到正常运转,很难发挥作用并可能会丧失其应有功能和预期目的。现代环境法的专业性也决定了环境纠纷的解决不太可能依赖民间机构。

第五章　以文化多样性保护为面向的我国环境法应对

探求面向文化多样性保护的环境法转向首先要向本土资源中寻找养分。中国浩瀚丰富的文化中蕴藏着大量对环境保护实践有益的文化价值观念,从三大传统文化——儒、道、佛包含着天人合一、道法自然、节用惜物、天地人协调互惠的自然生态观,兼爱尚同和四海一家的人类社会观等,到少数民族开发自然、利用自然、改造环境、建设环境的经验。美国法学家庞德(Roscoe Pound)说过,法的生命在于实施。其实,文化的生命也在于实施。在环境法律规范中融入中国传统生态智慧,不仅有利于环境保护事业的发展,也有利于文化多样性的繁荣。

具体来说,包括指导思想上的转变,运用环境伦理方法、人文精神以及传统文化中的有利因素改造环境法。在环境立法中应加强民族地方环境立法对文化与环境差异性的关注;重视环境习惯法的价值并包容它的存在;在向其他国家以及国际环境法学习有益经验时,注意与本国实际相结合,保留和发展本土固有法文化特色;在环境执法中进一步推广公主体与私主体共同合作的社区协同共管机制,实现当地居民特别是少数民族、原住民族的参与权;在环境司法中善用利益衡量的手段平衡主体之间的环境与文化利益;加强民族与农村基层的环境事务自治,善用现有的民间纠纷解决系统。

第一节　环境法理念的转向

一、正视本土文化的价值

(一)儒家"天人合一"生态整体观

"天人合一"是儒家思想中的一个基本哲学命题,也是中国传统文化的基本观念之一。"天人合一"既表现为一种世界观和宇宙观,也是一种人生观,古人常追求与自然"合为一体"的境界。和西方人与自然二元对立的观念不同,"天人合一"思想鼓励人类与自然和谐相处、共生,孟子说,"人禽之辨"只在"几希"[①]。它强调了生态的整体性,认为人类社会是生态系统的一个子系统,是以张载说:"乾坤父母,民胞物与"[②]。再者,它意识到了人与自然的差异,"合一"强调合而不同,是指两者的对立统一。儒家认为只有无限的、永恒的"自然"是最高存在,人应"与天地合德",要求人善待、顺应自然,合理利用资源,并与自然万物相辅相成,和谐共处。[③]

"天人合一"思想与现代"生态整体主义"[④]理念有着许多相似之处。[⑤] "天"大于"人","合一"是最高境界,意味着生态整体的价值高于

---

① 叶树勋:《道德实践的可能性与必要性——孟子哲学中"几希"的双重意蕴》,载《道德与文明》2017 年第 4 期。

② 吴凡明:《张载"民胞物与"生态伦理思想及其当代价值》,载《湖州师范学院学报》2017 年第 9 期。

③ "不违农时,谷不可胜食也;数罟不入洿池,鱼鳖不可胜食;斧斤以时入山林,材木不可胜用也"(《孟子·梁惠王上》)。孟子指出了人类只有遵守自然规律才能更好地利用自然。"钓而不网,弋不射宿"(孔子《论语·述而》)。孔子让人们钓鱼,但不能用网一网打尽,射猎飞禽,但不能射杀林间栖息、繁衍后代的鸟。

④ 美国科罗拉多州州立大学哲学系终身荣誉教授罗尔斯顿(Holmes Rolston),同时也是国际著名环境伦理学家。其治学道路从物理学转向神学而后定位于哲学,专攻环境伦理学。他的理论与美国环境运动先驱利奥波德创立的"大地伦理"(Land Ethics)、深生态学(Deep Ecology)一同被称为"生态整体主义"的环境伦理学。罗尔斯顿认为,环境伦理学是"一种恰当地遵循大自然的伦理",因为"自然最有智慧",借助现代生态学,罗尔斯顿用一种整体的方法去解释自然和评价自然,并且重新审视了人在自然中的位置和作用。

⑤ "生态整体主义"发端的"万物是一""和谐、稳定和美丽"原则和罗尔斯顿的"完整""动态平衡"理论有着殊途同归的意义表达。

人类这一单一物种的价值。“天人合一”思想超越了追求个体价值的“人类中心主义”观念，但并未失去人文精神，因为生态整体价值与人类长远利益具有一致性。[①]

（二）道家“知足”“知止”思想抑制消费主义

道家主张“知足”“知止”“能忍”“顺乎自然”。[②]“知足”“知止”，是指遵循生态规律，认清事物固有限度，不涸泽而渔，不杀鸡取卵；“能忍”控制无限膨胀的人欲、物欲，适可而止。“顺乎自然”，知足常乐，是老庄思想的重要命题，是道家哲学面对现实世界的态度。中国人承袭“乐天知命”“道法自然”的人生态度，不崇尚物质追求，而是诚挚地迷恋内心的充实。中国人勤俭持家、艰苦朴素的传统可以缓和西方社会风行的“消费主义”所带来的环境问题与生态危机。[③] 老子所向往的“小国寡民”，庄子所追求的“至德之世”具有一定的现代价值。在生产力遭遇发展的极限时，“小国寡民”是实现“天和人不相胜”的有效方法。[④] 因为地球生态资源的有限性，人类应依照道家所提倡的“少私寡欲”和“去奢去泰”限制无穷物欲，方可实现“至德之世”。

（三）佛教“博爱与怜悯”思想促进环境保护

佛教起源于印度，因其理论完备，兼具哲学观点，在学者与民众中都极具影响力，向印度之外的地区广为传播。东汉末年，佛教在中国已初具

---

① 中国当代哲学家张岱年这样评论“天人合一”观：“西方有一种流行的见解，以为把人和自然界分开，肯定主体与客体的区别是人的自觉。而宋明理学则不然，以为承认天人的合一才是人的自觉。原始的物我不分，没有把自己与外在世界区别开来，这是原始的朦胧意识。然后区别了主体与客体，把人与自然界分开，这是原始朦胧意识的否定。再进一步，又肯定人与自然界的统一，肯定天人的统一，这可以说是否定之否定，这是更高一级的认识。”参见张岱年：《中国哲学中“天人合一”思想的剖析》，载《北京大学学报（哲学社会科学版）》1985 年第 1 期。

② 参见“祸莫大于不知足，咎莫大于欲得，故知足之足，长足矣”（《老子》四十六章）。“甚爱必大费，多藏必厚亡。知足不辱，知止不殆，可以长久”（《老子》四十四章）。

③ 中国人储蓄率居高不下，而在新加坡、韩国等一些深受中国传统文化影响的国家，储蓄率也达到了 40% ~50%，是法国等西方国家储蓄率的好几倍。

④ 老子把“小国寡民”作为自己的现世追求，被许多人批评为因循守旧、不思进取，放弃利用自然和改造自然的勇气，而宁愿回到蒙昧的原始生存状态。然而，生态人类学已经证明，当人类可利用的资源一定时，人类群体的生活水平与人口数量大体成反比关系。要保持生态的平衡和人类的生活水平，必须对人口数量进行合理控制。

规模。佛教在中国越来越受欢迎,并且与儒、道等本土思想结合在一起,变成有中国特色的"汉传佛教"而大放异彩。以至于我们今天已经习惯将佛教当作中国自己的传统文化之一。

佛教认为"佛性"是万物之本原,世间万物统一于"佛性"之中。宇宙万物的千差万别,只是"佛性"的不同表现形式,宇宙间一切生命因为"佛性"而互相联系。可以说,佛教"万物一体"世界观也是一种生态整体主义的价值观。众生因为"轮回"而不断互换着表现形式,即任何生物都不是永恒的,在轮回中都可能变为完全不同的另一种生物。因此佛家说"众生平等",对世人、对万物,皆是"博爱与怜悯""慈悲为怀"。也因为有轮回,佛家"不杀生"且"素食"。佛教规则中的"因果报应",指人的行为会造"业",业的累积决定了轮回,未消"业"之前,人要一直受轮回之苦,无法成佛。而"前世的因"(积累的业)在轮回中并不会消失,会造成"后世的果"。作善行可以消业,因此佛教崇尚"泽被草木""普度众生"。其中"放生"是非常大的善行,可以抵消很多业。佛教行善的动机虽然是带有一点功利性质,但在客观上却使得佛家弟子以及深受佛家影响的中国百姓,普遍对自然具有生态关怀。这种内发性的激励使得他们对环境法的遵守更为主动、自发与经济。

(四)少数民族的生态智慧

一切民族文化都是针对特定的自然与生态环境建构而成,民族文化中当然地包括了适应当地生态环境的生态智慧和技能。贵州南部和西南部山区近几十年出现了严重的土壤石漠化现象,表现为土少、土层薄、易松动、土地保水能力差、雨季的分布不均衡。① 当地少数民族采用立体混合播种的方法进行种植②(在同一块土地上同时种上多种作物——粮食作物、饲料、蔬菜及纤维作物),在一定程度上缓解了石漠化灾害。黄河兰

① 参见谢景连:《论生物资源跨文化均衡利用的生态价值——以贵州南部和西南部喀斯特山区为例》,载《原生态民族文化学刊》2010 年第 4 期。

② 立体混种方式使地表被植物覆盖,降低水资源的无效蒸发;避免阳光直射而导致地表的无序升温;避免作物在换茬时土地资源的裸露,减少重力和流水对土地资源的冲刷。参见徐福荣等:《云南 15 个特有少数民族当前农家保护的稻、麦、玉米地方品种多样性》,载《遗传》2012 年第 11 期。

州河段及支流洮河和大夏河流域在冬春风蚀严重,春夏干旱,深秋则多暴雨。当地的回族、撒拉族、东乡族、保安族等少数民族营建的砂田成效稳定,操作和维护简便,综合性地规避了风蚀、季节性缺水和土地盐碱化等不利的环境因素,实现了在200~400毫米降雨带的可持续性耕作。[①] 少数民族文化中蕴含的生态智慧是人类社会的宝贵财富,能有效应对各种生态灾变,将这些生态智慧配合相应的科学技术进行环境治理,不仅降低成本,收效也更好。

二、塑造环境法的人文精神

近年来"人性化"一词炙手可热,"法律人性化""立法人性化""人性化司法""人性化执法"等词语随处可见。[②] 含有人性化法律措施的法律制度和法律政策有:法律援助、清理"超期羁押"问题、社区矫正、公检法部门便民利民措施、死刑犯可见家属、加大保护家庭暴力受害人权益力度、未成年被告资料不公开、轻度违章不处罚等。从文化现象层面看,如果把世界看作一个人造的世界,法律被认为是人生活在其中不可缺少的一部分,它可以帮助解决某些问题,还可以传达意义,而最终让人更加幸福生活。所以法律不但体现在国家制定的行为法则中,而且体现了人文主义的价值取向和理性追求。[③] 尊重人的价值和尊严,已经成为或正在成为法的终极关怀。

法律需要在尊重法律精神和法律权利的范畴内,遵循一定的法律程序,充分尊重人、关爱人,在一些具体的事务中更多地考虑人类正常的情感、理性和需求,并考虑到人类个性化的差异,尽可能地以人道、仁慈、温

---

① 砂田可以遮蔽土表,防止旱风肆虐掀起表土,为庄稼固根;砂田出苗早,生育期缩短,砂石层在早春提高土温,播种能提前15天左右,使作物在成熟期避开暴雨季节;防止土地盐碱化;砂田中的石块可以从干旱的大气中榨取水分,规避当地的季节性缺水,砂石盖住表土,避免阳光直射,有效减缓蒸发量,确保水分最大限度地为作物所吸收。除此之外,砂田种植还可以防止病虫害,确保农作物的高产和稳产。参见杨来胜等:《砂田的发展及其应用研究(综述)》,载《甘肃农业》2005年第7期。

② 媒体将2003年报道为"人性化司法年",具体指"司法机关出台的一系列具有亲民色彩的措施,不仅改变了我们的生活,也体现了'依法治国、执政为民'的法治思想"。

③ 参见梁治平编:《法律的文化解释》,生活·读书·新知三联书店1994年版,第4页。

情的方式实施。这就要求法律在立法、执法、司法的各个层面全面地以人为本,也就是我们所说的法律人性化。人性化与法治化并不矛盾,人性化可以使人权保障在法治精神中更好地体现,使法律更具人情味,让犯罪嫌疑人从内心受到震撼和感召,法律执法更便利。[①] 有学者据此提出要对环境法进行"人性化"改进[②],就是要充分探究和理解人性,并对其进行合理的定位,遵守环境法自身的运作规律和法治要求,创新环境法的理论与制度,将以人为本贯穿在环境法的立法、执法和司法等层面,并尽量以温情的方式实施,合理地平衡为人服务、以人为目的和矫正"人类中心主义"这两者之间的关系。具体而言,要实现人性化的环境法至少要从以下几个方面进行改造:第一,在抽象意义上,环境法需要以人性化为基础理论。体现环境法的人性化内涵,首先要贯彻和体现人的自然性、社会性和实践性的结合与统一。具体来说,这项要求体现在环境法中就是,环境法律所坚持的伦理基础是要摒弃传统法律所秉持的"人类中心主义",也不能坚持激进派所主张的"生态中心主义",因为人性中同时具有自然性、社会性与实践性因素,是三者的结合体。第二,环境法立法应该坚持可持续发展观,这样才能实现人性化。因为人性中既有因经济发展享受物质利益的属性,也有在生态资源为人类提供的生存家园中可持续延续的需求。追求"利益最大化"是"理性人"的本质要求,但个体理性不等于人类集体理性,甚至个体理性会导致集体非理性,促成生态环境使用中的"公地悲剧",所以,以可持续发展作为指导思想也是环境法契合人性化的需要。第三,人是世界群体中的一部分,既是个体的人,也是社会的人;环境法既要维护抽象的人的权利,也要维护具体的人的权利;既要保障救济群体的人的权利,也要保障救济个体的人的权利。所以,环境法所维护和保障的主体的环境权利就必须是个体的人的环境权利和整体的人的环境权利的综合体。

人文精神应该作为支撑环境法的精神要素,因为是对人的生存和发

① 参见张德淼、陈柏峰:《法律人性化:一个概念的澄清》,载《法商研究》2005年第1期。

② 参见刘超:《环境法的人性化与人性化的环境法》,武汉大学出版社2010年版,第10页。

展的绿色终极关怀和对人生意义的追求。此外，环境法所关注的生态环境不仅是自然生态，而且是与社会生态和人文生态共同生发的多态性的统一体，应树立一种新的“人文生态观”。另外，人文精神还可以引入一种新的研究方法，即人文科学方法，可以超越各种孤立和偏狭的法律观对环境法进行文化诠释，强调环境法与其他社会文化现象之间的关联性。可以说，人文精神既是环境法应当恪守的法律立场，又是对环境法进行解释、研究的新方法和新视角。

第二节　环境立法的完善

所谓法律体系，是指现行法按一定标准和形式(如调整对象或调整方法)排列组合为相应的法律制度、亚法律部门和法律部门而形成的统一结构体。构成该结构体的法律规范彼此之间有机联系，它的实质是法律规范的组合与分工的法之客观存在的内部结构，反映了法律本身的系统性。[①] 环境法律体系也是按照这样的结构方式组成的。

一、构建基本体系结构

环境法律体系是指现行环境律规范按其客体的同类性，分类组合为互相关联、互相补充、互相配合、内部和谐一致的系统化结构体。[②] 例如，调整同一类型环境社会关系的环境法律规范可以组合成自然资源所有权制度、自然资源使用权制度、矿产资源开采审批制度、生态补偿制度、污染物排放许可证制度、排污收费制度、环境影响评价制度等；同时同类的环境法律制度又可以组成各亚法律部门，如水法、土地法、矿产资源法、森林法、大气污染防治法等；亚法律部门进一步组合，形成污染防止法(公害法)、自然资源开发利用法、生态保护法等。须知在这种以调整关系为分

---

① 参见王树义等：《环境法基本理论研究》，科学出版社 2012 年版，第 85 页。
② 参见王树义等：《环境法基本理论研究》，科学出版社 2012 年版，第 86 页。

类原则时,同一组法律规范在体系中可能出现两次,如组成生态补偿制度的规范,可能在水法、土地法、森林法等多个亚法律部门中都能得到使用。笔者倾向于以规范性法律文件为单位、以法律效力等级为排序制作环境法体系,形成"宪法、法律、行政法规、地方性法规和规章"的结构。[①]

(一)体系结构的现状

我国有3类环境法规范:第1类是宪法中的环境法律规范。如《宪法》第9条[②]与第26条[③]。第2类是专门的环境法律规范,按照其调整的社会关系的同类性大致分为5类。(1)综合性的环境法律规范,主要规定环境保护法的目的、任务、基本原则、环境管理体制、环境保护各主体的基本权利和义务、国家环境保护的目标、规划、环境保护的基本法律制度等事项。《环境保护法》(2014)是我国的环保综合法,共7章70条。涉及国家综合监管的立法也应归于此类,如《环境影响评价法》(2018)等。(2)防治环境污染和其他公害方面的法律规范,如《水污染防治法》(2017)、《大气污染防治法》(2018)、《固体废物污染环境防治法》(2020)等。(3)自然资源开发利用、保护管理方面的法律规范,如《水法》(2016)、《森林法》(2019)、《草原法》(2019)、《野生动物保护法》(2018)等。(4)生态保护法,如《水土保持法》(2010)、《防沙治沙法》(2018)等。(5)环境标准[④]。其特点是将原本属于技术规范的环境标准在法律中规定出来,赋予其法律规范的效力,用于表示人们环境行为的界线,具有规

① 此体系在王树义教授的著作中称为"环境立法体系",它与"环境法律体系"是侧重点不同的两个概念,详尽的阐述参见王树义等所著《环境法基本理论研究》第六章"环境法律体系和环境立法体系"。

② 我国《宪法》(2018)第9条规定:"矿藏、水流、森林、山岭、草原、荒地、滩涂等自然资源,都属于国家所有,即全民所有;由法律规定属于集体所有的森林和山岭、草原、荒地、滩涂除外。国家保障自然资源的合理利用,保护珍贵的动物和植物。禁止任何组织或者个人用任何手段侵占或者破坏自然资源。"

③ 我国《宪法》(2018)第26条规定:"国家保护和改善生活环境和生态环境,防治污染和其他公害。国家组织和鼓励植树造林,保护林木。"

④ 环境标准是具有法律性质的技术规范,是制定环境目标和环境规划的依据,也是判断环境是否受到污染和制定污染物排放标准的法定依据。它同环境保护规章一样,是由获得授权的国家行政机关依法定程序制定和发布实施的。如环境质量标准、污染物排放标准、环境监测方法标准等。

范性、强制性。第3类是其他部门法中的环境法律规范。[①]《民法典》(2020)第7编第7章专章规定了环境污染和生态破坏责任。《刑法》(2020)则在第6章"妨害社会管理秩序罪"中以专节的形式,对涉及"破坏环境资源保护罪"的行为进行了规定。此外,《行政处罚法》(2021)、《治安管理处罚法》(2012)等行政法律、法规中也有不少环境法律规范。

按照不同法律效力等级可以把环境法律渊源按照从高到低的位阶排序。《宪法》中的相关环境法律条文为最高层级,《宪法》中有关环境保护和自然资源开发、利用方面的法律规范是其他环境法律规范创制的基础或基本依据。法律效力仅次于《宪法》的是由全国人民代表大会常务委员会制定的环境法律,我国现有环境法律中还没有由全国人大制定的。前面讲到的综合性及单行环境法律均属于此层级。下一层级是环境行政法规,具体指国务院行使行政法规立法权制定的规范性环境法律文件。环境行政法规的作用是将环境法律的规定具体化,根据环境法律的授权制定新的环境保护规则,填补环境法律的暂时空白或者规定具体的环境管理措施。再下一层级是地方性环境法规[②]与环境保护规章。环境保护规章,指具有行政管理职能的国务院各部委,以及省、自治区、直辖市人民政府和较大市人民政府行使规章制定权制定的规范性环境法律文件,包括两类规章:一类是环境保护之部门规章,如《饮用水水源保护区污染防治管理规定》(2010)、《再生资源回收管理办法》(2019)等;另一类是环境保护之地方政府规章,如《湖北省环境保护行政处罚自由裁量权细化标准(试行)》(2010)、《湖北省土地监察办法》(1998)(已失效)等。环境保护规章的主要作用是:对于部门环境规章而言,主要是规定那些属于执行国

---

① 环境社会关系的广泛性决定,一个环境法部门并不能将其全部加以调整,在其他部门法中,如民法、刑法、经济法、劳动法、行政法、诉讼法中,也包含不少关于环境保护的法律规范,这些法律规范在形式上虽然没有划归到环境法部门中,而是附属在其他法律中,但是从其内容与功能分析,它们与环境法部门中的法律规范具有同一性、互补性,因此也应作为环境法律的组成部分。

② 地方性环境法规是指省、自治区、直辖市的人民代表大会及其常务委员会,以及较大的市的人民代表大会及其常务委员会行使地方性法规立法权制定的规范性环境法律文件,其基本作用是执行环境法律和环境行政法规的规定,根据本地方的实际情况对环境保护作具体规定,或者规定属于地方环境管理活动需要制定法规的事项。

家环境法律或者环境行政法规以及国务院有关环境保护的决定或命令的事项;对于地方政府环境规章而言,则是为了执行国家环境法律、环境行政法规或地方性环境法规而规定相关事项,或者规定属于本行政区域的具体环境行政管理的事项。地方性法规与规章之间的法律效力等级大小问题比较复杂。[①] 在中国法的形式或渊源体系中,民族自治地方的环境自治条例和单行条例[②],应当是低于宪法、环境法律和环境行政法规的一种法文件形式。[③] 由于其特殊性,不宜对其与地方性环境法规在法律效力等级作级别或层次的区分,只能作类别的区分。[④] 但它们应属于环境法体系中同一效力等级。经济特区环境法规,指经济特区人民代表大会及其常务委员会和经济特区人民政府基于授权而制定的适用于特区的规范性环境法文件,如《深圳经济特区生态环境保护条例》(2021)。经济特区立法的成果仅在本经济特区范围内适用。[⑤] 经济特区环境法规的作用在于,根据经济特区环境保护的具体情况和实际需要,制定适用于经济特区范围内的环境保护的行为规则,以保证宪法中的环境法律规范、环境法律和环境行政法规在本经济特区的有效贯彻实施。

(二)体系结构的调整

关于我国环境法体系的完善,众多学者从各个方面都给予了或战略或细致的修改意见,笔者这里仅从尊重文化多样性及少数民族自治权的角度来展开这个话题。我国的环境法体系从数量上看(无论是规范性法

---

① 地方性法规的效力高于本级和下级地方政府规章;省、自治区人民政府制定的规章效力高于本行政区内的较大市的人民政府制定的规章;部门规章之间、部门规章与地方政府规章之间具有同等效力,只不过在各自的权限范围内施行;地方性法规与部门规章之间则没有法律效力等级的高低之分。若地方性法规与国务院部门规章之间对同一事项的规定不一致,不能确定如何适用时,由国务院提出意见。国务院认为应当适用地方性法规的,应当决定适用地方性法规;国务院认为应当适用部门规章的,提请全国人大常委会裁决。

② 民族自治地方的环境自治条例和单行条例,是民族自治机关行使地方立法权制定的规范性环境法文件。根据《宪法》(2018)和《民族区域自治法》(2001)的规定,民族地方自治机关在自然资源的开发利用、保护管理和保护环境方面享有自治权。

③ 参见周旺生:《立法学教程》,北京大学出版社2006年版,第395页。

④ 参见周旺生:《立法学教程》,北京大学出版社2006年版,第395页。

⑤ 经济特区立法的成果,按其性质来说,效力等级一般低于授权主体本身制定的规范性法律文件,又应高于一般地方与授权主体相同级别的国家机关所制定的普通规范性法律文件。参见周旺生:《立法学教程》,北京大学出版社2006年版,第399页。

律文件的数量,抑或是法律规范的数量)基本呈现一种上小下大的金字塔型结构,位于最高层级的宪法中的环境法律规范数量最少,均为原则性的规定;越往下环境法律规范越多,且多为细致的、可操作的规定。法律适用者应先将上位法规定了然于胸,下位法若与其产生冲突,则不应适用。

我国的立法倾向于一种体系上的美感,上位法的基本原则会在下位法中重复;全国法的一些普适性规定,会在地方性法规中也有所体现;环境单行法需要有综合性的基本法作为领导,将所有单行法中的主旨归纳总结至基本法中(如果基本法后于单行法制定的话)。因为下位法不能与上位法产生冲突,而且普遍认为法律条文简明扼要为好,所以有观点认为,下位法不应重复规定上位法所规定过的内容,直接对上位法的空白处进行填补、模糊处进行细化即可。但其实详尽的下位法非常有助于法的实施。如果是一部全面而翔实的下位法,应包括所有上位法的规定,并且对所有上位法过于模糊、缺乏操作可能性的地方进行细化规定,根据我国环境基本法的规定,地方性法律可以制定严格于全国法的标准。[①] 此时法律适用者只需找出相关下位法进行参考即可。这样的体系结构是非常有必要的,可以帮助广大守法群众在庞杂的法律体系中找出正确的行为指导。此体系结构发挥良好作用的关键点在于提高地方立法的质量,下位法的立法者应仔细参考所有的上位法,避免出现与上位法相冲突的情况。

笔者倾向仿效国际环境法上的“框架—议定书”方法来设置我国环境法律体系结构。这种结构被形象地形容为“伞状公约”,由框架法建立共同的目标,包含最基本的程序性和实体性规则,具体的实施细则之后在议定书中加以完善和健全。如 1985 年《维也纳保护臭氧层公约》与其 1987 年《蒙特利尔关于耗竭臭氧层物质的议定书》,1992 年《联合国气候变化框架公约》以及它的 1997 年《京都议定书》。议定书是主公约的补充性文件,由公约的缔约方起草并处理额外事宜,如条约特殊条款的解释。条约的批准还涉及议定书的正式批准程序。采取这种“框架—议定

① 这里设定为在立法时完全重复、意义相似的法条不会在同一部法律中出现两次。

书”的形式,则我们的环境基本法本身将会十分简洁、稳定,具有全国普适性,只包含一般性的要求、指示和义务,特别的措施和细节在单行法、特别法以及地方立法中体现。

框架式环境基本法为环境管理提供法律和制度上的基本框架,而不是诉求面面俱到的细致立法。作为一个统一的、服务于整个生态系统的框架式环境基本法,以一种整体观看待生态系统、环境问题以及行政机构之间互相协调与作用。通过赋予相关部门以广泛的管控权限颁布辅助性的行政规章解决特定环境问题,灵活地补充完善框架规定。除此之外,框架式环境法律为部门间合作和部门法律体系的和谐一致提供了基础和参考。这就是框架式法律被称作伞状立法的原因,形象地表现出环境法律体系上窄下宽的开放式拱形结构。框架式环境基本法仅为环境管理提供了法律和制度的骨架,因而要求下位法细致而完善,并体现特殊性、差异性。另外立法时也应同时明确框架法与其他环境保护法律的联系与位阶。

具体来说,框架式环境基本法可以涵盖这些事宜[①]:定义;一般性目标宣言和原则;建立相关环境管理机构,包括高效的机构设置,和对所有部门均适用的环境决策程序原则的定义;环境政策的规划;环境影响评价;环境质量标准;综合性污染控制;环境管理;环境决策过程和实施中的公众参与;环境监察;环境纠纷处理程序;以及与其他调整环境保护关系的法律建立联系和层级关系。框架式环境法律还应该包括机构建设事宜,如政府部门将负责保护环境、控制污染、执行法律和合作机制。

二、提高地方立法质量

美国社会学家庞德在《法理学》一书中说道:“在普遍性与地方性之间达到一种恰当的平衡,成了法律科学的一个首要问题——普遍原则对普遍规制社会生活中的关系和行为进行指导,而另一方面则制定与地方

---

① See *UNEP Training Manual on International Environmental Law*, 2006, UNESCO Homepage, Nov. 6, 2022, https://wedocs.unep.org/bitstream/handle/20.500.11822/20599/UNEP_Training_Manual_Int_Env_Law.pdf? sequence = 1&isAllowed.

的、族群的、地理的、历史的和经济的情势相适应的详尽的具体的规则。”①在我国,由全国人大及其常委会制定的环境保护法律,和由国务院制定的环境保护条例,以及由国务院各部、委(局)制定的环境保护规章,一般均在全国范围内有效。其规定不应过于详尽,宜针对全国普遍性问题进行概括。相应地,地方权力机关和行政机关制定的地方性环境保护法规、规章(包括少数民族地方自治法规),只在该辖区内环境保护领域或者该领域的某一方面有约束力,不能作为其他地区环境保护监督管理部门和司法机关适用的法律依据。环境问题的地方性特点以及我国地域广阔的国情,决定了地方环境立法是兼顾环境保护与文化多样性保护的特点。地方环境立法应该结合当地的实际情况,发挥民主参与,将实施立法和自主立法有效结合,提高立法质量,努力打造可操作性强并蕴含地方特色的立法之路。具体从以下几个方面进行补强:

1. 整体规划、综合决策

整体主义理念体现在立法时将环境治理任务与文化多样性保护统筹规划,将其作为一个生态整体来权衡。在进行环境与文化利益分配时,应考虑其他部门的意见及建议(特别是文化管理部门)。做好建立在立法预测②基础之上的立法规划③。在立法预测与规划阶段应尽量邀请专家参与并信息公开化,体现民主和公众参与,同时对拟议中的立法进行可持续发展评价。

2. 有针对性、可操作性

地方环境立法的目的就是执行国家法律,解决地方环境问题。要从大而全的立法观念向小立法转变,不能单纯地追求建立地方环境立法体系。地方环境立法需要更有针对性,针对具体的事情有明确的说明,并且

---

① [美]庞德:《法理学》(第1卷),余履雪译,法律出版社2007年版,第18页。

② 立法预测的内容包括两个方面:一是预测地方环境保护社会关系发展、变化的趋势,从而确定是否进行法律调整,哪些方面急需调整;二是预测立法的可行性及效果,即对拟议中的立法进行事先评估,要做好这项工作,必须开展深入细致的调查研究工作,采用科学的分析方法。

③ 立法规划是一定时期内立法工作的纲领,是立法者对立法项目进行宏观设计和微观考虑后所确定的立法工作目标。科学的立法规划能够起到均衡立法结构,完善立法次序,调控立法供求关系的作用。

方便实施,对国家立法进行有效补充。地方立法没有必要为了形成完整体系而对环境问题的各方各面都进行规定,避免为了凑足体系而制定一些毫无新意的、缺乏可操作性的法规。国家法可以加大对地方法的放权[①],既保证法律体系的统一,亦能使地方环境立法因地制宜。在贯彻国家法基本精神与原则的基础上,针对当地环境与人文条件,研究立法现状与需要。少数民族地区的环境立法,应把自然资源保护、自然与文化遗产的保护、生态农业建设等作为重点,必要时可以针对独具特色的自然与文化景观进行专门性立法。立法应针对当地具体的保护对象与范围设置立法目标,使之具有可操作性。注意统筹关注环境要素、环境区域、生态空间的保护。

3. 民主立法、公众参与

提高地方环境立法质量需要民主力量的参与,公众参与能够有效增强地方环境立法的合法性、公平性、可行性和有效性。立法者应鼓励公众参与立法,接受公众监督。地方立法者应坚持立法目标的社会本位,追求社会公平与正义。在立法过程中减少行政痕迹,与参与者平等的协商与合作。注意改进公众参与程序,因为程序能保障实体的实现,是完善立法的关键。立法包括规划、起草、通过和发布四个过程,应将民主制度贯穿立法程序始终。在起草阶段,应广泛征求专家、公众(特别是当地社群)及相关部门的意见和建议。在多个部门联合立法时,如果立法起草工作由地方环境保护行政主管部门负责,则应广泛征求相关部门的意见。立法者应对立法草案进行民主评议。在审议阶段建立完善立法听证制度[②],听证程序提供给公众发表意见的机会。立法机关根据意见权衡、协调各方利益需求,使法真正反映民意。

---

① 如我国立法法规定,有些内容必须由国家法统一规定,且地方不能加以改变;有些内容可以由国家和地方共同规定,但地方可以与国家法的规定不完全一致。我国《环境保护法》规定,国家环境立法可以特别授权地方制定严于国家污染物排放标准的地方污染物排放标准,且地方标准优于国家标准的实施。

② 参见孙潮、寇杰:《论立法程序》,载《法学》1995 年第 6 期。

三、培育环境习惯法

古希腊哲学家亚里士多德(Aristotle)认为,完全按成文法实行统治的政体不是最优秀的政体。因为法的普适性是有限度的,不能事无巨细,但整个城邦的事务复杂且多变,法无法满足全部的治理需要。[①] 在当前文化多元化的社会背景下,国家环境制定法与习惯法在各自的领域起着特有的作用,两者可以有效地互补。我们应打破固定思维,走出以往"习惯法与国家强制性规定冲突则当然无效"的通常做法,推动两者的良性互助与统筹协同。

苏力教授特别强调本土资源之于中国法治发展的价值。[②] 环境习惯法是特定区域的人们在一定的生活环境下长期实践总结的产物,具有明显的区域特性,弹性空间也更大,更重要的是已经被当地人接受,能够成为大家的行为准则,构建习惯法的治理机制,可以充分挖掘当地法治资源,有效利用。在中国广大农村地区及少数民族地区,习惯法规则仍实际规范着大家的行为。[③] 再者,环境制定法以"自上而下"为主要传导路径的运行模式。而环境习惯法的路径为"自下而上",研究将其带入环境法的大环境,使两条路径相互补充,从而形成上下通达、治理高效的现代环境法体系。

在环境制定法中引入习惯法资源,首先要认可民间现存规则与司法实践的合理性与有效性。考察习惯法在不同地方的运用情况,分析提炼其中的共通性与指导性,本土资源对法律体系进行补充,构建中国法律体系内发性发展模式。[④] 其次影响环境习惯法进入现代环境立法的重要因素还是它的专业化水平。习惯法大多出现在农村,内容庞杂,有些还带有封建迷

---

① 参见[古希腊]亚里士多德:《政治学》,吴寿彭译,商务印书馆1983年版,第163页。

② 苏力教授说过:"中国的法治之路必须注重利用中国本土的资源,注重中国法律文化的传统和实际。"参见苏力:《法治及其本土资源》,北京大学出版社2015年版,第6页。

③ 参见郭伍、党惠娟:《环境习惯法及其现代价值展开》,载《甘肃社会科学》2013年第6期。

④ 清末民初两次全国范围内的"民商事习惯调查",新中国成立后,1952年到1986年陆续展开的"中国少数民族调查",尤其是1956~1964年进行的"中国少数民族社会历史状况调查"为环境习惯法在现代环境立法中的话语入场奠定了坚实的材料基础。参见郭伍、党惠娟:《环境习惯法及其现代价值展开》,载《甘肃社会科学》2013年第6期。

信色彩，标准也不完全统一，不能保证规则的正义性。① 应该由专家对环境习惯法内容进行归纳和梳理，培育相关的法理机制②，对习惯法的发展设定底线。在立法时，必须充分考虑实际和民俗（特别是农村地区与少数民族聚居区），除了以移植的方式学习先进法律技术，也要注重"活法""民间法"的作用。在条件成熟时，将"活法""民间法"。在一些乡土社会，利用一些宗族制度等其他手段来解决特定范围内的纠纷是可行且经济的。

四、将移植法"本土化"

美国比较法学者格伦顿（MaryAnn Glendon）说道："法律是文化的一种表现形式，若不经过本土化的过程，则无法轻易植入他者文化。"③法律移植必须考虑本土化这一关键环节，充分融合移植法与中国环境法的本土特点，走一条稳健与成熟的"本土化"的法治建设道路。④

本土是与外来相对应的一个概念，指本乡、本地，进一步也可以解释为本地方、本民族特有的性格、气质与风格。⑤ 根据人类学家林顿（Ralph Linton）所说，本土化是在文化冲突时，文化群体意图保存或恢复其传统文化的"重整反应"⑥。本土化的过程实际上是一个过滤、吸收和选择外来文化的过程。移植法的本土化要求在法律移植中进行妥善的处理和嫁

① 例如，假设生活在某重污染工厂附近的村民一致投票通过，愿意接受该工厂超标排污行为，以自己的健康权环境权换取经济利益，则这种协议能够成为当地的习惯法，能够发生法律效力。又如我国农村普遍存在的剥夺女性继承权的习俗，虽然广泛存在，但并不符合现代法律价值，需要制定法进行纠正。

② 目前我国有一个专门从事环境习惯法研究的学术群体在民族环境习惯法、环境习惯法的特殊价值机理以及环境习惯法的现代价值拓展等领域展开了较有成效的研究，这是"借助中国特色的传统性资源来推动中国法学研究走向多样化和推动地方法学研究均衡发展的一个重要契机和机制创新"。参见王勇：《"陇派法学"、"西北法学"与中国法学发展——"首届陇籍中青年法学家论坛"的经验与启示》，载《西部法学评论》2011年第1期。

③ ［美］格伦顿等：《比较法律传统》，米健等译，中国政法大学出版社1993年版，第6~7页。

④ 参见王树义等：《环境法基本理论研究》，科学出版社2012年版，第444页。

⑤ 参见郑祝君主编：《比较法总论》，清华大学出版社2010年版，第229页。

⑥ 本土运动是人类学家林顿（R. Linton）最早提出的，它是指两个文化接触时，"某一文化的部分成员（因惑于外来文化的压力）企图保存或恢复其传统文化的若干形象之有意的及有组织的行动，总言之，本土运动是一个主位文化在客位文化的冲击下而引起重整反应"。参见金耀基：《从传统到现代》，法律出版社2010年版，第23~24页。

接,使其能够渗透到移植国国民的"血液"中,并得到有机的整合。[①] 本土化不等于传统化,更不是保守,而是实现法治现代化的一个过程,即将移植与引进之法律与本土结合并使之再生的过程。每个民族、国家都有其独特的历史发展进程,在文化及生活习性上均有自己的特殊属性,即本土的特质,这种本土的特性表现在文化上就是传统。本土化也就是移植法律时必须考虑本土因素,否则就会失败。自然法法典编纂归根结底是在试图使抽象的自然法与一国的国土和人民的具体情况相适应、对其加以具体化的意图指导下进行的;法律的民族化绝不等于要导致法律的孤立化。[②]

爪哇国(今印度尼西亚爪哇岛一带)在地方自治的引导下出现的更新习惯法运动,代表着真正的印尼人的心声,它以"人民之法"的堡垒来对抗各种外来的杂质:西方的"实证主义"、中东的"原教旨主义"和印度的"封建主义"等。[③] 日本的国家法体系主要由移植自西方法的法律原则与规则所组成;同时日本本土法以非官方形式继续存在。日本调和本土法与移植法冲突的方法只要有三种:直接吸收本土法到国家法中;修正移植法以便与本土法相适应;让不能互相适应的本土法和移植法在各自的管辖范围分别作用。[④] 我国清末政府采用了一种灵活的方式借鉴与移植外国法。[⑤] 国民政府在修订《大清民律草案》时也同样强调"固有资源"的重要性。[⑥] 这些历史上既有的移植成功案例告诉我们,在移植法律时应更加注意民族传统文化中固有的因素,而不能一味照抄域外文化。非西方国家必须以自己的实际需求来自主地决定是否移植或学习西方法律以及如何去移植,而不能沉迷于西方的法律中心主义和优越论。在移植过程中,即在实现所谓的法

---

① 参见肖光辉:《法律移植与传统法律文化的变迁:基于中、日、印、土亚洲四国的观察》,山东人民出版社2010年版,第175页。

② 参见[日]大木雅夫:《比较法》(修订译本),范愉译,法律出版社2006年版,第11页。

③ 参见梁治平编:《法律的文化解释》,生活·读书·新知三联书店1994年版,第143页。

④ 参见[日]千叶正士:《法律多元:从日本法律文化迈向一般理论》,强世功等译,中国政法大学出版社1997年版,第213页。

⑤ 一方面坚持实行"参诸各国法律,悉心考订,务期中外通行,有裨治理"的方针;另一方面又强调"凡我内律义关伦常诸条,不可率行变革",如《大清民律草案》中的"亲属""继承"部分,以及《大清新刑律》中的五条附则。

⑥ 参见谢振民编著:《中华民国立法史》,中国政法大学出版社2000年版,第56~58页。

律现代化的过程中必须注意这些差异以及产生这些差异的历史背景。这样才能找到外来法与本土法的结合点,更好地推进与实现本国法律的现代化。

法律应根植于本土道德根基与价值观念。① 我们应该采取分析、鉴别、批判、吸收的办法,选择那些有利于我国的东西,并将此作为借鉴和吸收西方法律文化的价值判断标准,形成一套既具有传统基础又适应现代化,既具有中国特色又具有人类的普遍性的价值体系,最终形成我国自己的法治模式和法学范式,推进我国社会的发展,同时为人类法律文明和世界和平做出重要的贡献。

第三节　环境法实施模式的多样化

一、多元主体合作的社区协同管理

社会—生态结构模式具有其多样性,主要由于现代环境管理根据特定区域的传统文化、风俗习惯、经济发展情况的不同而有所区别。② 由于环境治理的复杂性、环境资源的公共性、环境保护成果的共享性,有必要采取多主体合作的方式治理环境,以分担环境责任、提高环保政策接受度、提高效率。一些国家在保护地、国家公园制度中设置了社区协同管理的措施。社区共管(Community Co-Management)③是指为了将生物多样

---

① 法学家吴经熊指出:"缺乏强有力的道德根基,被移植的制度与观念无从获得本地沃土和持续成长的养分,不管移植者技巧如何娴熟高妙,这样的法律都是不可能有效生长的——只有法律之树根植于价值观念能指明方向的沃土时,才有可能为后代结出希望之果。"参见安守廉、沈远远:《法律是我的明神:吴经熊及法律与信仰在中国现代化中的作用》,季美君译,载《湘江法律评论》(第2卷),湖南人民出版社1998年版,第201~215页。

② 正因如此,"自然资源管理者在实践中面临的问题是将自然管理的多维度延伸均考虑在内,这就要求文化、经济、生态等多维度同时显现在管理过程之中,并深刻意识到哪些管理模型和方法更为重要"。参见马林娜:《共同管理在我国自然资源管理领域的应用浅析》,载《中国渔业经济》2014年第1期。

③ 社区共管模式起源于20世纪60年代,被广泛应用于渔业、海岸自由、森林和国家公园的日常管理。20世纪70~80年代早期在东南亚、非洲、墨西哥等地取得了显著成效。目前国内一些自然保护区也随着全球环境基金会(Global Environmental Fund)、世界自然基金会(World Wildlife Fund)、世界银行(World Bank)等机构的项目资助而建立起了社区共管机制。

性的保护与社区的可持续发展两者相结合,而共同对保护地的保护管理方案进行确定、施行及评估的过程。一般意味着在对特定自然资源的规划和使用上当地社区有一定的职责,但社区在持续利用这些资源时不能影响保护生物多样性这个总体目标。社区共管保证了当地社区居民对保护地资源的所有权、资源权、管理权、自决权等权益,实现了对文化多样性承载主体的尊重。

社区共管是一种环境治理中公主体与私主体合作进行管理的方式,要求私主体主动而积极地承担重要的环境治理角色。在我国环境法的实施主体主要是环境保护监督管理部门,根据国家环境保护监督管理体制进行环境执法,是一种具体行政行为——国家行政机关和行政机关工作人员针对某些特定的具体事项,行使一定的行政职权,对相应的公民、法人或者其他组织在其权利及义务方面作出单方行为。① 在环境保护领域中,如对违反环境保护法的单位或者个人给予行政处罚;对符合法定条件的排污单位发放排污许可证;对符合法定条件的环境影响报告书(表)、登记表予以审批等。这些环境监督管理行为都是以政府名义代表国家行政机关行使的,其合法行为具有确定力、约束力和强制力。而社会其他主体在环境治理中存在感较薄弱。

以社区共管为例的社区协同管理方式则是一种合并地方环境监管系统和国家环境监管系统的方法,它往往伴随着管理权力的再分配,从而达到地方认识和科学认识的相结合。② 要实现这种协同管理,合作是关键。在国家层面,中央制定法律规范,由地方政府贯彻执行,政府机构通过完善的法律体系来运行相关的法律法规,其方法也是以“科学”或“科学数据”以及据此进行测算预估为基础,所以相应的贯彻执行具有一定的权威性。而落实到地方上则基本依照村规民约和自律进行管理。这种方式的

---

① 参见李爱年、周训芳、李慧玲主编:《环境保护法学》,湖南人民出版社 2012 年版,第 37 页。

② “一般说来,协同管理安排包含了在社区基础上的环境管理者和政府机构间的真正权利共享。”参见[加]布鲁斯·米切尔:《资源与环境管理》,蔡运龙等译,商务印书馆 2004 年版,第 352 页。

有效运行与公众参与的程度及地方非正式规则(如习惯法)在整个法律体系中的发展程度正相关。[①] 具体在保护地管理中,必须摒弃之前各自为政的混乱状态,设立能满足生态管理需要、符合当地文化的保护地共管组织。为达到保护区内保护地的管理与地区经济可持续发展相融合这个主要目标,明确相应的职责,并建立健全的目标管理责任制,该组织应由来自当地社群、政府、相关企业、科研单位等各方面代表组成。社区居民享有对保护地自然与文化资源的管理决策权和使用收益权,以及其他法律规定的环境与文化权益与其他公众参与方面的程序性权利,他们相应的各个权利应该得到尊重。

二、环境利益与文化利益的司法衡量

利益衡量是法官比较和衡量个案中相互冲突的权利和利益,遵照一定的判断原则,形成相应的价值判断,据此寻找、创造或选择可应用于个案的判断标准,最终共同实现法律的形式正义和个案的实体正义的一种法律思维方法。作为部门法的一种,环境法的任务在于确认、保障、衡平各种利益。环境司法的根本任务就是通过一系列的审判、求证来最终保障各种合法利益的实现,通过对各种利益关系的识别,分析和衡量在特定的情况下,各种利益的合法性、位阶情况、权重的大小,并不断寻找证据加以确认,循环往返于案件事实和环境法律法规之间,确保其合法性。这实际上是利益衡量的法律方法在环境司法中的应用。

利益衡量是有助于解决文化多样性要求与环境法实施的冲突,保障人的环境权益与文化权益,实现环境法和谐目标与价值的有力方法。利益衡量要求在多重权利或利益冲突、法律漏洞或矛盾的情况下,对各方的利益进行权衡,找到合法依据,为取得法律效果和社会效果的统一,而适

---

① 米特林和汤普森指出,"协同管理通过应用参与性方法,是联系地方水平发展计划和更高水平计划构成的极好方法。当协同管理实践进展顺利时,每一个方面都应明确地接受环境地方知识的价值并把它纳入到环境监管中去。进而言之,当一些真正的权力或权威已分配给地方使用者或管理者时,这种动机就会非常成功。协同管理为未来资源和环境管理创造有效伙伴关系提供了一个振奋人心的机遇。"参见[加]布鲁斯·米切尔:《资源与环境管理》,蔡运龙等译,商务印书馆2004年版,第366~367页。

当、合理地处理相关案件。法官平衡互相冲突的各方利益，以确定在特定案件中应优先保护哪些利益。利益衡量的重要环节是全面把握案件的实质，将案件当事人的利益与社会环境、经济条件和价值观念等结合起来比较，决定保护哪一方。[①]

适用利益衡量处理环境与文化的冲突问题需要做到[②]：

第一，符合比例原则的要求。衡量结果需整体利益最大化、损失最小化。利益衡量要适当，法官在进行利益衡量时，往往会因为优先保护冲突中的一方利益，而损害另一方合法利益。当这种损害无法避免时，应该尽量将对另一方合法利益的损害降为最低。针对利益的价值量不同的，要优先配置价值大的利益；如果利益的价值量基本相同或者难以辨别利益价值量的大小，当冲突双方的利益不能同时满足时，就要要求双方都做出一定的让步，这就是所谓的共同抑制原则，对双方的利益均加以抑制。[③]

第二，公共利益与个人利益的交融协调。法官不仅要考虑案件当事人之间的利益，更要重视判决引起的潜在社会效果，更多地从实际情况出发，而不是坚持于某种固定单一的价值与等级标准，绝对地判定公共利益或个人利益优先。应该在坚持法律规定的基本原则和实现立法目的的基础之上，衡量并尽力协调个案涉及的相关利益，实现实体正义。

第三，弱势群体的特殊保护与制度倾斜。利益衡量理念倡导针对弱势群体给予一定的政策或制度倾斜，达到真正意义上的利益平衡，而不是所谓的无差别对待。法官应以保护弱者彰显利益衡量的人文精神，妥当平衡强弱有别的不同利益群体，有效解决强者与弱者之间的利益冲突。

第四，法律效果与社会效果的考量。衡量结果的适当性应以当下社会基本价值观为判别标准，如文化传统、伦理道德观念、社会国情和地域状况等。法官应在符合社会一般目的的基础上尽可能地实现当事人的意

---

① 参见梁慧星：《裁判的方法》，法律出版社2012年版，第186页。

② 参见王树义等：《环境法前沿问题研究》，科学出版社2012年版，第295~296页。

③ 参见陆平辉：《利益冲突的法律控制》，载《法制与社会发展》2003年第2期。

愿。应当“识别所涉及的相关利益、权衡不同利益的分量,再根据某种社会标准确定关键利益得到优先考虑,以求实现最理想状态下的平衡”[①]。法官应尽量遵循社会公众的普遍认识,除了阐释法律文本的真实含义,法官更应做出为当下社会所普遍认同的裁判。法官可以将这些普遍存在的认识和观点纳入“经验法则”[②]进行盖然性权衡,作出正义的裁判。

第五,法律价值与道德价值的考量。利益衡量中的价值判断应具合理性,道德、情理、习俗等也是不可忽略的因素。法官应依照文化传统和环境法所持有的价值观,发现其独特和社会认可的基本价值观和社会需求,进行理性选择;以社会公共道德作为利益衡量的准则,依法对各种利益冲突进行取舍和平衡,要同时考虑公众的需求和价值观以及具体的社会环境和变化,达到法律视角与社会伦理道德视角下相一致的平衡。在法律规定无法触及的不确定领域、法律规定的模糊领域以及在法律没有或无法规定的领域,法官必须根据法律的内在精神、善良风俗、公平正义观念,根据实质合理性标准,结合情感和理性等各种价值要素进行判断。

三、行政调解“准司法”手段

平等当事人之间因为环境污染损害产生纠纷,任何一方(主要是受害人)均有权要求环境保护相关机构协调处理。调解机构处理环境民事纠纷时,是以第三者的身份居间进行调解,其行为属于“行政司法”。韩国和日本针对环境民事纠纷专门设立了常设性的行政调解机构,非常重视该方面的行政调解工作。[③] 近年来,我国尝试将行政调解和人民调解结合,在制度上进行大胆创新,更加有效地发挥了调整的作用,我们也称之为“大调解”制度。“大调解”制度目前也在环境民事纠纷引起的群体性事件中进行运用。“大调解”包含民间调解的因素,但其本质上仍是准行

---

① [美]E. 博登海默:《法理学——法哲学及其方法》,邓正来等译,华夏出版社 1987 年版,第 152 页。

② 毕玉谦:《试论民事诉讼中的经验法则》,载《中国法学》2000 年第 6 期。

③ 参见王树义等:《环境法前沿问题研究》,科学出版社 2012 年版,第 341 ~ 342 页。

政性调解。[①]

行政调解是与人民法院在民事诉讼程序中的法院调解相对应的称谓,是指环境行政机关应纠纷当事人的请求或者根据职权,通过教育或劝导等一系列手段,让双方相互理解,最终自愿达成协议的活动和制度。调解是一种行政活动,也是值得提倡的处理纠纷的常见方式。[②] 纠纷可以通过行政调解解决的主要原因是,纠纷涉及的是平等当事人的民事权益[③],当事人有权自由处理自己的民事权益。调解过程中,应坚持双方自愿,既分清是非,又能通过相互让步达成协议。这样才能保证已达成的调解协议得到顺利的执行。

行政调解制度具有权威性、专业性和便捷性的优势。环境保护民事纠纷能通过行政调解的方式顺利解决主要是因为行政机构在广大群众中已具有相当的威望,人民信任行政部门能够秉公调解;环境保护监督管理部门比较熟识环境污染危害的情况。行政调解具备进行及时取证、鉴定的手段和专业技术;由行政部门进行调解的程序比较便捷,可免去法院审判的讼累。因此有学者提出要在我国设立专门性、常设性的环境行政调解机构——环境民事纠纷行政调解委员会(以下简称环调委)。[④] 首先,环调委应分别设在中央到地方的不同层级,各级环调委的分工和职能要明确。调解员可以是兼职,由环保机关工作人员、退休法官、律师、教授专家和普通民众代表等组成。调解员应具备专业技术能力,需要针对性、独立性和中立性地处理各种环境民事纠纷。其次,根据环境民事纠纷当事人的请求,环调委启动有关程序,收集环境民事纠纷相关资料,并进行独

---

① “大调解”制度一般是由司法所人员直接担任调解员,通过信访机制统一接待当事人,根据情况由各主管部门进行调解,行政机关聘请人民调解员、律师等主持或参与调解,无论行政人员参与程度如何,调解协议一律以人民调解委员会名义出具。参见范愉等:《调解制度与调解人行为规范》,清华大学出版社2010年版,第38页。

② 参见蔡守秋:《环境行政执法和环境行政诉讼》,武汉大学出版社1992年版,第203页。

③ 我国法律明确规定,行政处罚程序不同于环境保护监督管理部门调解处理环境破坏或者污染的民事赔偿纠纷程序,行政处罚程序不适用调解,是否提起完全根据执法机关的决定,不依违法者的意志为转移,程序一经依法提起,任何机关、团体或者案件的当事人均无权中止。

④ 参见王树义等:《环境法前沿问题研究》,科学出版社2012年版,第341~342页。

立调查,对纠纷事实与性质作出认定,协调责任与赔偿金额。[①] 环调委可以不拘泥于举证责任问题以及不追究举证过错问题,也可以突破许多实体法的缺陷和空白,还可以扩大信息公开吸引更多民众参与。再次,环调委可以寻求其他行政机构的协助,亦可向政府部门提出建议及对策。环调委可以敦促义务人履行义务,确保调解协议的履行。最后,涉及重大公共利益的环境民事纠纷,环调委可以主动介入环境民事纠纷并直接启动行政调解程序。当纠纷损害范围较大、程度较严重,涉案当事人无法协商一致,如果纠纷被忽视,会致使重大环境、社会影响的发生时,环调委应进行调查,听取当事人的意见,启动调解程序。[②]

四、充分利用基层环境自主治理机制

基层环境自主治理机制(以下简称基层自治)是指特定区域的环境使用者或污染者使用当地公共事务机制自行组织进行污染治理的政策办法。基层自治赋予基层成员充分的自主决定权,使通常处于社会视野边缘的群体(村民、少数民族等)能有力发声,同时有利于对我国文化多样性(风俗习惯、村规民约等传统文化)的尊重与保存。它不同于政府管制和污染者自我约束,较政府管理更民主,同时还强调合作。自主治理最重要的是把所有的利益方组织在一起。在该模式中,这种相互依存的集体行动可以发挥更大的作用,只要集体拥有可持续的制度准则,而且成员之间遵守"可信承诺"和相互监督。由于它并不关注宏观层面行政行为的合法性,只关注具体层面所反映的利益分配,所以它可以对基层环境保护部门的权力真空和专业环保人员的不足进行有效互补,也可以明确各利益冲突。同时,这种自主治理具有极大的灵活性和适应性,与环境法律规范的刚性约束形成了鲜明的对比,可以缓解公共环境利益与污染者经济

① 参见[日]小岛武司等编:《诉讼外纠纷解决法》,丁婕译,中国政法大学出版社2005年版,第325~338页。

② 参见范愉等:《调解制度与调解人行为规范》,清华大学出版社2010年版,第35页。

利益之间的紧张关系。[①] 自主治理一般适用于小规模的资源开发和环境保护领域。我国的环境法应当为相应的环境自主治理创造条件,尤其要重视并发展分别以村、社区、民族、管委会为单位的农村环境治理、城市环境治理、区域环境治理、流域环境治理等自主治理模式。

此外,法律在具体实施的过程中也会遇到跟特定环境不适应的问题,我们可以研究中国优秀传统法律制度,从中吸收有用的法治遗产,帮助中国法律走上内审性的社会治理模式。我国农村有着深厚的基层自治历史,古代乡村自我衍生了以习惯法为治理基础的公共事务管理与纠纷解决机制,而一般不依赖政府衙门与行政命令,地方力量在其中起了关键作用。[②] 现代则是依靠村委会来进行基层自治。[③] 宗族制度实质就是具有中国传统特色的"准法",当纠纷发生在较亲密的小范围社群中,传统纠纷解决机制往往简单而有效。宗族制度在现代乡村中仍具有影响力,可以弥补官方管理体制的弊端,有效支持和延伸国家制定法,聚合农村社区中基本力量,维持社会秩序常态化运转。宗族制度可以很好地利用乡村精英、乡绅族老的力量,他们在当地有很强的社会影响力,可以发动社会资源协调纠纷,对环境治理有重要作用。依照法律规定,村委会是农村自治组织,熟悉当地情形,是村民与政府的纽带,是最适合构建习惯法治理机制的组织,更容易吸收当地精英进入管理程序,也有利于习惯法的挖掘。国家制定法对农村的指导,也可以通过村委会与上级县乡政府之间的联系来进行传导。基层环境自主治理通过构建环境习惯法治理机制,健全村民委员会功能,收集、整合与培育环境习惯法资源,增强基层对公共事务的自我管理。

---

① 这种方法目前在森林草地资源开发利用、渔业资源的可持续利用以及区域内环境污染的抗争运动等实践中广泛应用。

② 地方社会力量在公共事务治理上发挥了重要作用,地方筹资建庙是当地最常见的公共事务,一般是由社首、乡绅、乡饮、乡约、义民、商人以及家族长辈率先出资,在这一过程中发挥带头作用,利用自己的社会影响力,推动村民筹集资金,实现公共目标。在这一过程中,道德、舆论、地理关系和亲属关系被纳入这一治理制度,帮助村民克服公地的争议,自愿为整体公共利益付出。参见段建宏:《神庙筹资与社会控制:对晋东南民间社会的考察》,载《知识经济》2009 年第 3 期。

③ 参见我国《村民委员会组织法》规定:村民委员会是村民自我管理、自我教育、自我服务的基层群众性自治组织,负责办理本村的公共事务和公益事业,调解民间纠纷,协助维护社会治安,向人民政府反映村民的意见、要求和提出意见。

结　语

著名环境法学者吕忠梅教授认为，生态文明包含了环境与发展、生态与文明两个方面的内容[①]，换言之，生态文明本就是资源环境保护与经济社会发展的整合，有文明无生态或者有生态无文明都不是完整意义上的生态文明。正是生态文明的丰富内涵期待环境法成长为统筹全局、协调发展的法律部门。为了回应这种期待，生态文明观下的新时期环境法理应兼顾文化多样性保护，助力实现中华民族永续发展的千年大计。

文中未深入涉及的一个问题是环境法的全球化特征与文化多样性相互消长的关系。伴随着经济全球化，法律也出现了全球化的趋势，法律开始跨越主权国家的疆界，在全球范围内传播、游走，跨国法和全球法日益扩展。环境法领域因为环境问题的特殊性，在这股洪流中一路领先，成为仅次于贸易领域的全球化先锋。气候变化法、野生候鸟保护法、国际海洋法公约等将环境法的普适性范围进一步扩展。法律全球化的出现对民族国家的法律构成了挑战，很多学者

---

① 参见吕忠梅：《论环境法的沟通与协调机制——以现代环境治理体系为视角》，载《法学论坛》2020年第1期。

认为这种趋势减少了法律与文化的多样性,然则实质上,这恰好增进了多样性的深度和丰富程度。法的一体化与文化的多元化进程可以完全正相关。全球文化交往深化的状态下对环境法的发展又提出了怎样的新的应对要求?本书篇幅所限,未尽之事,留待以后。

参考文献

专著：

1. [英]博温托·迪·苏萨·桑托斯：《迈向新法律常识——法律、全球化和解放》，刘坤轮、叶传星译，中国人民大学出版社2009年版。

2. [苏]鲍里斯·雅科夫列维奇·符拉基米尔佐夫：《蒙古社会制度史》，刘荣焌译，中国社会科学出版社1980年版。

3. [加]布鲁斯·米切尔：《资源与环境管理》，蔡运龙等译，商务印书馆2004年版。

4. [美]劳伦斯·M. 弗里德曼：《法律制度：从社会科学角度观察》，李琼英等译，中国政法大学出版社2004年版。

5. [美]劳伦斯·罗森：《法律与文化：一位法律人类学家的邀请》，彭艳崇译，法律出版社2011年版。

6. [英]马林诺夫斯基：《文化论》，费孝通等译，中国民间文艺出版社1987年版。

7. [日]千叶正士：《法律多元：从日本法律文化迈向一般理论》，强世功等译，中国政法大学出版社1997年版。

8. 钭晓东等：《遗传资源知识产权法律问题研究》，法律出版社2016年版。

9. 杜群:《生态保护法论——综合生态管理和生态补偿法律研究》,高等教育出版社 2012 年版。

10. 高鸿钧:《全球视野的比较法与法律文化》,清华大学出版社 2015 年版。

11. 古丽阿扎提·吐尔逊等:《少数民族权利法律保障机制的国际比较研究》,中央民族大学出版社 2012 年版。

12. 黄莎:《儒家环境伦理观对中国环境法的影响》,世界图书出版广东有限公司 2013 年版。

13. 梁治平编:《法律的文化解释》,生活·读书·新知三联书店 1994 年版。

14. 梁治平:《法辨:中国法的过去、现在与未来》,中国政法大学出版社 2002 年版。

15. 梁治平:《清代习惯法:社会与国家》,中国政法大学出版社 1996 年版。

16. 刘作翔:《法律文化理论》,商务印书馆 1999 年版。

17. 秦前红:《法律能为文化发展繁荣做什么》,中国政法大学出版社 2015 年版。

18. 司马俊莲:《少数民族文化权利的法理研究》,中国社会科学出版社 2014 年版。

19. 苏力:《法治及其本土资源》,北京大学出版社 2015 年版。

20. 王明珂:《游牧者的抉择:面对汉帝国的北亚游牧部族》,广西师范大学出版社 2008 年版。

21. 王云霞主编:《文化遗产法学:框架与使命》,中国环境出版社 2013 年版。

22. 肖光辉:《法律移植与传统法律文化的变迁:基于中、日、印、土亚洲四国的观察》,山东人民出版社 2010 年版。

23. 严存生:《法的"一体"和"多元"》,商务印书馆 2008 年版。

24. 尹绍亭:《文化生态与物质文化》,云南大学出版社 2007 年版。

25. 叶峻、李梁美:《社会生态学与生态文明论》,上海三联书店 2016

年版。

26. 张冠梓主编:《文化多元与法律多元》,知识产权出版社2012年版。

期刊论文:

1. 吴汉东:《文化多样性的主权、人权与私权分析》,载《法学研究》2007年第6期。

2. 毕玉谦:《试论民事诉讼中的经验法则》,载《中国法学》2000年第6期。

3. 蔡守秋、张百灵:《论综合生态系统管理与石漠化防治》,载《海峡法学》2009年第11期。

4. 曹明德:《生态法的理论基础》,载《法学研究》2002年第5期。

5. 代中现:《论保护濒危非物质文化遗产执法机制存在的问题》,载《河北法学》2008年第1期。

6. 杜群:《环境法体系化中的我国保护地体系》,载《中国社会科学》2022年第2期。

7. 杜群:《法治生态化转型与生态文明法律制度研究(专题讨论)》,载《哈尔滨工业大学学报(社会科学版)》2015年第4期。

8. 杜寅:《从自律走向他律:节水法律制度模式选择与建构》,载《学术界》2016年第7期。

9. 杜寅:《美国再生水管理立法及其镜鉴》,载《生态经济》2016年第1期。

10. 高鸿钧:《美国法全球化:典型例证与法理反思》,载《中国法学》2011年第1期。

11. 高鸿钧:《冲突与抉择:伊斯兰世界法律现代化》,载《比较法研究》2001年第4期。

12. 郭武、党惠娟:《环境习惯法及其现代价值展开》,载《甘肃社会科学》2013年第6期。

13. 何勤华:《法的移植与法的本土化》,载《中国法学》2002年第3期。

14. 江国华:《文化权利及其法律保护》,载《中州学刊》2013 年第 7 期。

15. 吕忠梅:《论环境法的沟通与协调机制——以现代环境治理体系为视角》,载《法学论坛》2020 年第 1 期。

16. 黎明:《论我国少数民族非物质文化遗产保护的法源问题》,载《民族研究》2007 年第 3 期。

17. 刘三木:《从环境的公共性看环境法的属性》,载《法学评论》2010 年第 6 期。

18. 鲁晶晶:《新西兰国家公园立法研究》,载《林业经济》2018 年第 4 期。

19. 鲁晶晶:《河口环境综合管理的美国经验及借鉴——以美国"国家河口计划"为中心》,载《太原理工大学学报(社会科学版)》2020 年第 2 期。

20. 罗康隆:《论文化多样性与生态维护》,载《吉首大学学报(社会科学版)》2007 年第 2 期。

21. 李建盛:《全球化语境中的文化多样性与保护问题》,载《甘肃社会科学》2016 年第 4 期。

22. 李佑新:《现代性问题与中国现代性的建构》,载《北京大学学报(哲学社会科学版)》2005 年第 2 期。

23. 马林娜:《共同管理在我国自然资源管理领域的应用浅析》,载《中国渔业经济》2014 年第 1 期。

24. 莫纪宏:《论文化权利的宪法保护》,载《法学论坛》2012 年第 1 期。

25. 宋林飞:《生态文明理论与实践》,载《南京社会科学》2007 年第 12 期。

26. 钭晓东:《生态文明、风险社会与环境法的功能进化》,载《学术月刊》2008 年第 1 期。

27. 钭晓东、奚潇锋:《论环境纠纷复杂化下的环境行政调解机制诉求及路径优化》,载《环境与可持续发展》2021 年第 3 期。

28. 钭晓东、黄秀蓉:《利益博弈—文化征服—身份认同:遗传资源知识产权的深层解读》,载《学术月刊》2017 年第 9 期。

29. 钭晓东、杜寅:《中国特色生态法治体系建设论纲》,载《法制与社会发展》2017 年第 6 期。

30. 王树义、周迪:《生态文明建设与环境法治》,载《中国高校社会科学》2014 年第 2 期。

31. 王灿发:《论生态文明建设法律保障体系的构建》,载《中国法学》2014 年第 3 期。

32. 谢景连:《论生物资源跨文化均衡利用的生态价值——以贵州南部和西南部喀斯特山区为例》,载《原生态民族文化学刊》2010 年第 4 期。

33. 杨明:《传统知识的法律保护:模式选择与制度设计》,载《法商研究》2006 年第 1 期。

34. 周刚志:《论中国文化法律体系之基本构成》,载《浙江社会科学》2015 年第 2 期。

35. 周永坤:《论中国法的现代性十大困境》,载《法学》2006 年第 6 期。

36. 周训芳、黄豫湘:《文化多样性与野生动物保护的冲突:挪威野狼管理述评》,载《林业经济问题》2002 年第 1 期。

37. 赵艳喜:《整体性保护、区域性整体保护与文化生态保护区的建设》,载《河南教育学院学报(哲学社会科学版)》2012 年第 4 期。

外文参考文献:

1. Adams J. , *Anti-globalization: The Global Fight for Local Autonomy*, New Political Science 25, 2003.

2. Addo M. K. , *The Legal Nature of International Human Rights*, Martinus Nijhoff Publishers, 2010.

3. Agee J. K. & Johnson D. R. , *Ecosystem Management for Parks and Wilderness*, University of Washington Press, 1989.

4. Arizpe L. , *Intangible Cultural Heritage, Diversity and Coherence*,

Museum International 56, 2004.

5. Austin B. J., *The Province of Jurisprudence Determined*, Cambridge University Press, 1995.

6. Baslar K., *The Concept of the Common Heritage of Mankind in International Law*, Martinus Nijhoff Publishers, 1997.

7. Bedjaoui M., *The Convention for the Safeguarding of the Intangible Cultural Heritage: The Legal Framework and Universally Recognized Principles*, Museum international 56, 2004.

8. Bosselmann K. & Richardson B. J., *Environmental Justice and Market Mechanism: Key Challenges for Environmental Law and Policy*, Kluwer Law International, 1999.

9. Bryant B., *Environmental Justice: Issues, Policies, and Solutions*, Island Press, 1995.

10. Collier J. F., *Law and Social Change in Zinacantan*, Stanford University Press, 1973.

11. Collins L. M. & Murtha M., *Indigenous Environmental Rights in Canada: The Rights to Conservation Implicit in Treaty and Aboriginal Rights to Hunt, Fish, and Trap*, Albeta Law Review 47, 2010.

12. Dee Mack W., *Beyond Great Wall: Environment, Identity and Environment on the Chinese Grasslands of Inner Mongolia*, Stanford University Press, 2002.

13. Dobbon A., *Justice and the Environment*, Oxford University Press, 1998.

14. Downie D. L. & Fenge T., *Northern Lights Against POPs: Combating Toxic Threats in the Arctic*, McGill-Queens University Press, 2003.

15. Eckersley R., *Environmentalism and Political Theory: Toward an Eccentric Approach*, State University of New York Press, 1992.

16. Ehrmann H. W., *Comparative Legal Cultures*, Prentice-Hall, 1976.

17. Fernández-Giménez M. E., *Spatial and Social Boundaries and the*

Paradox of Pastoral Land Tenure: *A Case Study from Postsocialist Mongolia*, Human Ecology 30, 2002.

18. Geertz C., *Local Knowledge*: *Further Essays in Interpretive Anthropology*, Basic Books,1983.

19. Gluckman M. & Eggan F., *The Judicial Process among the Barotse of Northern Rhodesia*, Manchester University Press, 1955.

20. Hafstein V. T., *The Making of Intangible Cultural Heritage*: *Tradition and Authenticity*, *Community and Humanity*, University of California, 2004.

21. Hasan A., *The Early Development of Lslamic Jurisprudence*, *Islamabad*, Islamic Research Institute, 1970.

22. Hart H. L. A., *The Concept of Law*, Clarendon Press, 1975.

23. Humphrey C. & Sneath D., *The End of Nomadism? Society*, *State and the Environment*, *Identity and Environment on the Chinese Graslands of Inner Asia*, Duke University Press,1999.

24. Jolowicz H. F., *Historical Introduction to the Study of Roman Law*, Cambridge University Press, 2008.

25. Kameri-Mbote P., *Towards Greater Access to Justice in Environmental Disputes in Kenya*: *Opportunities for Intervention*, International Environmental Law Research Centre, 2005.

26. Karjala D. S. & Paterson R. K., *Looking Beyond Intellectual Property in Resolving Protection of Intangible Cultural Heritage of Indigenous Peoples*, Cardozo Journal of International and Comparative Law 11, 2003.

27. Kotzé L. J. & Paterson A. R., *The Role of the Judiciary in Environmental Governance*: *Comparative Perspectives*, Kluwer Law International, 2009.

28. Kreps B. C., *Indigenous Curation as Intangible Cultural Heritage*: *Thoughts on the Relevance of the* 2003 *UNESCO Convention*, Routledge, 2008.

29. Lev D. S. , *Islamic Courts in Lndonesia: A Study in the Political Bases of Legal Institutions*, The Journal of Asian Studies 33, 1973.

30. Lertcharnrit T. , *Thailand: Cultural Heritage Management*, Springer, 2014.

31. Mistelis L. A. , *Regulatory Aspects: Globalization, Harmonization, Legal Transplants and Law Reform—Some Fundamental Observations*, The International Lawyer 34, 2000.

32. Makhura M. M. , *Indigenous Knowledge System: Undocumented African Rural Asset: Managing Indigenous Knowledge System for Development*, South Africa Rural Development Quarterly 2, 2004.

33. Nelken D. & Feest J. , *Adapting to Legal Cultures*, Hart Publishing, 2001.

34. Orebech P. et al. , *The Role of Customary Law in Sustainable Development*, Cambridge University Press, 2005.

35. Rambaldi G. , Tuivanuavou S. & Namata P. , *Development Planning and Safeguarding Intangible Cultural Heritage: Lessons from Fiji Islands*, Participatory Learning and Action 54, 2006.

36. Seidman R. B. , *Administrative Law and Legitimacy in Anglophonic Africa: A Problem in the Reception of Foreign Law*, Law and Society Review 5, 1970.

37. Sneath D. , *Changing Inner Mongolia: Pastoral Mongolian Society and the Chinese State*, Oxford University Press, 2000.

38. VanNijnatten D. & Boardman R. , *Canadian Environmental Policy: Context and Cases*, Oxford University Press, 2002.

39. Yee Sienho & Morin Jacques-Yvan, *Multiculturalism and International Law: Essays in Honor of Edward McWhinney*, Martinus Nijhoff Publishers, 2009.